BIBLIOTHÈQUE SOCIALISTE

FERDINAND LASSALLE

CAPITAL ET TRAVAIL

OU

M. BASTIAT-SCHULZE (DE DELITZCH)

Première traduction française

AVEC UNE NOTICE SUR LE

DÉVELOPPEMENT DU SOCIALISME EN FRANCE ET EN ALLEMAGNE

VIE DE FERDINAND LASSALLE

PAR B. MALON

PARIS

LIBRAIRIE DU PROGRÈS

11, RUE BERTIN-POIRÉE, 11

1880

CAPITAL ET TRAVAIL

24 030. — PARIS, TYPOGRAPHIE A. LAHURE

9, Rue de Fleurus, 9

BIBLIOTHÈQUE SOCIALISTE

FERDINAND LASSALLE

CAPITAL ET TRAVAIL

OU

M. BASTIAT-SCHULZE (DE DELITZCH)

Première traduction française

AVEC UNE NOTICE SUR LE

DÉVELOPPEMENT DU SOCIALISME EN FRANCE ET EN ALLEMAGNE

ET SUR LA

VIE DE FERDINAND LASSALLE

Par B. MALON

PARIS

LIBRAIRIE DU PROGRÈS

11, RUE BERTIN-POIRÉE, 11

1880

INTRODUCTION

I

LE DÉVELOPPEMENT DU SOCIALISME THÉORIQUE EN FRANCE ET EN ALLEMAGNE

Si l'on fait abstraction des idées de réforme et de transformation sociale, qui se sont manifestées dans le cours de l'histoire, sous des formes diverses, tantôt théoriquement et tantôt par les tentatives de réalisation ; si, conformément à l'opinion courante, on fait dater le mouvement socialiste proprement dit de la Révolution française, on doit considérer la France comme la grande initiatrice du *Socialisme*. C'est, en effet, la France qui a produit, sauf quelques exceptions[1], tous les chefs d'écoles qui ont passionné l'opinion pendant le demi-siècle

----

1. Tels sont Robert Owen et Bray en Angleterre. Leur prédécesseur Spence relevait de Rousseau, comme leur contemporain F. B. O'Brien était un disciple de la Révolution française.

Notons ici, à titre de simple renseignement, que le grand socialiste russe Tchernychewsky (1856-1863) procède surtout d'Owen et de Fourier ; il donna leurs idées générales pour couronnement aux constatations scientifiques des fondateurs de l'économie politique.

Les socialistes russes Herzen et Ogareff, qui écrivirent avant

qui a suivi la grande Révolution. Il nous suffira de
citer, comme preuve de ce fait, Morelly, Diderot,
Babœuf, Saint-Simon, Fourier, Vidal, Augusté
Comte, Pecqueur, Cabet, Pierre Leroux, Proudhon,
Louis Blanc, Dezamy, Raspail, Buchez, de Toureil,
Blanqui, et leurs écoles[1].

Sans doute, dès cette époque (c'est-à-dire avant
1845), d'autres nations avaient produit des penseurs socialistes éminents, mais presque tous étaient
des disciples plus ou moins orthodoxes des socialistes français; nous n'en exceptons pas les précurseurs belges du collectivisme[2] dont les données,
originales au premier abord, étaient surtout une
synthèse subjective faite de communisme, de saint-
simonisme, de fouriérisme et de libéralisme.

Après la défaite de la Révolution de 1848, on
pouvait déjà constater que l'élaboration socialiste
avait cessé d'être l'œuvre principale de la France,
et déjà, malgré les ténèbres de réaction qui enve-

1848, méritent d'être mentionnés parmi les précurseurs du socialisme scientifique, au même titre que les socialistes allemands dont il va être parlé. Bakounine n'écrivit qu'après 1860
et n'eut théoriquement aucune part à ce mouvement.

1. *Vidal, Pecqueur* et *Dezamy* ont une place à part parmi
les socialistes français; les deux premiers furent plutôt des
économistes-socialistes; le troisième, dans son *Code de la
communauté,* rompit avec le spiritualisme régnant; son communisme anarchiste et athée avait une allure toute scientifique.
Ces trois publicistes doivent aussi être comptés parmi les précurseurs du socialisme scientifique, ce qui explique leur insuccès dans un temps où l'utopie et le sentimentalisme régnaient
en maîtres.

2. Jottrand, Bartels et Kats. — De Keyser ne vint que plus
tard (1854), quand la période socialiste française était déjà
épuisée. Même observation pour l'école (collectiviste) franco-
belge de Colins et de Potter, qui ne commença à se faire connaître que vers 1850. Il faut pourtant noter que vers 1835
Colins avait préconisé le collectivisme dans un livre, sans nom
d'auteur, intitulé *le Pacte social.*

loppaient l'Europe, on pouvait entrevoir qu'avant de devenir l'œuvre collective de penseurs et de prolétaires européens de toutes nationalités (congrès de l'*Association internationale des Travailleurs*), cette élaboration socialiste allait être principalement continuée par des penseurs allemands, ou que plutôt elle l'était déjà.

C'est, en effet, peu après 1840, qu'une pléiade de jeunes philosophes révolutionnaires, qui avaient d'abord suivi les enseignements d'Hégel, firent leur entrée dans le Socialisme. Ces *hégéliens de la gauche*, comme on les appela, n'avaient conservé du père du *fatalisme historique*[1] et des *antinomies*[2] que la dialectique puissante dont ils renversaient la base en faisant précéder l'exposé méthodique (qui, chez Hégel, s'appuyait sur l'idée pure) d'une rigoureuse investigation et en subordonnant ainsi leur rationalisme à l'expérience.

Ces hommes éminents parmi lesquels il faut citer Karl Marx[3], Engels[4], Grün[5], Freiligrath, Bec-

---

1. Introduit en France par les *saint-simoniens*, les *éclectiques* et les *positivistes*, qui lui ont conservé sa signification réactionnaire en ne voulant y voir, comme Hégel, que la justification *quand même* des vainqueurs du passé.

2. Employées longtemps par Proudhon, qui avait été initié à la dialectique hégélienne par Grün et Bakounine.

3. *Annales de France et d'Allemagne*, avec Ruge (1845); *le Salon*, avec Henry Heine (1840).; *la Misère de la Philosophie*, réponse à Proudhon (1846); *Manifeste des Communistes*, avec Engels (1847); *le 18 Brumaire de L. Bonaparte* (1852); *Critique de l'Économie politique* (1859); *Appel aux classes ouvrières de l'Europe* (1864); *le Capital* (1867) (Traduction française (1874). M. Lachâtre, éditeur), etc...

4. *La situation des classes ouvrières en Angleterre.—Aperçu pour une critique de l'économie politique* (1845); *le Manifeste des communistes*, avec Marx, critique de Dühring (1878).

5. *Le Mouvement social en France et en Belgique* (1845); *Histoire de la Philosophie* (1868)

ker, Rodbertus[1], Lange[2], Hess[3], Ruge[4], Feuerbach[5], Wolff, Rittinghausen, etc. (Lassalle ne devait venir que plus tard), apportèrent dans le socialisme une préparation philosophique sérieuse, de fortes études économiques et une sûreté de pensée peu commune ; la plupart d'entre eux sont justement célèbres, et Karl Marx a écrit l'œuvre la plus puissante qu'ait produite le socialisme critique contemporain (le Capital).

Ces penseurs ne pouvaient manquer d'ouvrir des voies nouvelles au Socialisme ; ils lui apportaient d'abord la méthode qu'on a depuis appelée historico-critique.

Toutefois, leur action ne se fit pas immédiatement sentir ; ils arrivaient avant l'heure : le socialisme utopique, ou pour mieux dire subjectif, était encore dans tout son éclat en France, malgré les premières attaques de Proudhon. En Allemagne même, un prolétaire de talent et de cœur, Weitling[6], venait de créer une école socialiste (communiste

1. Poésies socialistes (1848) de Freiligrath ; publications diverses de Becker, Rodbertus, Wolff et Rittinghausen...

2. *Histoire du Matérialisme ; la Question ouvrière* (1868).

3. Publications diverses.

4. Les Annales de France et d'Allemagne, avec Marx.

5. *Essence de la religion* et divers ouvrages de critique religieuse. — Presque tous ces hommes se sont en outre distingués dans le journalisme.

6. Weitling, ouvrier tailleur de Leipzig, avait travaillé à Paris et était un disciple direct du socialisme français, sans que cela l'ait empêché d'apporter plusieurs idées originales, comme, par exemple, la distinction entre *le travail nécessaire* et le *travail facultatif*, qui donne à son communisme harmonien une physionomie toute particulière (V. sur Weitling l'*Histoire du socialisme*, p. 403-408). Le seul socialiste important d'Allemagne qui ait précédé Weitling, le philosophe Fichte, relevait également de l'idée française par Rousseau et les *Montagnards*. Le socialisme de Fichte a bien des points de contact avec celui de Saint-Just.

fouriériste) qui agitait déjà le prolétariat allemand et qui n'était pas prête à céder le pas à d'autres conceptions socialistes. Il paraît même que le prolétaire Weitling ne vit pas, sans quelque appréhension, cette invasion de philosophes et de savants dans le socialisme ; il craignit que ces fils de privilégiés ne diminuassent chez les ouvriers l'instinct de classe. Il se trompait toutefois, car ces hommes apportaient au prolétariat une conscience plus sûre de ses intérêts de classe (confondus avec les intérêts de l'humanité) et de sa mission historique.

Les nouveaux socialistes allemands apportaient non seulement une méthode scientifique nouvelle, mais un point de vue nouveau qui les distinguait des socialistes français.

Les premiers socialistes français partent en général de l'idée de justice subjectivement prise, et tous leurs efforts tendent à la réalisation d'un idéal de société parfaite telle qu'ils la conçoivent. Ils ont fait de la société actuelle une critique incomparable ; ils ont organisé des sociétés idéales où se reflète la générosité de leurs sentiments et leur immense amour pour l'humanité. Dans leurs recherches psychologiques, politiques, rationalistes et sociales, ils ont fait souvent des découvertes importantes, aperceptions de génie, qui restent acquises au socialisme expérimental[1]. Enfin, ils ont eu le très grand honneur de poser la question sociale devant le dix-neuvième siècle, et de passionner l'opinion publique pour elle.

Les socialistes allemands cherchent le fondement du socialisme dans les développements historiques :

1. Les organisateurs pratiques du socialisme ont toujours beaucoup emprunté à Morelly et à Fourier. Après eux, comme fournisseur de matériaux, vient Owen.

Jusqu'ici toutes les sociétés qui se sont succédé ont un caractère commun : la *lutte des classes;* les révolutions ont changé les conditions de cette lutte, mais ne l'ont pas supprimée. Depuis que la *bourgeoisie* a remplacé le *seigneur féodal,* qui avait remplacé le *patricien antique,* depuis qu'à l'esclavage antique et au servage du moyen âge a succédé le prolétariat moderne, la situation a conservé ces deux caractères distinctifs : *l'oppression et l'exploitation sans merci de la classe inférieurisée par la classe dominante, lutte ouverte ou cachée, mais acharnée et constante des classes en présence.* La bourgeoisie, pour arriver au pouvoir, a dû invoquer la liberté politique et la liberté économique. Les progrès scientifiques et industriels aidant, elle a révolutionné la production.

A la production naturelle des *valeurs d'utilité* déterminée et réglée par la demande des besoins réels ou jugés tels, qui a été en honneur jusqu'au dix-huitième siècle, elle a substitué la production marchande des *valeurs d'échange,* la production sans règle ni mesure, qui court après l'acheteur, et qui ne s'arrête dans son action vertigineuse que lorsque le marché universel regorge. Alors des millions parmi les centaines de millions de prolétaires que cette production a enrégimentés sont en proie au chômage et décimés par la faim, et cela par suite de la surabondance créée par une production déréglée !

Les nouvelles forces économiques que la bourgeoisie s'est appropriée ne sont pas au bout de leurs développements, et déjà l'enveloppe bourgeoise de la production capitaliste ne peut plus les contenir. Comme autrefois la petite industrie, parce qu'elle faisait obstacle à la production, fut brisée violemment, de même les *privilèges capitalistes,* devenus des obstacles à la production qu'eux-mêmes ont développée, seront brisés à leur tour, car la concentration des moyens de production et la socialisation du travail atteignent un degré qui les rend incompatibles avec leur enveloppe capitaliste. C'est ici qu'intervient nécessairement le prolétariat ou *quatrième état.* Il prendra passagèrement la dictature

pour abolir les classes, *pour socialiser les capitaux,
exproprier au nom du peuple les expropriateurs du
peuple, pour assurer à chacun le développement intégral de toutes ses facultés, pour garantir à chaque
travailleur le produit intégral de son travail, les charges
sociales étant remplies,* et, en un mot, pour mettre
l'humanité dans une voie de justice et de bonheur.

En attendant son prochain et inévitable avènement,
comme facteur de rénovation sociale, le *quatrième état*
doit organiser internationalement la lutte contre le ca-
pitalisme et marcher à la conquête pacifique ou violente,
légale ou révolutionnaire du pouvoir politique.

Ce programme, formulé dans ses lignes principales en 1847, dans le *manifeste des communistes,*
par Marx et Engels, a reçu depuis cette époque
des développements importants; mais il n'a pas
été modifié et il est devenu le *credo* du grand parti
socialiste allemand.

Mais il lui fallait d'abord des apôtres à la voix
puissante, à l'intelligence vive, à l'activité infatigable, pour pouvoir pénétrer les masses profondes
du prolétariat allemand; les apôtres sont venus, et
le plus éminent d'entre eux est ce Ferdinand Lassalle dont nous allons parler.

II

NOTICE SUR FERDINAND LASSALLE

Ferdinand Lassalle naquit à Breslaw, en 1825,
d'une famille israélite. Telle était la promptitude
de son esprit qu'à treize ans il avait déjà terminé
ses études secondaires et pouvait entrer à l'école
commerciale de Leipzig. Le commerce ne lui allait

pas et, malgré ses parents, il quitta l'école commerciale pour s'adonner à l'étude de la philosophie.

A 17 ans, il s'était déjà distingué aux universités de Breslaw et de Berlin, comme étudiant de philosophie et de philologie.

A 19 ans, il avait terminé une œuvre philosophique de valeur : *Philosophie d'Héraclite le Ténébreux*, qu'il devait ne publier qu'en 1857.

En 1846, il alla à Paris. C'est probablement la fréquentation des proscrits de toutes les monarchies de l'Europe, réfugiés dans la capitale morale et révolutionnaire de l'Occident, qui le rendit socialiste. Il fréquenta à Paris son célèbre compatriote et coreligionnaire Henri Heine. Ce dernier l'annonçait déjà comme devant être un prodige.

A son retour à Berlin, Lassalle se jeta dans une aventure, toute à son honneur d'ailleurs, qui tient plus du roman que de l'histoire.

On parlait beaucoup en Prusse du comte et de la comtesse de Hatzfeld. Le comte, immensément riche et appartenant à la plus haute aristocratie, avait épousé sa cousine qu'il n'avait pas tardé à maltraiter au point d'être un objet de scandale pour l'opinion publique. Déjà, depuis 1843, le prince de Hatzfeld, frère de la comtesse, avait obtenu une lettre du roi de Prusse enjoignant au comte de cesser de maltraiter sa femme ; mais cette lettre n'eut aucun effet. Il ne restait plus à la comtesse qu'à recourir aux tribunaux pour obtenir une séparation. Mais la famille s'y opposait pour éviter un scandale et la comtesse ne savait à qui s'adresser. C'est dans ces circonstances que, dépouillée par son mari et plongée dans la plus vive douleur, elle connut Lassalle.

Ce jeune homme de 21 ans, emporté par l'indignation contre les abominations qui lui furent dévoi-

lées, et ému de pitié pour celle qui en était vic-
time, jura de se consacrer à sa juste cause et de la
faire triompher.

« Républicain ardent, dit-il, dans sa *Confession*[1],
je vis personnifiées dans le comte toutes les iniquités du régime monarchique, toutes les oppres-
sions du pouvoir, de la force et de la richesse contre
le faible ; et moi, jeune israélite impuissant, je me
levai contre les personnages les plus importants
de l'Etat, contre l'autorité héréditaire, contre l'a-
ristocratie, contre les intrigues de la grande richesse, contre le gouvernement, contre tous les
administrateurs possibles et enfin contre toutes
sortes de préjugés...

« Et là commença une lutte atroce, pleine de souffrances journalières pour la comtesse et pour moi,
une lutte *impossible* qui dura neuf ans. Mais je
ne reculai pas d'un pas et je finis par le triomphe
le plus complet. »

Ce qu'il avait fallu dépenser de courage, d'activité, d'intelligence, de dévouement et de con-
stance dans cette lutte légale contre tout un clan
aristocratique, est en effet inimaginable, et il fallait
bien une intelligence hors ligne et une irrésistible
éloquence pour amener le tribunal de Berlin à se
prononcer contre le comte, aux applaudissements
d'un public enthousiaste.

La comtesse de Hatzfeld ne fut pas ingrate ; elle
se fit pour toujours l'amie et l'admiratrice de son
jeune sauveur.

Lassalle n'avait pas attendu la fin de ce long
procès pour se jeter activement dans la démocratie
sociale. En 1848, il était déjà le chef du parti so-

---

1. V. *L'amore nella vita di Ferdinando Lassalle*, trad. dal
russo di E. Z. Florence, 1878.

cialiste de Düsseldorf, ce qui lui valut 6 mois de prison. Il prit part à la rédaction de la *Nouvelle gazette rhénane* avec Marx, Wolff, Engels, Freiligrath, etc.; toutefois il ne partagea pas l'exil de ses coreligionnaires, quand le prince royal (l'impérial Guillaume actuel) eut bien vaincu par le fer et par le feu tous les ferments libéraux et démocratiques qui agitaient l'Allemagne et remis la Prusse à l'unisson de la réaction européenne.

Lassalle laissa l'agitation pour l'étude. En 1857 il publia son *Héraclite* qui fut favorablement accueilli par le public philosophique. Deux ans après, à propos de la guerre d'Italie, il publia : *La guerre italienne et la tâche incombant à la Prusse*, où il proposait à la Prusse de s'allier à la France pour réaliser d'un coup l'unité italienne et l'unité allemande. Mais il ne s'arrêta pas longtemps à la politique pure. Nous l'avons déjà vu socialiste en 1848; mais plus philosophe qu'économiste, il n'avait pas encore abordé de front l'économie sociale.

Marx venait de publier (Hambourg 1859) sa *Critique de l'économie politique*, ou le célèbre socialiste passait pour la première fois la pensée de la société bourgeoise au crible de sa terrible et savante critique. Ce livre fut, paraît-il, comme une révélation pour Lassalle, il lui donna la clef des choses économiques, le jeune philosophe allait faire le reste.

En 1861 il publia *les Droits acquis*, œuvre importante dans laquelle il se prononça pour l'abolition de l'héritage et la propriété collective. Peu après, il publiait un *programme des Travailleurs* qui est un chef-d'œuvre de clarté, d'éloquence et de compréhension historique [1]. Ce petit livre aurait

---

1. L'Arbeiterprogramm a été résumé dans l'*Histoire du socialisme*, par B. Malon (p. 434-442).

pu fonder la réputation de l'auteur parmi les travailleurs, mais il n'en fut rien, car le succès vient au nom plus qu'à l'œuvre même.

Cependant l'heure de Lassalle était venue; un évènement fortuit allait fixer sa destinée et faire du philosophe socialiste, relativement obscur, l'agitateur le plus puissant, le plus brillant et le plus populaire de notre génération.

L'ère dite *libérale* avait commencé en Prusse, vers 1858. Dans toutes les villes d'Allemagne, des sociétés patriotiques bourgeoises s'étaient formées, ayant pour programme l'unité allemande et de légères réformes politiques. En même temps, s'était formée à Leipzig une société ouvrière à tendances plus radicales et qui réclamait, avant tout, le suffrage universel. Cette société envoya des délégués à M. Schulze-Delitsch qui les reçut assez froidement, n'étant pas partisan du suffrage universel.

La délégation allait quitter Berlin assez mécontente, quand un jeune progressiste, M. Löwe, lui conseilla de voir un docteur en philosophie nommé Lassalle qui avait publié un *programme des Travailleurs* où les droits du peuple étaient éloquemment revendiqués.

Les délégués se rendirent chez Lassalle, ne le trouvèrent pas, mais lui écrivirent, et bientôt il fut convenu que Lassalle répondrait publiquement à leurs questions. Lassalle publia dans ce but la *Lettre ouverte*. Dans ce livre *la loi de fer des salaires* était exposée avec une précision mathématique, et Lassalle disait aux travailleurs comment ils devaient agir pour cesser d'être de simples forces de travail à vendre, de simples marchandises à la disposition de la Bourgeoisie.

« A la lecture de cette brochure, la bourgeoisie se leva violemment contre lui; mais le jeune philosophe, épris de gloire et de la passion du bien public, fit face à tout et se jeta dans la propagande la plus active. Les brochures et les livres se succédèrent[1]. Mais Lassalle n'était pas seulement un brillant écrivain, il était aussi un puissant orateur, un agitateur infatigable et un organisateur de premier ordre. Il parcourut les principales villes d'Allemagne, et notamment Berlin, Leipzig, Düsseldorf, Cologne, Francfort...

Partout il donna des meetings et prêcha le socialisme en paroles enflammées. Les masses ouvrières se portaient avec enthousiasme devant cet apôtre de la parole nouvelle et les premiers succès furent foudroyants. Mais la bourgeoisie s'irrita contre le Luther de la réforme sociale; on voulut d'abord le tuer par le ridicule. Seulement Lassalle avait des griffes et il les appliqua avec tant de vivacité sur la figure des railleurs que ceux-ci ne recommencèrent plus. Alors on vit, les progressistes surtout, le combattre dans ses meetings, et on le chassa pour ainsi dire de Berlin, en rendant impossibles, par le tapage qu'on y faisait, les réunions

---

1. En voici les titres : *Ueber Verfassungswesen.* (Sur les modes d'organisation.) *Was nun?* (Que faire maintenant?) *Die Wissenschaft und die Arbeiter.* (La science et les travailleurs.) *Die indirekten Steurn und die Lage der Arbeitenden Klasse.* (Les impôts indirects et la condition de la classe ouvrière.) *Offenes Antwortschreiben.* (Lettre ouverte.) *Macht und Recht.* (Force et droit.) *Zur Arbeiterfrage.* (Sur la question ouvrière.) *Arbeiterlesebuch.* (Manuel des travailleurs.) *An die Arbeiter Berlin's.* (Aux travailleurs de Berlin.) *Der Lassallesche Criminalprocess.* (Le procès criminel de Lassalle.) *Der Hochverraths Process wider Lassalle.* (Le procès de haute trahison contre Lassalle.) *Die Agitation des Allgemeinen deutschen Arbeitervereins.* (L'agitation de l'association générale des ouvriers allemands.) *Herr Bastiat Schulze von Delitsch, der ökonomische Julian.* (Monsieur Bastiat Schulze von Delitsch, le Julien économique, etc.)

qu'il y avait organisées. Mais c'est à Francfort qu'eut lieu la grande bataille entre les progressistes (Sonnemann et Büchner) et Lassalle.

Ce dernier parla, à deux reprises et en deux jours, plus de huit heures ; il fut digne de lui-même et de sa cause : les 9⎹10 des auditeurs se prononcèrent pour lui. Lassalle comprenait que l'agitation doit être complétée par l'organisation, et, après une année d'une activité de toutes les heures, en ce sens, *la Société générale des ouvriers allemands* fut fondée (23 mai 1863). Il la dirigea lui-même et son activité sembla s'accroître avec la grandeur de la tâche.

Les progressistes, vaincus par l'orateur et l'agitateur socialiste, s'attaquèrent à l'écrivain. C'est le prudhommesque Schulze-Delitsch qui commença l'attaque. Dans sa *Lettre ouverte* Lassalle avait rendu hommage à ses bonnes intentions, mais Schulze osa, dans son *Catéchisme des travailleurs*, opposer aux théories socialistes de Lassalle ses rengaines coopératives.

La réponse fut rapide et foudroyante. Le coopératisme trompeur de l'économiste fut pulvérisé avec une *maestria* philosophique, une sûreté de pensée, une immensité d'érudition, une profondeur de vue et un éclat de style dont on a peu d'exemples ; le lourd juge de paix fut acculé à ce dilemme de devoir souscrire ou à sa mauvaise foi ou à sa profonde ignorance. On n'a pas d'exemple dans l'histoire de la littérature moderne d'une si complète exécution ; Schulze et ses partisans en restèrent comme atterrés.

Après ce succès décisif, on pouvait penser que le socialisme, ayant vaincu par la voix de son chef, allait absorber tout ce qu'il y avait de sincèrement démocratique parmi les partisans du coopératisme

convaincu d'impuissance. Mais, hélas! le philosophe socialiste devait mourir jeune! Il retourna sur
les bords du Rhin, il visita de nouveau ce château
de Mme de Hatzfeld, à Düsseldorf, où il avait passé
les plus calmes années de sa vie, et il voulut donner une dernière conférence près de là, à Rondsdorf;
les prolétaires de cette petite ville accueillirent la
nouvelle avec enthousiasme, des arcs de triomphe
furent dressés aux portes de la ville et sur les ban-
deroles multicolores qui pavoisaient la ville étaïent
écrits le nom du défenseur du peuple et des louan-
ges à son honneur.

Lassalle, très ému par ce touchant accueil, commença son dernier discours politique; il refit la
théorie historique qu'il avait tant de fois formulée
après Marx et par laquelle il est démontré que le
règne de la bourgeoisie est épuisé, que l'avenir du
prolétariat *ou Quatrième.État* est inévitable, et
que c'est par lui que l'humanité va être régénérée.

Dans ce qui suivit, on put trouver de la fatigue
et du découragement chez l'homme politique. Son
succès, si grand qu'il fût, n'avait pas répondu à
ses ambitieuses espérances. L'opposition haineuse
qu'il avait toujours rencontrée dans la bourgeoisie
l'avait aigri; les tendances socialistes autoritaires
de quelques conservateurs et, disons-le aussi, la
fascination de Bismarck, alors démocrate par nécessité, avaient agi sur lui. Lassalle fut donc plus vio-
lent que jamais contre la bourgeoisie, mais il rappela que le roi de Prusse venait de recevoir les
délégués silésiens et qu'il leur avait promis des
lois favorables; il rappela aussi que l'archevêque
de Mayence, Ketteler, dans un mandement à ses
diocésains, s'était rallié à quelques-unes des théories socialistes.

« Vous le voyez, s'écria le grand agitateur,

« nous rallions à notre cause les rois et les arche-
« vêques! Courage, et nous vaincrons malgré la
« bourgeoisie »...

Lassalle continua d'une voix émue : « Vos en-
« nemis et les miens me briseront peut-être et
« peut-être que ma fin est proche, mais lorsque je
« ne serai plus, que mon souvenir vous serve en-
« core de drapeau, et mes ennemis mêmes me ren-
« dront hommage. Prolétaires, l'avenir est à vous;
« ne faillissez point.

« Restez fidèles au socialisme, aimez et respec-
« tez toujours vos amis, ceux qui avec moi vous
« défendent par la plume ou par la parole. Il dépend
« de vous que l'humanité soit bientôt régénérée ».

Ces paroles dites d'une voix émue impression-
nèrent l'auditoire, et le dernier triomphe de Lassalle ne fut pas le moins complet.

Ses tristes pressentiments ne devaient que trop
tôt être justifiés. Dans sa vie d'agitateur, Lassalle
avait conservé toutes ses habitudes mondaines; il
était resté un viveur à la mode et la chronique ga-
lante avait parlé de lui.

Au printemps de 1864, il alla à Genève avec la
comtesse de Hatzfeld...

Entraîné dans une affaire d'amour avec une
jeune Bavaroise, il se fit provocateur dans un
duel... Le duel eut lieu à Carouge, le 28 août 1864.
Lassalle fut tué raide au premier coup de pistolet
tiré par son adversaire. Il n'avait que 39 ans !

Ainsi, pour un prétexte futile, tomba, à l'apogée
de sa gloire, le grand réformateur. La comtesse de
Hatzfeld transporta pieusement le corps de son
ami en Allemagne, et sur tout le parcours des pro-
vinces rhénanes les ouvriers accouraient par milliers, donnant libre cours à l'explosion de leur douleur, et le cortége funèbre fut un triomphe pour

Lassalle. Les prolétaires allemands ne pouvaient croire à la mort si inopinée de leur jeune et puissant chef et surtout ils n'attribuaient pas cette mort à une cause si futile. « *On nous l'a assassiné !* » disait le plus grand nombre.

Il ressuscitera, répondaient les plus fanatiques. Vivant, on l'avait admiré ; mort, on lui vouait une espèce de culte.

« Ferdinand Lassalle, dit Laveleye, est consi-
« déré par ses adhérents comme le messie du so-
« cialisme. Pendant sa vie, ils l'ont écouté comme
« un oracle ; après sa mort, ils l'ont vénéré comme
« un demi-dieu. Ils lui ont voué un véritable culte :
« en 1874, ils ont célébré le dixième anniversaire
« du jour où il leur fut enlevé, par des cérémonies
« qui semblaient les rites d'une religion nouvelle.
« Ils n'hésitent même pas à le comparer au Christ
« et ils croient que ses doctrines transformeront
« la société actuelle, comme le christianisme a re-
« nouvelé la société antique. En réalité, Lassalle
« n'a révélé aucune vérité nouvelle ; il n'a fait que
« vulgariser des idées empruntées à Louis Blanc,
« à Proudhon, à Rodbertus et surtout à Karl
« Marx ; mais il est incontestable que c'est là verve
« de son style, la vigueur de sa polémique et plus
« encore son éloquence et son influence person-
« nelle, qui ont fait sortir le socialisme (allemand)
« de la région des rêves et de l'ombre des livres
« peu lus et incompris, pour le jeter, comme un
« brandon de discussion et de luttes, sur les pla-
« ces publiques et dans les ateliers [1]. »

Tel fut Lassalle. Son œuvre lui survécut ; son parti se maintint en Allemagne jusqu'au moment (1875) où les deux grandes fractions de la démocra-

---

1. *Histoire du socialisme*, par B. Malon, p. 428 et suivantes.

tic sociale se réunirent pour former ce grand parti socialiste qui avait 600,000 électeurs, 60 journaux, 12 députés et les hommes de talent par centaines, quand M. de Bismarck lui déclara la guerre, sans pouvoir espérer de le vaincre.

Parmi les œuvres de propagande de Lassalle, le *Monsieur Bastiat Schulze*, dont nous avons parlé plus haut, est certainement la plus importante. Jamais tant d'idées n'ont été remuées en si peu de pages et avec tant de vigueur. En France, où la stérile école coopérative ne veut pas encore souscrire à son impuissance radicale et où le baroque Bastiat a encore tant d'adeptes, la puissante réfutation lassallienne est d'une grande actualité.

Pour qui a lu ce livre avec attention, l'économie bourgeoise n'a plus de mystères, toutes ses iniquités sont dévoilées. Or, une injustice que l'opinion publique a jugée telle ne saurait durer longtemps.

Prolétaires qui voulez travailler à votre émancipation, prenez et lisez.

PRÉFACE

Le *Julien*, que je publiai en 1862[1], était une attaque contre le *Mob*[2] littéraire. Il va de soi qu'en 1863, dans ma *Réponse publique* (Offenes Antwortschreiben), je continuai, dans une série d'articles contre le *Mob* politique et économiste, l'attaque qui, par une nécessité logique, trouve maintenant sa *conclusion théorique provisoire* dans un nouveau *Julien*.

J'ai été poussé au présent travail par le *chapitre d'un catéchisme allemand des travailleurs* de M. Schulze-Delitsch qui parut, ou qui plutôt me tomba entre les mains en juin 1863. J'emportai

1. Lassalle fait ici allusion à sa polémique avec l'historien Julien Schmidt, dont il anéantit les arguments. En appliquant à M. Schulze l'épithète de *Julien économiste*, il veut désigner par là un écrivain aussi plat comme économiste que Julien Schmidt l'est comme historien. (Note du traducteur.)

2. *Mob*, dans l'idiome anglo-américain, signifie ignorant, prétentieux, esprit borné, grossier personnage. (Note du traducteur.)

l'article aux bains de Tarasp, où je me rendais alors, et là seulement, pour la première fois, j'appris à connaître à fond M. Schulze, sur le compte duquel je n'étais et ne pouvais être fixé jusqu'alors. Si, par les relations des journaux sur ses discours, il m'avait été possible de me faire une idée suffisante de ce que n'était pas M. Schulze, j'étais trop équitable pour vouloir en tirer un jugement sur ce qu'était M. Schulze. C'est seulement par l'écrit, publié par lui-même, que j'ai pu le faire avec connaissance de cause.

De retour à Berlin, en octobre 1863, je résolus de montrer ce qu'était M. Schulze et de joindre, autant que possible, à l'exposition critique de son économie, et de l'économie libérale en général, le *développement théorique positif* de quelques-unes des bases les plus importantes de l'économie politique, et de les lier dans cette analyse critique.

Il est vrai que j'ai écrit ces pages dans une agitation continue, au milieu des soucis et des fatigues de la direction et de la correspondance, qui me sont imposées par la Société ouvrière allemande, en outre, incriminé, en même temps, dans cinq procès résultant de mes écrits agitateurs, sans avoir, par conséquent, le loisir nécessaire pour exécuter un travail théorique. Néanmoins, j'espère que ni M. Schulze ni le public ne se trouveront déçus dans leur attente.

Quelques mots à propos de la dédicace :

Celle qui est adressée à la classe ouvrière allemande s'explique par elle-même ; quant à celle qui s'adresse à la bourgeoisie allemande, il est peut-être nécessaire de la motiver.

Ce livre fera plusieurs centaines de prosélytes, parmi les bourgeois, et cela, justement, parmi les plus intelligents et les plus capables. Un fait théorique ne saurait faire davantage; mais, ce que je n'espère pas du tout, c'est que ce livre gagne, à mes idées, la bourgeoisie en tant que *classe*.

Élever une classe au-dessus de ses *intérêts réels* ou *imaginaires*, c'est ce qu'une œuvre théorique ne saurait accomplir.

Toutefois, j'espère que cet ouvrage produira aussi un effet sur la bourgeoisie allemande considérée *comme classe*. L'effet de la honte causée par la nullité absolue et l'incapacité du *Mob* à l'esprit étroit qu'elle a proclamé son héros, le couronnant de lauriers et poussant des cris d'allégresse, et tout cela sur l'autorité de la *Zeitungsgeschwister* (camaraderie journaliste), comme dit Gœthe! En effet, personne, parmi les bourgeois, même peu instruits, ne pourra lire ces pages sans sentir une rougeur brûlante couvrir son front, grâce à la position archicomique que prend sur le théâtre du monde un parti qui s'érige si volontiers en *monde* et qui a pour meneurs et héros, et en même temps pour expression de son *point de vue intellectuel général comme classe*, des intelligences si horriblement infirmes. Peut-être commencera-t-elle à voir plus clairement les résultats nécessairement pitoyables qui résultent de toutes les luttes pratiques et politiques. En Allemagne, moins que dans tout autre pays, et par suite de nos bonnes traditions, on pardonne ce rapetissement intellectuel; mais c'est encore en Allemagne que cette infirmité intellectuelle est de beaucoup plus forte. C'est la destinée spéciale de l'Allemagne que la bourgeoisie y aspire au faîte de la puissance, au moment où sa décomposition se produit par suite du développement général, contrairement à la bourgeoisie de France et d'Angleterre.

La période, soi-disant bourgeoise, et je dirai,

plus tard, la raison de cette dénomination, est en
décadence, et, dans son aberration naïve, la bourgeoisie allemande prend la fin d'une période pour
son commencement, et croit sentir en elle le souffle
du printemps et le bourgeonnement! Cet anachro-
nisme intellectuel, agissant sur toute chose, caractérise les traits du tableau pitoyable qu'elle représente.

Si notre bourgeoisie veut encore jouer un rôle
quelconque, elle ne le peut qu'en trouvant des
forces pour se relever et se mettre à étudier et à
penser, mais non d'après les *journaux*. Déjà une
génération s'est écoulée depuis qu'elle a désappris
toute autre manière de penser et de s'instruire, et
c'est là la cause immédiate de sa dégénérescence.
De grande qu'elle était autrefois, nous la voyons,
aujourd'hui, rapetissée, difforme.

Encore un mot aux économistes :

Dans mon *Système des droits acquis*, publié en
1861, t. I, p. 264, je dis : « Sous le rapport social,
« le monde en est à cette question : aujourd'hui,
« que la propriété ne permet plus d'utiliser directe-
« ment un homme (esclavage), cette même propriété
« doit-elle permettre d'exploiter indirectement un
« autre homme (salariat)? Ce qui veut dire, en
« somme : la libre manifestation ou le développe-
« ment de la force personnelle de travail est-elle
« une propriété exclusive du possesseur de la ma-
« tière, de l'instrument de travail et de l'avance
« (capital) et, par conséquent, est-ce à l'entrepre-
« neur, comme tel (abstraction faite de la rémuné-
« ration de son travail intellectuel éventuel), que
« doit appartenir une part de *la valeur du tra-
« vail d'autrui?* tel est le *profit du capital* qui
« se forme par la différence entre le prix de vente
« du produit, d'une part, et la somme des salaires et
« indemnités de tous les travaux, y compris les tra-

« vaux *intellectuels*, qui ont contribué d'une ma-
« nière quelconque à la réalisation du produit,
« d'autre part. »

Tout homme expert comprendra facilement que
cette phrase contient, en résumé concis, le programme d'une œuvre d'économie politique, que je
me proposais d'écrire, alors, sous une forme systématique et sous le titre de : *Traits principaux
d'une économie politique scientifique*. Je travaillais
à l'accomplissement de ce projet, quand, au commencement de 1863, cette question se présenta à
moi dans sa forme *pratique*, par la lettre du comité
central de Leipzig. Je publiai ma « *Lettre ouverte* ». L'agitation éclata, et, naturellement,
je ne pouvais plus avoir le loisir et le recueille-
ment nécessaires pour un ouvrage théorique de
ce genre.

Combien de fois ai-je regretté, depuis, que l'agitation pratique ait précédé l'agitation théorique !
Que de fois ai-je déploré qu'il ne m'eût pas été
donné de me munir d'avance d'un code théorique,
dans lequel l'agitation pratique aurait pu trouver
des fondements solides ; car l'économie politique
est une science dont il n'existe encore que les *rudi-
ments* et qui est *toute à faire !*

Mais, autant je l'ai regretté, autant je ne le re-
grette plus ! Il est vrai que je n'ai pu faire entrer dans
l'œuvre présente qu'une partie relativement médiocre de ce que j'aurais pu développer dans un travail systématique ; qu'elle n'aura pas l'avantage des
développements graduels qui caractérisent les dé-
ductions systématiques, mais, en revanche, la vivacité et la forme polémique seront une compensation suffisante. Puis, ce sont toujours les thèses
fondamentales les plus *importantes* que nous y
avons présentées.

Mais, surtout, une grande agitation s'est produite. La nation est réveillée en sursaut de son somme économique. Partout la question sociale est devenue la question du jour. Ce livre sera lu par des milliers de lecteurs qui auraient passé froids et indifférents devant un gros exposé systématique qui n'a son public particulier que parmi les savants.

Ainsi, je trouve que, même sous ce rapport, mon étoile m'a été favorable.

F. LASSALLE.

Berlin, 16 janvier 1864.

CAPITAL ET TRAVAIL

CHAPITRE PREMIER

Il est nécessaire, au risque d'ennuyer nos lecteurs, de commencer par reproduire ici longuement et sans en rien omettre le contenu de vos expositions, monsieur Schulze, et de ne les interrompre que par nos observations critiques.

Si nous choisissons cette méthode, nous sommes obligé de la suivre un certain temps, afin que personne ne puisse croire que nous ne prenons chez vous que le mauvais, en laissant le bon de côté.

Nous gardons même vos propres rubriques, et vous donnons la parole.

LE TRAVAIL

a) NATURE ET BUT DU TRAVAIL. — LE SELF-HELP SOCIAL

« Nous commençons, dites-vous, la discussion de ce thème important par ce qui est le plus immédiat et le plus naturel, par ce que nous voyons agir autour de nous, tous les jours et à toute heure, et dont l'entendement n'exige aucune érudition et ne demande que du bon sens et de la réflexion. Que chacun rentre, pour un moment, en lui-même, et observe ensuite les autres ; il se dira : qu'est-ce qui donne aux hommes l'impulsion à leur activité pour acquérir, leur permet de mener cette activité à bonne fin, et leur donne les moyens de suffire, avant tout, à leur entretien ? Qu'est-ce qui fait agir en nous, en même temps, cette force impulsive et productive ?

« Nous nous apercevons alors que deux choses sont innées en nous : les besoins et les facultés. Nous venons au monde avec les uns et les autres. »

« Quels sont, en effet, nos besoins ? Nous ne le savons que trop bien ; chaque 'heure nous le rappelle. Or, chaque besoin renferme primitivement, en lui-même, *l'instinct de la satisfaction* (!), et ce n'est qu'à cette pression, plus ou moins forte, que nous reconnaissons, en général, l'existence d'un besoin (!). Ainsi, *nous reconnaissons le besoin de manger et de boire à la faim et la soif*, c'est-à-dire au désir de manger et de boire ; le besoin de repos à la fatigue (!!), c'est-à-dire au désir de se reposer. »

« Besoin, effort, satisfaction », ainsi Bastiat commence son célèbre abécédaire politico-économique (les *Harmonies économiques*[1]) dont nous appren-

---

1. Le *Catéchisme* de M. Schulze n'est autre chose qu'un extrait fidèle et une traduction du puéril abécédaire de Bastiat. C'est par ce livre qu'il a acquis une réputation si usurpée parmi les économistes libéraux d'aujourd'hui, avec la différence, seulement, que tout l'esprit et l'éclat du style, qui valurent à Bastiat cette fausse réputation, sont complètement perdus chez M. Schulze, et l'ennuyeuse insipidité de la chose y apparaît dans sa nudité.

L'économiste progressiste de Berlin, M. Faucher, déclara un jour, dans une société économique d'ici, que Bastiat avait détruit Proudhon et le socialisme. Il était, certes, bien facile de détruire économiquement Proudhon, attendu qu'il n'a jamais été économiste. Quant au socialisme, il prend la liberté, à cette occasion, de rendre, par mon intermédiaire (service pour

drons à connaître la valeur critique pendant toute
la durée de cet exposé. *Besoin, effort, satisfaction,*
répétez-vous comme son fidèle Sosie; mais, comme
Allemand, vous savez que, chez nous autres, Allemands, il ne suffit pas de faire de l'esprit sur telle
chose, mais qu'il faut prendre, pour point de départ,
des définitions basées et réfléchies, des distinctions
précises et compréhensibles.

Vous voulez donc, avant tout, avoir devant vos
travailleurs l'apparence de la réflexion sérieuse ;
vous appuyez le doigt sur le front, et vous faites
une distinction entre — *le besoin de manger et de
boire* et *la faim et la soif* ou *le désir de manger
et de boire ;* – entre *le besoin de repos* et *la fatigue*
ou *le désir de repos.*

Nous autres, simples mortels, nous croyions
toujours, et probablement vos travailleurs, avant de
vous avoir entendu, avaient toujours cru aussi, que
le besoin et *le désir de la satisfaction* étaient la
même chose, exprimée en termes différents.

Dans notre faiblesse intellectuelle, nous avions
soutenu, jusqu'à présent, que le *besoin de manger*

---

service, selon la théorie de Bastiat), ce service à M. Bastiat,
avec la permission de M. Faucher. Mais il serait aussi superflu
que désagréable pour le lecteur, comme pour l'auteur, de citer
constamment, à côté des paroles du Bastiat allemand, les paroles identiques du Schulze français. Il suffit de constater une
fois pour toutes cette identité, dont peut se persuader tout Allemand connaissant le français et tout français connaissant
l'allemand. Seulement, là où l'intérêt de la précision et de
l'exactitude critique l'exigera, comme, par exemple, à la
théorie de la valeur et des services, nous nous permettrons de
citer, à côté de la traduction de M. Schulze, les propres mots
de M. Bastiat, et de l'interroger à part. Çà et là M. Schulze dit
certainement des absurdités qu'on ne saurait mettre sur le
compte de Bastiat, et en ce cas, par justice pour ce dernier,
nous ne manquerons pas de les noter.

et *la faim* ou le *désir de manger*, que le *besoin de boire* et *la soif* ou le *désir de boire*, que le *besoin de repos* et la *fatigue* ou le *désir de se reposer*, étaient exactement la même chose.

Mais devant votre pénétration cela n'est plus soutenable! Vous distinguez entre un *besoin* et *un désir particulier de satisfaction*, renfermé dans ce besoin.

Voilà *l'instruction* que vous donnez à vos ouvriers? Comme les gens doivent s'en retourner en triomphe chez eux, comme ils doivent se sentir *instruits*, après avoir appris que la faim et la soif ou le désir de manger et de boire, la fatigue ou le désir de se reposer, sont des choses différentes du besoin de manger et de boire ou du besoin de se reposer!

Cette absurde phraséologie et ces pléonasmes constituent la base fondamentale que vous donnez à vos discours politico-économiques. Et sans doute elle est aussi la base théorique conforme à ces discours, dans lesquels, depuis le commencement jusqu'à la fin, comme nous le verrons, on ne distingue rien autre que ce fatras, que cette *bouillie* de paroles qui doit former une couche épaisse autour du cerveau de l'ouvrier et même de tous les *civilisés* qui ne possèdent pas la force critique nécessaire pour réduire ce verbiage à sa complète nullité intrinsèque.

Après cette brillante distinction entre *le besoin* de repos et *le désir de se reposer*, vous continuez immédiatement en ces termes :

« Mais on n'atteint ordinairement la satisfaction que par une activité, un effort. Les pigeons rôtis ne tombent pas dans la bouche des gens (les idées encore moins, monsieur Schulze); on ne trouve pas dans la rue pain, nourriture, vêtements et autres choses semblables ; elles doivent être méritées (ou gagnées). »

Evidemment vous voulez dire : la nourriture, les vêtements, etc., doivent être *fabriqués, produits*. Mais c'est précisément ce « *doivent être mérités* » qui est impayable, monsieur Schulze, et vous caractérise ! Vous voulez tenir des discours économiques aux ouvriers, vous voulez leur démontrer comment les conditions économiques existantes découlent, nécessairement et régulièrement, de la pensée ; vous voulez leur expliquer *la nature du travail* par laquelle vous commencez vos discours. Le *gain* ou *profit* économique, dont vous parlez, est pourtant un phénomène déjà extrêmement compliqué. Ce phénomène suppose une société produisant sur la base développée de la *valeur d'échange ;* il suppose la propriété des capitaux, la concurrence, les entrepreneurs privés, le travail salarié. Toutes ces institutions particulières, historiques, doivent exister pour que le *profit* ou *gain*[1] économique ait lieu.

Au Pérou[2], par exemple, monsieur Schulze, dans cet empire des Incas qui jouissait d'une haute civilisation, on *travaillait* et on *produisait* prodigieusement, sans pourtant rien gagner (profiter). Du temps de l'esclavage, dans l'antiquité on ne *gagnait*

---

1. Gagner, profiter, mériter, n'ont qu'une seule acception en allemand : *verdienen*. (Note du trad.)

2. Voir, sur la forme du travail au Pérou : *History of the conquest of Peru*, by William Prescott. London, 1857, tom. I, chap. II, IV et V. Ainsi on ignorait toute espèce de monnaie, quoique la fabrication et l'art y fleurissent. (Le même, p. 147 — they — had no Knowedge of money.) (Note du trad.)

Voir aussi la *Notice sur le Communisme dans l'empire des Incas*, par Ch. Wiener (*Actes de la Société philologique,* t. IV, n° 6, 1874).

également rien. Même dans l'économie naturelle de la première époque du moyen âge, on ne gagnait pas encore, monsieur Schulze.

De même que le *gain* ou *profit*, pour pouvoir apparaître, suppose les institutions sociales présentes, il suppose aussi leur définition, par conséquent, l'explication de la *valeur d'échange*, du *capital*, de la *circulation*, de la *concurrence*, de *l'entreprise privée*, du *travail salarié*, et d'une société faisant passer tous ses produits par le moule de l'argent. L'idée du gain, pour être comprise, doit être déduite de tout cela.

Mais vous n'avez donné aucune explication sur tous ces points, et, jusqu'à présent, vous n'avez même pas *pu* le faire, car vous n'êtes qu'à la seconde page de votre *Catéchisme*, vous occupant de la forme primitive du travail, dont vous n'avez encore déduit *aucune forme sociale de travail;* par conséquent, vous ne pouvez pas encore parler de gain (profit).

Mais c'est précisément ce qui vous caractérise d'une manière impayable, monsieur Schulze! Votre âme de petit bourgeois est tellement pleine des institutions particulières existantes aujourd'hui, que vous ne pouvez vous en détacher pour un moment, même en pensée; vous ne pouvez pas vous en éloigner *autant* qu'il le faudrait pour les *expliquer* et les définir.

Au lieu de les *expliquer*, vous les supposez simplement, et c'est la méprise qui se répète à chaque page de votre *Catéchisme*, et qui s'annonce déjà, à son début, dans toute la délicieuse clarté de votre absurde verbiage.

Que dis-je? Même le procès [1] naturel du travail,

1. Le mot *procès*, qui exprime un développement considé-

la simple activité de production, la formation des *valeurs d'usage*, vous ne pouvez vous les imaginer que sous la forme de la spéculation du capitaliste acharné après le profit.

Vous aviez raison d'appeler votre livre *Catéchisme*.

Le dogme du profit, par l'exploitation d'entreprise, spéculative, devenu religion, remplit votre âme, *depuis le commencement*, d'une ardeur toute religieuse.

L'ouvrier même n'est pour vous qu'un entrepreneur, seulement plus petit, plus restreint.

Vous continuez vos explications profondes :

« Dès que l'instinct de satisfaction d'un besoin quelconque devient assez pressant pour vaincre la paresse naturelle à tous les hommes, il stimule toutes les capacités existantes à se mettre en mouvement pour atteindre son but et les développe par l'exercice, en les transformant en forces et en habileté. Il n'y a pas d'état plus pénible que celui d'un besoin non satisfait, et cet instinct est tellement fort et tenace qu'il ne s'éteint en nous qu'avec la vie.

« Ce simple procédé : *besoin, — effort, — satisfaction*, embrasse toute la vie humaine ; le besoin compris non seulement comme besoin physique, dans un sens étroit, mais en raison de la riche diversité des instincts et des

rable dans l'ensemble de ses conditions réelles, appartient depuis longtemps à la langue scientifique de toute l'Europe. En France on l'a d'abord introduit d'une manière timide sous sa forme latine — *processus*. Puis il s'est glissé, dépouillé de ce déguisement pédantesque, dans les livres de chimie, de physiologie, etc., et dans quelques œuvres de métaphysique. Il finira par obtenir ses lettres de grande naturalisation. Remarquons, en passant, que les Allemands, comme les Français, dans le langage ordinaire, emploient le mot *procès* dans son acception juridique. » (K. Marx — *Le Capital.*) Nous emploierons aussi le mot *procès* dans ce sens. (Note du traducteur.)

aptitudes de notre nature. Par conséquent, c'est dans le *besoin*, dans l'*instinct de satisfaction* de ce dernier que se trouve la véritable impulsion, le ressort caché, qui met et maintient l'homme en mouvement pour l'obtention des buts signalés; il agit d'autant plus irrésistiblement que nous ne pouvons pas vivre sans la satisfaction d'un grand nombre de ces besoins et qu'il coïncide, ainsi, avec l'*instinct de conservation*, le plus puissant des instincts chez tous les êtres vivants. Du sein de la *satisfaction*, son opposée, comme but et repos, naissent pourtant continuellement de nouveaux besoins, pour y être ensevelis à leur tour dans la circulation permanente.

« Je vous renvoie aux exemples de faim et de soif cités plus haut. Avec la dernière bouchée commence déjà la *digestion;* avec les premiers pas et les premières manipulations du matin commence la dépense de forces, — toutes deux sources d'une nouvelle faim, d'une nouvelle lassitude.

« Mais l'homme est un être doué de spontanéité et de *conscience*, de *raison* et de *libre arbitre*. C'est pourquoi, d'un côté, il est en état de reconnaître et de comprendre la loi de cette circulation, la plus ou moins grande nécessité des *besoins* isolés, leur retour périodique, tandis que, d'un autre côté, il ne peut pas manquer de faire tous ses efforts pour se *créer* une position assurée, dont dépend si essentiellement toute son existence, et de déployer tout le pouvoir dont il est capable pour la dominer et la régulariser. Nous savons que demain et les jours suivants nous devons manger, que nous avons besoin d'un toit et de vêtements; nous connaissons le changement des saisons, les nécessités croissantes de notre famille qui augmente les exigences des entreprises commerciales, et nous faisons naturellement tout pour avoir, en temps voulu, le nécessaire à notre disposition. Et ici, avec cette *intervention consciente de l'homme* dans la circulation indiquée de son existence, composée de *besoin*, — *effort*, — *satisfaction*, nous voilà devant le grand agent, la force suprême, la cause efficiente de l'économie humaine, dont nous nous occupons particulièrement en ce moment; nous voilà devant le *travail*. Car le *travail* est justement toute l'activité humaine consciente, dirigée dans la prévoyance des *besoins à venir* et pour leur satisfaction. L'homme seul peut travailler dans ce sens, car il est le seul parmi tous les êtres de la terre auquel la nature ait accordé ces facultés : *raison* et *volonté*. Certes, l'animal emploie aussi ses forces pour la satisfaction de ses besoins, mais, ordinairement, ce n'est qu'au moment où il ressent ce besoin, et jamais au delà. Cela ne s'appelle pas plus travailler que lorsque un voyageur, pour se désaltérer, puise de l'eau à une fontaine qu'il trouve sur son chemin, ou bien cueille un fruit pour apaiser sa faim momentanée. Ce n'est que lorsqu'on met de l'eau dans des vases, pour l'usage d'un ménage, qu'on rassemble des baies ou des fruits pour les avoir en réserve, qu'on peut dire qu'on y travaille, puisqu'il s'agit alors d'un calcul, d'une prévoyance de l'*avenir*. »

Ainsi, comme vous le déclarez positivement, le *travail* n'est que l'activité humaine réglée, ayant pour but la satisfaction des *besoins futurs prévus*.

C'est avec un suprême sans-gêne que vous dites ces grands mots. Selon vous, l'activité dirigée à la satisfaction des besoins *présents* n'est pas du *travail*.

Au lieu de voir la différence entre le travail humain et l'activité de l'animal, simplement en ce que l'homme travaille *consciemment*, tandis que l'activité de l'animal est inconsciente, d'où il résulte naturellement que l'homme, en raison de son activité *consciente*, emploiera aussi cette activité pour les *besoins à venir*, en tant que les besoins *présents* lui en laisseront la faculté, vous allez beaucoup plus loin, et vous posez en fait que l'activité *humaine* se distingue de celle de l'*animal* en ce qu'elle a pour but la satisfaction des besoins futurs.

Comment arrivez-vous à cette distinction si monstrueusement arbitraire? N'en savez-vous pas les étonnantes et ridicules conséquences?

Ainsi le *travail de l'esclave*, attendu que l'esclave n'est pas même pour un moment possesseur de son produit et ne peut empêcher son maître de le gaspiller à l'instant, serait généralement une *activité d'animal* et non un *travail humain?* Et pourtant c'est ce qui résulte nécessairement de cette définition! Mais tenons-nous-en plutôt à notre état actuel. La situation des travailleurs se caractérise justement par le fait que le plus grand nombre d'entre eux *ne peuvent rien mettre en réserve;* elle se caractérise par le fait que le *travail journalier* du plus grand nombre ne leur donne que leur pain quotidien, et par conséquent il ne peut pas même être question d'épargne, de mise en réserve pour les besoins *futurs.*

Vous-même l'avez reconnu, en tant que vous avez déclaré cent fois qu'il n'y avait que les sociétés de consommation et d'achat de matières premières qui puissent améliorer la condition des travailleurs. Abstraction faite de la question qui reste à élucider, si ces sociétés sont ou non en état d'améliorer la situation des travailleurs, — il est constant qu'elles n'ont pas existé dans le passé.

Pendant cette longue période de temps, la classe ouvrière a travaillé non pas pour la satisfaction des *besoins futurs*, mais toujours seulement pour la satisfaction des *besoins présents, journaliers.* Le travail salarié, quotidien, donnait le pain quotidien.

Il résulte ainsi, nécessairement, de votre définition, quand même vous voudriez vous soustraire à cette conséquence, que, pendant tous ces temps, l'activité des travailleurs, n'ayant jamais pu suffire à leurs besoins futurs et n'ayant pas d'autre compensation que la satisfaction des besoins présents, n'a pas été un *travail humain*, mais une *activité d'animal*.

Ce sont, quoi que vous disiez, les conséquences inéluctables de votre spirituelle définition. Encore une fois, comment en arrivez-vous à des conclusion à ce point arbitraires, et conduisant à des résultats si ridicules ? Je vais vous le dire, monsieur Schulze !

Chez vous, le *capital* est devenu *religion;* c'est pourquoi il produit tout à fait les mêmes phénomènes, le même renversement, le même bouleversement, dans tous les rapports économiques, que produit la foi dans le monde religieux, au point de vue des rapports naturels.

De même que vous interprétez, depuis le commencement, la *production* comme un *gain*, vous ne comprenez aussi, d'une manière tout à fait analogue, sous le nom de *travail*, qu'un acte d'*accumulation de capitaux*, d'épargnes et de mises en réserve pour les besoins *futurs*. Dans votre tête de petit bourgeois, tous les rapports réels se déplacent à votre insu, d'une manière si contradictoire, que vous ne voyez le *travailleur* que dans le *capitaliste* qui taille tous les ans les coupons de ses actions de chemin de fer Cologne-Minden, etc., et les met en réserve, tandis qu'au contraire vous ne pouvez voir, dans le véritable travailleur, que l'activité de l'animal qui pourvoit à ses besoins momentanés.

Vous continuez :

« Ainsi, le but du travail est la satisfaction des besoins humains, et l'homme atteint ce but moyennant l'emploi raisonnable des forces que la nature a mises en lui. Par là (!!) nous arrivons au premier principe fondamental relativement à la position de l'individu (pour ce qui touche son existence) vis-à-vis de la *société humaine : le devoir du souci de soi-même*, l'abandon de chacun à ses propres forces. « Tu as des besoins à la «satisfaction desquels la nature a attaché ton existence », dit cette sentence, mais la même nature t'a aussi doué de forces qu'il ne tient qu'à toi (!) d'employer justement pour suffire à tes besoins. C'est pourquoi ta destinée est pour une grande part dans tes propres mains, et tu en es responsable devant toi-même et devant tes semblables, auxquels tu ne dois pas être à charge avec tes prétentions, car eux aussi, comme toi, doivent se suffire.»

Ainsi, parce que : « le but du travail est la satisfaction des besoins humains, et que l'homme atteint ce but par l'emploi raisonnable des forces que la nature a mises en lui, nous arrivons *par là* (!!) à la détermination fondamentale de la position de l'individu, en ce qui touche son existence vis-à-vis de la société : au *devoir du souci de soi-même*, de l'abandon de chacun à lui-même.

Quelle argumentation classique !

Non qu'il soit impossible de prouver que chacun a le *devoir du souci de soi-même !* Je suis également de votre avis, monsieur Schulze, que le *souci de soi-même* est le devoir de chacun, et, certes, ma manière de voir à ce sujet est infiniment plus étendue que vous ne pouvez même le supposer dans votre cervelle de petit bourgeois.

Mais, si facile qu'il soit de prouver cet aphorisme, — la manière dont vous le démontrez est en tout cas un tour de passe-passe fort amusant. Le saut acrobatique par-dessus le Niagara est une bagatelle auprès du double saut que vous entreprenez ;

Permettez donc que je vous explique seulement quelques-unes des méprises que vous fait commettre votre profonde érudition.

1) Le but du travail est la satisfaction des besoins humains, dites-vous, et l'homme atteint ce but par *l'emploi raisonnable des forces mises en lui par la nature*. Cette affirmation faite inopinément, aussi fondée qu'elle soit d'ailleurs, n'apparaît ici que comme une simple affirmation. En effet, cette affirmation est vraie, et comme fait généralement reconnu ne nécessite aucune nouvelle preuve, en tant que vous parlez de *l'homme en face de la nature*, de l'homme isolé. *Robinson Crusoé* dans son île solitaire atteint la satisfaction de ses besoins par le seul *emploi raisonnable des forces mises en lui par la nature*. Mais dans notre société humaine, cette position se modifie immédiatement d'une manière essentielle, d'un côté ou de l'autre. Selon les *institutions sociales*, les uns peuvent être mis à même d'atteindre beaucoup plus qu'ils n'auraient pu le faire par *l'emploi raisonnable des forces mises en eux par la nature*, c'est-à-dire des forces mises *en eux* comme *individus*, et les autres peuvent être empêchés d'atteindre ce à quoi ils auraient droit en *employant raisonnablement les forces mises en eux par la nature*. Et depuis que l'histoire existe, ce double phénomène s'est toujours produit.

Si vous avez pensé que, étant donné les institutions sociales *d'aujourd'hui*, une pareille iniquité, profitant aux uns, aux dépens des autres, n'était plus possible, vous deviez le démontrer par une analyse de ces institutions.

Vous deviez examiner au point de vue critique la *valeur d'échange*, *l'argent*, le *crédit*, le *capital*, la *concurrence*, le *travail salarié*, la *rente foncière*,

et *faire voir*, en même temps, que toutes ces institutions sociales. *présentes* n'influent *pas du tout*
et ne changent *en rien* l'emploi raisonnable des
forces que la nature a mises dans l'homme et la
satisfaction des besoins humains qu'on atteint par
l'emploi de ces mêmes forces, ou que respective-
ment ces forces augmentent pour tous les individus
également, de manière que, par cette augmentation parallèle de leurs forces, et en vertu des institutions sociales, les individus sont entre eux dans
le même rapport, dans la même situation uniquement dépendante de leur individualité, que s'ils
vivaient dans cet *état de nature* créé pour l'abstraction.

Si vous aviez déduit, réellement ou du moins en
apparence, de nos institutions sociales, cette preuve,
alors seulement vous pourriez tirer du fait que
l'homme atteint la satisfaction de ses besoins par
l'emploi raisonnable des forces mises en lui par la
nature une conclusion de laquelle résulterait ce
qu'on pourrait nommer « devoir », en face des institutions sociales d'aujourd'hui.

Ou, d'un autre point de vue, celui qui parle *des
forces que la nature a mises dans l'homme* ne comprend que l'homme pris comme *individu isolé*, ne
parle exclusivement que de divers *Robinson Crusoé*
dans leur île solitaire, car seulement les *individus
dans ces conditions*, c'est-à-dire à *l'état de nature*,
reçoivent leurs forces de la *nature* [1]. Mais les
forces des hommes vivant en société dépendent *des*

---

1. Et vous ne vous figurez, en effet, vous et M. Bastiat, dans
les hommes de la *société actuelle*, que des Robinson Crusoé
isolés, vivant dans l'état de nature, seulement avec le *supplément* infiniment *grotesque* et *contradictoire* de l'idée que
ces sauvages, vivant dans l'état de nature, « *échangent* » entre
eux leurs produits.

rapports historiques et sociaux déterminés, qui définissent même leurs forces individuelles en tant qu'elles ont leurs racines dans la civilisation (Bildung). Et pourtant après avoir dit :

« *L'homme atteint la satisfaction de ses besoins par l'emploi raisonnable des forces que la nature a mises en lui,* » vous continuez immédiatement : « *Par là nous* « *arrivons à la détermination fondamentale de la po-* « *sition de l'individu, en ce qui touche son existence,* « *vis-à-vis de la société humaine, au devoir du souci* « *de soi-même, etc.* »

C'est *par là*, monsieur Schulze, que vous arrivez à ce premier principe fondamental! C'est-à-dire c'est *par là* que vous faites une observation vraie, s'il s'agit de l'état de nature; mais, par un grossier tour de passe-passe, vous voulez faussement l'appliquer à la société humaine, que vous n'avez encore nullement observée, dont vous n'avez pas examiné les institutions, sans vous demander si les institutions sociales existantes ne changent, n'effacent, ou peut être ne bouleversent complètement cette détermination qui n'a de valeur qu'en face de l'état de nature.

D'une détermination résultant de l'idée de *l'état* de nature, en vous servant de ce simple *par là* comme d'une planche à bascule, du pur état de nature vous franchissez d'un bond toute la longue série des développements et des rapports historiques et vous tombez dans les institutions sociales actuelles! C'est le saut par-dessus l'histoire et la civilisation tout entière, en comparaison de laquelle le saut acrobatique par-dessus le Niagara est un pur enfantillage! « *Par là* », monsieur Schulze, c'est-à-dire, par ce qui serait très admissible comme règle pour des individus isolés, vivant à *l'état de nature*, vous n'arrivez pas à *la plus petite, la plus infime* conclusion admissible dans la société civilisée, soit comme *possibilité*, soit même comme *devoir*. Voilà, monsieur Schulze, « *l'instruction* » que *vous* apportez aux ouvriers! Cette confusion irréfléchie des principes les plus simples, ce fatras de paroles que l'analyse la plus superficielle réduit à leur nullité, tel est le bavardage *instructif* par lequel vous énervez les ouvriers et, par-dessus tout, leur ôtez l'instinct de classe et la force naturelle dont ils jouissaient jusqu'à présent.

A l'aide de votre absurde apologie, la thèse même du *souci de soi-même*, juste dans un certain sens, devient fausse et menteuse.

De deux choses l'une, monsieur Schulze :

Cette confusion (et nous verrons en outre que tout votre livre n'est qu'une suite continuelle de confusions semblables et même plus graves), cette confusion, dis-je, ou vous l'aurez faite inconsciemment — en ce cas, quand on est un brouillon de ce calibre, on devrait, avant *d'instruire les masses*, s'occuper soigneusement de *ses propres lumières*, sans quoi on ne peut communiquer aux masses que les erreurs de sa présomptueuse ignorance.

Rappelez-vous ici qu'avec l'instruction d'un commis-voyageur on peut bien faire des discours parlementaires, — mais pour instruire les masses et les relever il faut une tout autre instruction, une instruction *réelle* et une grande lucidité de pensée.

Si, au contraire, cette confusion est préméditée, consciente, comment doit-on vous qualifier? Jugez-en vous-même!

La seconde confusion que vous commettez dans cette phrase est celle-ci : vous expliquez *le devoir du souci de soi-même* comme l'abandon de chacun à ses propres forces, abandon que vous prenez à la lettre.

Mais le devoir *du souci de soi-même* et l'abandon *absolu* de chacun à ses propres forces que vous égalisez si naïvement sont deux choses diamétralement opposées, monsieur Schulze !

Si chacun doit être abandonné à soi-même et à ses propres forces, si votre devise et celle de vos collègues : *chacun pour soi et Dieu pour tous*, devait être la devise de la société humaine, à quoi bon alors la société humaine ? et d'où découlerait son droit d'existence ? Pourquoi alors les hommes ne vivent-ils pas comme les animaux dans le désert, chacun poursuivant tout seul sa propre proie et différant seulement de l'animal en ce que chacun est empêché par la grille du *code pénal* de faire une invasion dans la sphère d'autrui ? Ce serait évidemment *votre* idéal de société humaine ! Mais alors on ne pourrait pas même conserver cette grille du *code pénal*. Car le code pénal lui-même n'émane finalement que de la communauté de l'esprit national et nullement de votre abandon de chacun à soi-même, qui, s'il était adopté comme règle principale de morale, rendrait impossible toute idée de code pénal ou même d'un code quelconque. Toute loi émane, dis-je, de la solidarité de cet esprit national s'étendant à tous, de la dépendance de chacun à tous, à l'unité, à la communauté avec tous [1].

La moralité elle-même ne provient que de cette *unité* et *communauté de tous*. Sans elles, le moral

---

1. Si vous ne le comprenez pas, monsieur Schulze, comme c'est plus que probable, voyez : Savigny, *Système des Rom.*, R., t. VIII, p. 533-536, et mon *System der Erw. Rechte* (système des droits acquis), t. I, p. 194 ff.

et le juste n'existeraient ni intérieurement ni extérieurement ; il n'y aurait *rien d'obligatoire entre
les hommes.*

« Comme tout État est une société d'hommes
réunis », dit Aristote en commençant sa doctrine
sur l'État [1]. « Comme tout État est une société
d'hommes *isolés* et *abandonnés chacun à soi-
même* », dites vous en commençant la *vôtre.*

Vouloir fonder une société sur le principe de
l'abandon de chacun à soi-même, ce serait la
reculer même au delà du royaume nègre de Dahomey ; et, d'ailleurs, ce serait tellement contradictoire et impossible, que cela ne pourrait qu'exciter
l'hilarité, dans le monde réel, où, par la dure nécessité des faits réels, de pareilles absurdités tombent d'elles-mêmes. Mais vouloir prêcher aux
ouvriers une pareille conception de la société veut
dire faire rétrograder leur *conscience au delà* de
l'inconscience des nègres de Dahomey. Mais, comme
la conscience humaine se laisse dévoyer pour un
certain temps bien plus facilement que les institutions réelles, cela inspire un tout autre sentiment
que l'hilarité !

Il est vrai que vous continuez :

« Que chacun porte lui-même les conséquences de sa
conduite et de ses actions et ne les impute pas aux
autres ; c'est sur la *responsabilité de soi-même et la
responsabilité morale* que repose la *possibilité de toute
vie sociale entre les hommes ainsi que de l'État.* »

Comme vous connaissez mal l'histoire, monsieur
Schulze! Au contraire, tout développement historique a toujours procédé beaucoup plus de la *com-*

—————

1. Arist. Polit., lib. I, c. 1.

munauté, et sans elle aucune culture n'aurait pu naître.

Le maître et l'esclave, selon Aristote[1], posent la première base de l'économie.

La famille, la tribu, conceptions diverses dans lesquelles, pendant longtemps, il n'existait directement *aucune* responsabilité de soi-même et aucune responsabilité morale, sont à l'origine de *toute vie sociale*.

Je vais vous expliquer cela, monsieur Schulze.

L'antiquité, tout le moyen âge, jusqu'à la Révolution française de 1789, cherchaient la *solidarité* humaine ou la *communauté* dans le lien social obligatoire (Gebundenheit) ou dans l'assujettissement.

La Révolution française de 1789 (et avec elle la période historique qu'elle influence), révoltée avec raison contre ce lien obligatoire, chercha la liberté dans la *solution* de toute *solidarité et de toute communauté*. Mais elle ne conquit pas la vraie liberté, elle conquit seulement l'arbitraire individuel : car la liberté sans la solidarité, c'est l'*arbitraire*.

Le temps nouveau, le temps présent cherche la *solidarité* dans la *liberté*.

Voilà, en résumé, tout le sens, toute la suite de l'histoire jusqu'à présent.

Mais, pour montrer encore plus clairement les méprises exorbitantes qui s'entrecroisent dans le chaos de votre irréflexion, je veux répéter vos dernières paroles, pour y joindre aussitôt la phrase qui suit immédiatement.

Vous dites :

« Sur ce double principe que chacun doit porter lui-même les conséquences de sa conduite et de ses actions

---

1 Arist. Polit., lib. I, c. I et II.

et ne pas les imputer aux autres; que la *responsabilité de soi-même* et la *responsabilité morale* constituent la possibilité de toute vie sociale ainsi que de l'État. Seulement, entre êtres qui savent ce qu'ils font et qui en sont responsables, une communauté réglée par des lois morales et politiques, une réciprocité de rapports économiques et civils pour le bien de tous peut exister. »

De la manière la plus naïve du monde, vous égalisez ainsi la responsabilité morale et celle de soi-même, toute juridique, avec la responsabilité *économique*, comme s'il n'y avait pas la moindre différence entre les deux.

Dans le domaine juridique la responsabilité de soi-même est assurément le principe absolu, par la simple raison que dans la sphère *judiciaire* chacun ne dépend que de *ses propres actions*.

Quand quelqu'un pille ou commet un meurtre, ou toute autre action, il en est, *comme individu*, le seul auteur. Cette action est un produit de son libre arbitre.

Comme il dépendait uniquement du libre arbitre de l'individu de commettre ou non ces actions, la suite nécessaire et évidente en est que chacun est *responsable de ses actions*, et que par conséquent la *responsabilité de soi même*, comme uniquement individuelle, a ici sa raison d'être [1].

Mais le domaine *économique* se distingue du domaine juridique par la seule petite différence que dans la sphère judiciaire chacun est responsable de *ce qu'il a fait;* dans le domaine économi-

---

1. La concession est trop forte, et il y aurait beaucoup à objecter contre cette affirmation sommaire et *absolue* du libre arbitre. Les codes bourgeois eux-mêmes l'ont entrevu en faisant entrer en ligne de compte les *circonstances atténuantes.* (Note du traducteur.)

que, au contraire, chacun est, de nos jours, *respon-sable de ce qu'il n'a pas fait.*

Quand, par exemple, la récolte de raisins à Corinthe et à Smyrne ou la récolte de blé dans la vallée du Mississipi, dans les pays du Danube et dans la Crimée, a été abondante, les négociants de raisins secs à Berlin et à Cologne, de même que les négociants de blé, qui en ont beaucoup en réserve dans leurs magasins, aux prix antérieurs, perdent par la baisse du prix peut-être la moitié de leur fortune. Si au contraire la récolte de blé a été mauvaise, nos ouvriers perdent pendant cette année la moitié de leur salaire de travail et même plus, quoique le salaire en argent reste le même, mais il ne peut leur fournir qu'une part moindre d'aliments [1].

Quand, au contraire, notre propre récolte a été *bonne*, il nous arrive, comme le roi de France le dit si naïvement et en soupirant dans sa réponse du 30 novembre 1821 à l'adresse des délégués français de la Chambre des députés : « Les lois ont été exécutées, mais aucune loi ne peut prévenir les in-

---

1. Ce n'est que pour les « érudits » que nous notons ici la règle de King-d'Avenant connue des économistes et que Tooke (*Histoire des prix*, V. 1, l. IV, éd. Asher) considère aussi comme approximativement vraie et selon laquelle un déficit dans la récolte de blé hausse le prix en proportion suivante, enchérissant le déficit lui-même 3—9 fois.

Un déficit dans la quantité de blé de

1 dixième le hausse à			$\frac{3}{10}$
2	—	—	$\frac{8}{10}$
3	—	—	$1\ \frac{6}{10}$
4	—	—	$2\ \frac{8}{10}$
5	—	—	$4\ \frac{5}{10}$

Mais encore plus surprenante est la baisse disproportionnée des prix après une bonne récolte,

convénients qui résultent de la surabondance des récoltes [1]. »

Quand même la récolte de coton au sud des Etats-Unis à manqué, ou que l'importation languit par une autre raison, en France, en Angleterre, en Allemagne, dans les filatures de coton et les fabriques de toiles peintes, les ouvriers en masse se trouvent sans pain et sans travail.

Mais quand peut-être en Amérique, au lieu d'une mauvaise récolte de coton, règne une crise industrielle ou financière, c'est-à-dire un encombrement étranger sur le marché, quand beaucoup d'hommes sans rien savoir les uns des autres ont fait la même chose et y ont envoyé des quantités excédantes, les exporteurs européens devront vendre aux encans américains leurs consignations à un prix de beaucoup inférieur au prix d'achat et les fabriques de soie et de velours à Crefeld, Elberferd, Lyon, chômeront par suite du manque de commandes.

1. V. *Moniteur*, N. 335, v. 1. Déc. 1821. Les lois ont été exécutées, mais aucune loi ne peut prévenir les inconvénients qui naissent de la surabondance dès récoltes. « Après une récolte abondante, le prix du blé ne baisse pas, comme le croit généralement le public, en proportion à la plus grande quantité de blé, mais dans une proportion beaucoup plus forte, de sorte que la valeur générale de tout le produit de la récolte n'atteint pas la valeur générale du produit de récolte d'une année de récolte moyenne, mais souvent est de 50 0ǀ0 au-dessous. Selon Cordier (Mémoires sur l'agriculture de la Flandre française. Paris, 1823), la récolte de froment en France donna un produit :

Années	Hectolitres	Somme tot. de val.
1817	48,157,127	2,046,000,000 francs.
1818	52,879,782	1,442,000,000 —
1819	63,945,878	1,170,000,000 —

De là provient la misère des paysans par suite de l'abondance des récoltes.

Des mines d'or et d'argent très-lucratives, nouvellement découvertes dans d'autres parties du
monde, modifient par la baisse de valeur des métaux
précieux tous les contrats, rendent tous les créan-
ciers de l'Europe plus pauvres et tous les débiteurs
plus riches, tandis qu'une continuelle augmentation
de demande d'argent en Chine et au Japon peut
avoir un effet tout contraire.

A la seule nouvelle télégraphique que le colza
promet une meilleure réussite en Hollande que
celle de l'année précédente, les moulins à huile en
Prusse perdent tout salaire pour leur activité industrielle, et, souvent, peuvent s'estimer encore
fort heureux, s'ils réussissent à vendre l'huile fabriquée au prix d'achat du colza. Chaque nouvelle
découverte mécanique qui rend le produit d'une
marchandise moins cher déprécie plus ou moins
complètement des masses de marchandises de ce
genre et ruine grand nombre d'entrepreneurs et de
commerçants. Oui, aucun nouveau chemin de fer
ne peut être fait, sans que les prix des biens-fonds,
des maisons et des établissements dans un autre
endroit ou du côté opposé du même endroit, ne
soient dépréciés pour longtemps.

Cette suite d'exemples qui peut être augmentée
et spécialisée à l'infini nous démontre, monsieur
Schulze, combien il est vrai que dans le domaine
économique, contrairement à ce qui se passe dans
le domaine *juridique*, chacun est responsable *de ce
qu'il n'a pas fait*.

La raison en est très-simple. Sous le rapport juridique chaque *action isolée* est le produit du *libre
arbitre individuel*. Dans le domaine juridique il
n'y a de *commun* que l'*obligation* (loi) ; l'action est
le produit du *libre-arbitre de l'individu* ; le domaine économique est régi par les *liens sociaux* ; il

est par conséquent le domaine de la *solidarité* ou de la *communauté*.

L'action individuelle elle-même, le produit du libre arbitre dans le domaine *juridique*, ne reçoit sa sanction dans le domaine économique que par les *liens sociaux*. Ce sont eux qui en font ce qu'elle est, la triturent, en font *leur* produit et lui donnent *leur caractère*.

Comme dans les endroits cités vous *égalisez* si légèrement la responsabilité *juridique* et économique, et croyez avoir établi la dernière *par les mêmes paroles qui justifient la première*, pour commettre cette méprise il faut réellement, dans des choses tout à fait différentes et même opposées, n'avoir, pour parler comme Schelling, que l'instruction d'un barbier. L'analyse de votre thèse juridique, que vous donnez triomphant pour une thèse économique, serait suffisamment complète par ce qui précède.

Cependant, comme vous m'avez forcé d'effleurer en passant ce thème, laissez-moi lui consacrer encore quelques mots.

La *communauté* humaine, la solidarité se laisse *méconnaitre*, mais, monsieur Schulze, elle ne se laisse pas supprimer !

S'il existe des institutions sociales qui ne veulent pas reconnaître et régler cette solidarité, elle n'en existe pas moins, mais elle n'apparaît alors que comme une *force brute de la nature qui se venge de ce qu'on l'ignore*, comme un *destin qui joue à la balle*, avec la prétendue liberté de l'individu abandonné à ses propres forces. Les uns seront lancés très-haut dans la richesse par ce jeu de forces inconnues et par cela même non maîtrisées ; des centaines d'autres sont rejetés très-bas dans l'abîme de la misère, et la roue des *liens sociaux* passe par-dessus broyant et écrasant leurs actions, leurs aptitudes et leur travail. Le *hasard joue à la balle*, et ce sont les *hommes* qui servent de balles dans ce jeu.

Peut-être comprendrez-vous, monsieur Schulze, en vous donnant sérieusement cette peine, que là où *règne le hasard, la liberté de l'individu est annulée.* Vous comprendrez que le hasard n'est rien autre que l'*annulation* de toute *responsabilité de soi-même* et de *toute responsabilité morale*, et en même temps de toute *liberté.*

· Vous comprendrez en même temps que ceux qui veulent introduire des mesures dont le résultat doit être de limiter et d'annuler cette liberté du hasard et qui veulent en distribuer les effets, du moment où l'on ne peut les écarter et rendre ainsi insensible à tous le poids écrasant sous lequel étouffent les individus isolés, vous comprendrez peut-être que ceux qui veulent cela au nom de la solidarité, qui se laisse seulement méconnaître, mais ne se laisse pas supprimer, ne veulent pas *annuler*, mais *établir la responsabilité* et la *liberté de l'individu;* qu'ils veulent lui donner l'*espace* et le *sol* nécessaires pour se *manifester raisonnablement*, tandis qu'à présent ces liberté et responsabilité sont écrasées et dévorées par les *liens sociaux* qui apparaissent comme *force brute de la nature.*

Les liens sociaux, monsieur Schulze, sont la vieille, très vieille chaîne orphique, dont les anciens orphiques disaient qu'elle lie et enchaîne tout ce qui existe d'une manière indissoluble. Et, chose remarquable, qui ne manque ni d'ironie ni d'un certain sens profond, cette vieille chaîne orphique porte encore aujourd'hui dans notre monde mercantile, chez nos commerçants et nos entrepreneurs, l'ancien nom orphico-stoïque ! Ce nœud des liens sociaux, cette chaîne qui lie toutes les circonstances existantes ignorées, — s'appelle dans notre monde mercantile la *conjoncture* [2].

Et la *divination* surnaturelle, métaphysique, sur l'effet que produisent ces *circonstances inconnaissables* (unwissbar), est la *spéculation*.

La *conjoncture* et la *spéculation* dominent notre existence économique commune, elles dominent l'agitation commune de notre monde mercantile et, par les anneaux que forment ses vagues mises en mouvement, elles agissent sur elle et déterminent la forme individuelle du filet d'eau qui coule en apparence tranquille et d'une manière indépendante sur la rive lointaine.

Elles dominent chaque existence individuelle d'autant plus intensivement que le travail de l'individu est plus dépendant de la grande industrie mercantile, et d'autant moins intensivement que cette existence appartient à une époque presque disparue ou n'existe que dans ses derniers débris.

Ou en d'autres termes :

Leur pouvoir sur chaque individu est d'autant plus intensif, que le travail de l'individu consiste à produire des *valeurs d'échange*, et d'autant moins intensif, que le travail de l'individu est appliqué à la production des *valeurs d'utilité pour son propre*

---

1. Les stoïques grecs et romains appelaient *Conjunctio rerum omnium*, ἐπιπλοκή, συμπλοκή, ἐνδεσις τῶν ὄντων (enchaînement, jonction de tout ce qui existe), le lien orphique indissoluble (δεσμός ἄρρηκτος), la εἱμαρμένη, la chaîne du destin qui négativement lie et détermine tout ce qui existe.

V. Herakleit, V. I, p. 374-379.

2. *Die Conjunctur* serait mieux traduit en français par *concours de circonstances*, mais nous conservons le mot propre, bien moins employé en français qu'en allemand, pour rester plus fidèle au texte de l'auteur. (Note du traducteur.)

usage ; cette dernière forme de travail est presque complètement disparue.

De là cette remarque faite si souvent par des marchands expérimentés, que dans la carrière mercantile ce sont précisément les spéculateurs les plus intelligents qui, le plus souvent, font naufrage, tandis que les plus stupides paraissent avoir les chances les plus favorables.

Ce fait, en apparence si, surprenant et si incompréhensible, s'explique très facilement par la donnée précédente.

La somme des *circonstances inconnaissables* l'emporte *en tout temps* infiniment sur la somme des circonstances connaissables.

Plus est exacte et importante l'estimation des circonstances connaissables, sous lesquelles le spéculateur a basé son calcul raisonnable, plus sera grande la probabilité que la somme excédante des circonstances inconnaissables modifiera les résultats.

Plus le calcul réfléchi du spéculateur est adapté justement, clairement et exactement, aux circonstances connues de lui, plus il a la probabilité contre lui.

Tout ce dont nous venons de parler, monsieur Schulze, se rapporte à nos conditions économiques en général, et tout à fait en particulier aux commerçants et entrepreneurs, dont vous représentez les intérêts.

Mais dans une tout autre situation se trouvent les travailleurs. Ils sont exclus, eux, de ce jeu de hasard individuel qui exerce sur nos commerçants et entrepreneurs un tel charme, qu'ils oublient que les accidents heureux qui lancent certains d'entre eux très-haut dans la richesse ont leur contre-partie dans leur propre classe, et que c'est pour cela

que des masses d'hommes de leur classe sont pré-
cipités sous les roues de la misère.

Les travailleurs sont exclus, dis-je, du *jeu de
hasard* que présente tout notre système de production, parce qu'ils ne peuvent pas fournir la mise
nécessaire pour ce jeu : le *capital*.

Il n'y a d'admis à ce jeu de hasard que ceux qui
vendent des *produits pour leur propre compte* et
disposent d'un *capital suffisant* pour fabriquer,
dans des circonstances favorables, ces produits *en
grandes masses*, ou les accaparer afin de se faire
un instrument des conjonctures, concours de circonstances favorables, et se faire lancer, par ces conjonctures et sur les ailes de la spéculation, sur les
hauteurs de la grande richesse.

C'est pourquoi *la classe travailleuse* (ouvriers et
paysans) est exclue *comme telle* des chances favorables de ce jeu de hasard, car le travailleur n'est
jamais vendeur d'un produit pour son propre
compte. Ensuite, le petit artisan qui fabrique lui-
même et vend pour son propre compte ses produits doit aussi être considéré comme exclu. Car
l'engrenage capitaliste le rejette constamment dans
le prolétariat et d'une part, malgré son activité
autonome, il est empêché par son manque de capital de se servir des *conjonctures favorables*, tandis
que, d'autre part, il est écrasé par les *conjonctures
défavorables* contre lesquelles il est sans défense.

Toute la classe des travailleurs (ouvriers artisans)
est enfermée dans un cercle [1] économique fermé,
au-dessus duquel on lit l'inscription de l'enfer de
Dante : « Vous qui entrez ici, laissez toute espérance. »

---

1. Le texte allemand dit: *Abtheilung*, littéralement *compar-
timent*. (Note du traducteur.)

Mais, nous le répétons, si ces classes sont exclues du jeu de hasard des conjonctures, les charmes ne les frappent pas moins d'une manière indirecte, mais à un degré différent, sans aucun doute.

Les conjonctures favorables (période de la prospérité, de la production augmentée) agissent indirectement sur les travailleurs de tout genre, en ce qu'elles *tendent à hausser quelque peu le salaire*. Mais lors même que cette tendance parvient à une réalisation, il en résulte une amélioration à peine sensible et très-passagère dans la situation des travailleurs.

Il y a deux circonstances qui agissent ordinairement contre cette tendance. Si la conjoncture favorable n'est pas une conjoncture durable et générale de toutes les branches de travail, la résistance qu'opposent les entrepreneurs à toute hausse de salaire, conjointement avec la durée médiocre de la conjoncture favorable, fait que c'est à peine s'il y a hausse de salaire, ou bien elle est tout à fait insignifiante. Si au contraire la conjoncture favorable est une conjoncture durable et générale, la hausse successive du salaire de travail produit sur ces entrefaites un si grand accroissement de mariages et de familles parmi les ouvriers et par conséquent une si grande augmentation de *demande* de travail, qu'ordinairement l'*offre* de travail qui avait d'abord pris le pas sur la *demande* est vite dépassée par celle-ci, et le salaire retombe à son niveau précédent et souvent même au-dessous [1].

Si ordinairement les conjonctures *favorables* exercent sur la condition de la classe ouvrière [2] une

---

1. Voir à ce sujet mon *Manuel des Travailleurs* et mon écrit : *Les Impôts indirects et la situation de la classe ouvrière.*

2. Nous traduisons *Arbeiterstand*, littéralement *état ouvrier*,

influence si faible et si passagère, les conjonctures *défavorables* au contraire retombent sur lui d'un poids bien autrement écrasant. La diminution immédiate du salaire, la réduction du travail, les chômages, sont les coups de massue dont les conjonctures défavorables et la surabondance des produits causée par l'avide concurrence des spéculateurs frappent les travailleurs.

Certainement, monsieur Schulze! Et pourtant vous trouvez surprenante la sagesse de cette même concurrence qui vous fait considérer ce monde comme le *meilleur des mondes possibles*.

Permettez-moi de vous dépeindre la *profonde sagesse* de cette concurrence par des exemples qui ne viennent pas de moi, mais *d'un chef de l'économie bourgeoise libérale* (qui, d'ailleurs, diffère de vous en ce qu'il connaît au moins la situation qu'il décrit), par les paroles de l'économiste statisticien anglais, tant prôné parmi les économistes bourgeois, Mac Culloch[1].

« Au début des relations commerciales avec Buenos-Ayres, le Brésil et le Caraccas, il fut exporté, dans le courant *de quelques semaines*, plus de produits de Manchester que pendant les *vingt années précédentes*. La masse des marchandises anglaises arrivées à Rio-Janeiro était si grande qu'on manquait d'entrepôts pour les mettre à l'abri, et les objets les plus précieux étaient exposés pendant des semaines entières sur le rivage à l'intempérie et au vol. D'élégants vases de cristal poli furent offerts à des gens dont la vaisselle la plus précieuse consistait en une noix de coco; des outils y furent envoyés, comme si les habitants n'avaient qu'à casser

par *classe ouvrière*, quand le sens le demande. (Note du traducteur.)

1. *Principle of polit. economy*, ed. 2, pag. 329.

la première pierre venue pour en tirer de l'or et des diamants; il y eut même des spéculateurs qui allèrent jusqu'à envoyer des patins à Rio-Janeiro. »

Toute l'histoire de l'industrie européenne dans ce siècle n'est qu'une répétition continuelle de *spéculations extravagantes*, de surexcitation fébrile de crédit, provenant de l'ignorance des faits, de surabondance effrénée de production basée sur ce crédit et des crises qui en résultent; de baisses de prix de marchandises beaucoup au-dessous des frais de leur production, de diminution de travail et de chômages plus ou moins longs, plus ou moins continus. Vous trouverez des exemples de tout cela dans la célèbre et classique *Histoire des prix* de 1793-1857, par Th. Tooke.

Ainsi le dos des travailleurs est le neutre tapis vert sur lequel les entrepreneurs et les spéculateurs jouent à ce jeu de hasard qui est devenu ce qu'on appelle aujourd'hui la *production*. Le dos des travailleurs est le tapis vert sur lequel ces messieurs encaissent les monceaux d'or que leur envoie le coup de roulette favorable, et sur lequel ils se consolent du coup défavorable par l'espérance de meilleures chances à venir.

C'est le travailleur qui paye par la réduction de son salaire, par le sacrifice d'épargnes péniblement amassées, par le manque de travail et, par conséquent, par la perte de ses moyens d'existence; c'est lui qui paye les insuccès inévitables de ce jeu des seigneurs du travail et des spéculateurs, bien qu'il ne soit pour rien dans leurs fausses spéculations, dans leurs faux calculs ni dans leur avidité, et bien qu'il n'ait aucune part aux heureux résultats. Et vous appelez tout cela-même sans avoir le moindre soupçon de l'existence des *liens sociaux* et spéculant sur l'ignorance des travailleurs qui surpasse encore quelque peu la vôtre, car ils ne peuvent pas s'expliquer comment leur sort individuel se détermine par les rapports du marché universel, et en ignorent même les causes,—vous appelez tout cela, excellent Schulze, la *responsabilité de soi-même* et la responsabilité morale des travailleurs! Et par ces mots sacramentels, vous cherchez à aigrir les travailleurs précisément contre les gens qui veulent établir pour eux la vraie *responsabilité*, tandis qu'à présent ils ne sont que les souffre-douleurs neutres du jeu de la spéculation.

On pourrait trouver une circonstance à demi atténuante à cet abus de l'ignorance du peuple, en ce que vous ne connaissez pas, même de loin, les choses dont vous vous faites le *professeur*.

Et d'où pourriez-vous le savoir? Vous avez été juge d'un district seigneurial, ensuite juge au tribunal de première instance dans une petite ville, et sûrement vous vous êtes efforcé dans cette position de juge d'adjuger honnêtement *à chacun ce qui lui est dû*. Mais cette activité judiciaire et ces petits rapports ne pouvaient pas vous offrir une connaissance plus profonde des *liens sociaux*, des *rapports du marché universel* et du procès commun perpétuel des destinées en apparence individuelles. Les grands commerçants et les grands industriels se trouvent dans une tout autre position et rient fort sous cape de la naïveté de vos « *leçons* »!

Si par votre position pratique vous n'avez pu acquérir la connaissance de ces rapports, vous n'avez jamais saisi l'autre voie qui y mène, la voie de la science. De la science, en général, vous n'avez pas le *moindre soupçon*.

Quant à vos connaissances spéciales en économie politique, après une lecture attentive de votre livre, il devient clair pour tout connaisseur en économie politique (ce qui du reste résulte de la présente critique) que vous n'avez jamais lu, en fait d'économie politique, que le petit Abécédaire de Bastiat, et c'est tout au plus si vous avez encore feuilleté une traduction allemande de *l'Abrégé* de Say. Avec les idées embrouillées que vous avez prises de cet Abécédaire, sans aucune instruction préalable en général et sans aucune étude économique en particulier, et même en déparant et en défigurant souvent Bastiat, vous allez encore colporter parmi le peuple ce que vous avez mal lu, et vous appelez cela vos « *leçons* »!

Vous voyez que je suis tout à fait disposé à prendre en bonne part tout ce qui vous excuse par suite de votre ignorance, et cependant comme, monsieur Schulze, il est à peine possible d'admettre que réellement vous *soyez de bonne foi* quand vous parlez de *la responsabilité des travailleurs* dans nos conditions industrielles et quand, par l'invocation de ces mots vous enflammez les travailleurs en faveur de ces misérables conditions et voulez les détourner de l'idée d'établir un état de *responsabilité* et *de liberté* réelles, quiconque connaît ces conditions industrielles seulement extérieurement et de loin ; quiconque, aussi dépouvu d'idées qu'il fût, mais habite les grandes villes, fréquente la société des fabricants et des commerçants[1], doit absolument à la longue finir par avoir une *idée* de ce qu'est en réalité la responsabilité de nos travailleurs!

---

1. Votre ami, le grand fabricant, conseiller de commerce et député progressiste, M. Léonor Reichenheim, connaît au moins tout cela bien mieux ; il rit probablement sous cape de si bon

Peut-être la poursuite de l'étude de votre livre nous permettra-t-elle d'approfondir le doute qui s'élève malgré nous, avec une force irrésistible, relativement à votre bonne foi.

En attendant, vous continuez immédiatement après la dernière phrase citée :

« Porter atteinte à cette responsabilité de soi-même, à l'aide-toi social, en ce qui touche l'obtention des choses nécessaires à la vie, — là où déjà tout ce qu'il y a de bestial dans notre nature a sa sombre ligne de démarcation, — ce serait introduire la guerre de tous sur le champ de l'industrie et du gain, où plus qu'ailleurs la paix et la sécurité sont les conditions de la prospérité. »

Premièrement, j'ai plaisir à entendre, monsieur

cœur qu'il vous aime encore bien pour le « service » que vous rendez à sa digestion ! Il a écrit, en 1848, une brochure tout à fait socialiste sur les rapports des travailleurs (*La question sociale et les moyens de la résoudre*) dans laquelle il révèle une *toute autre* connaissance de ces choses ! A l'opposé de moi qui fait monter la moyenne du salaire de travail à l'entretien nécessaire usité chez le peuple, il déclare que les travailleurs, dans beaucoup de districts, sont dans une telle nécessité qu'ils peuvent *à peine suffire à leurs bessoins les plus pressants* (page 9). *Ramener les salaires dans les bornes de l'humanité* — poursuit-il — *est non seulement une nécessité, mais une obligation morale.* Le principe admis souvent pour le salaire — dit-il (page 10) — n'est pas : *Combien faut-il au travailleur pour pouvoir vivre humainement?* mais : *De combien a-t-il besoin pour ne pas mourir de faim?* Il ne voit le moyen d'y remédier que dans une loi qui doit *régler* et *établir* le salaire ou le minimum du salaire!! *Ce n'est qu'ainsi qu'on peut échapper à la misère et à la détresse qui s'offre à nous sous l'aspect le plus horrible dans les antres des travailleurs* (car ce ne sont pas des logements) (page 11), etc., etc. Il est vrai que c'était en 1848 que le cœur de ce millionaire et député progressiste battait si chaleureusement pour le peuple.

Schulze, que chez vous *les besoins matériels de l'existence* sont le point *où ce qu'il y a de bestial
dans notre nature a sa sombre ligne de démarcation*. Peut-être chez d'autres le *bestial* ne fait-il
que *commencer* là. Chez vous, au contraire, *il y a
sa ligne de démarcation* et par conséquent s'étend
jusque-là. S'il en est ainsi, tout le caractère et le
contenu intellectuel de votre livre se dévoile de
soi-même dans cet aveu sincère.

Mais, secondement : *ce serait introduire la
guerre de tous*. Selon vous, si à la place de votre
prétendu *aide-toi social* ou de l'abandon de tous
les individus à leurs propres forces on donnait à
la classe ouvrière, moyennant de grandes mesures
organiques, la possibilité de la *production soli-
daire*, ce serait amener la guerre de tous?

Dans quelle peau de lion enveloppez-vous vos
membres? Et que votre oreille apparaît gauche et
perfide quand vous parlez ici de la *guerre de tous!*
La *guerre de tous contre tous, bellum omnium in
omnes*, est un terme technique dont le grand philosophe anglais Hobbes (né en 1585) est l'inventeur.

Mais Hobbes désigne par ce terme précisément
la situation d'individus abandonnés à eux-mêmes,
vivant dans une autonomie et égalité absolues, le
status naturalis (état de nature), en un mot, ce
qu'on nomme comparativement à l'opposé de l'*État*
la sphère de la *société bourgeoise* adonnée à la
concurrence libre [1]. Il voit cette lutte de tous
contre tous empêchée seulement par l'établissement de l'*État positif* et de ses lois coercitives [2].

---

1. Dans le célèbre livre : *Elementa philosophica de cive;
Libertas*, chap. I, XII et XIII, p. 15, éd. Amster., 1647.
2. Beaucoup plus profond que tous les juristes rationalistes

Avant Hobbes, Montaigne (né en 1533) avait décrit cette société bourgeoise comme une guerre sans relâche où on en venait jusqu'aux couteaux. Quand la jeunesse se ruine, c'est le marchand qui gagne, l'écroulement des maisons profite à l'architecte; le médecin vit de la mort de ses clients et leur enterrement paie le dîner du prêtre. Ici règne la loi : Le profit de l'un est dommage de l'autre [1]. Quand la libre concurrence s'est développée et est entrée dans la période où elle a été l'objet de la critique, on a en général *typiquement* appliqué le terme technique du philosophe anglais : *la guerre de tous contre tous*, à la concurrence libre, et il lui est resté jusqu'à nos jours. Sans le savoir, sans jamais avoir vu l'homme, vous préconisez avec exaltation l'*état de nature* que Hobbes désigne comme la *guerre de tous contre tous*. Vous courez après les hommes de pensée d'il y a trois siècles et vous vous enflammez aujourd'hui pour ce qu'ils avaient déclaré défectueux pour l'avenir, il y a à peu près trois cents ans, avant même que l'effrayante réalité des choses ait acquis sa gravité d'aujourd'hui.

Sans connaître l'histoire de ce terme : *la guerre de*

pseudo-philosophes et libéraux, qui ne voient dans l'État qu'une institution consacrant la propriété qui l'a précédé comme droit naturel, Hobbes ne fait dériver la *propriété* que de l'*État positif* et comme n'étant qu'*institution positive de l'État*, ib., Imperium, cap. VI et XV, p. 108 : Quoniam autem ut supra ostensum est ante constitutionem civitatis omnia omnium sunt, neque est quod quis ito suum esse dicat, quod non alius quilibet idem eodem jure vindicet pro suo (ubi enim omnia communia sunt, nihil cuiquam proprium esse potest), sequitur proprietatem initium sumpsisse cum ipsis civitalibus atque esse id cuique proprium, quod sibi retinere potest per leges et potentiam totius civitatis, hoc est, per eum cui summum ejus imperium delatum est.

1. Montaigne, *Essais*, liv. I, chap. XXI.

tous contre tous, sans rien savoir de sa signification, vous avez un jour entendu prononcer ce mot qu'on emploie, comme je l'ai dit, pour caractériser sarcastiquement la *libre concurrence*. Et au lieu de voir que c'est là justement le caractère de l'état de choses que *vous voulez conserver vous-même*, vous trouvez que ce mot fait une belle phrase, « une phrase magnifique », comme dit le juge de paix Schaal dans le Henri IV de Shakespeare, — vous pensez qu'on peut l'employer à volonté comme une étiquette pour des bouteilles de vin, et rendre ainsi mauvaise la chose sur laquelle on l'applique. Et vous voulez faire croire que le socialisme annulerait non seulement *la liberté*, mais amènerait encore sur le champ de l'industrie *la guerre de tous!!*

O sublime Schulze!

Vous continuez :

« Cependant cette *responsabilité de soi-même* suppose comme supplément nécessaire la *liberté du travail*, l'autorisation des mouvements libres du travailleur dans l'usage des forces et des facultés à l'acquisition de ses moyens d'existence. « Si vous rejetez sur nous la responsabilité de notre existence, parce que la nature nous a accordé les forces nécessaires pour cela, vous ne devez pas nous entraver dans nos libres mouvements pour l'obtention de ce but », répondent avec raison les travailleurs à la susdite réclamation. « Nous reconnaissons que nous devons obéissance aux lois générales, tout aussi bien que les autres citoyens, que nous devons respecter le droit qui nous défend et qui existe pour nous aussi bien que les autres. Mais sur le terrain de l'acquisition, dans l'industrie et le travail doit régner la liberté, chacun doit pouvoir circuler librement et employer ses forces à son gré et selon ses moyens pour gagner sa vie et celle des siens. Si vous intervenez arbitrairement, si vous réglez et limitez, prescrivez et

défendez, protégez et excluez, introduisez des privilèges
et des faveurs pour des classes séparées, — prenez-en
sur vous les conséquences. Et si nous sommes empêchés
et limités dans le libre choix et dans l'exercice de notre
activité industrielle, nous ne sommes plus en état de nous
suffire, la responsabilité en retombe sur vous, et vous
devez vous charger du soin de notre subsistance! »

« Mais c'est au-dessus de ce que pourrait une classe
quelconque de la société, au-dessus de ce que pourrait
l'*État*, si même il en avait le vouloir. L'*État* n'est pas
quelque chose qui flotte au-dessus et en dehors de
l'homme, il est la totalité des citoyens, et la *bourse de
l'État* ne consiste que dans ce que les bourses privées
des citoyens y versent. Il est vrai que beaucoup de
monde aurait pu se charger du soin de *peu* de personnes, et *tous* d'une nécessité passagère de *beaucoup*
de personnes. Mais la classe la plus nombreuse des
citoyens ayant recours à l'assistance publique, c'est-
à-dire aux moyens des autres classes de la société, par
conséquent, *beaucoup* de personnes à un petit nombre,
car les finances de l'État seraient obérées; les *dépenses
extraordinaires* iraient de concert avec un amoindrissement correspondant des *revenus de l'État*. Non seulement la classe assistée quitte les rangs des payeurs
d'impôts, dont le nombre s'amoindrit ainsi, on affaiblit
par là la durée de la *force contributive* (Steuerkraft) de
la minorité restante, en réduisant par la hausse nécessaire des contributions leurs fonds d'établissements, le
capital industriel du pays et en même temps leurs revenus. Et véritablement une pareille manière d'agir
amènerait non seulement le déficit des finances de
l'État, mais la ruine morale et industrielle de la société,
et avant tout de la classe ouvrière elle-même. Par le
recours à l'assistance publique, dans la supposition faite
que les travailleurs ne sont pas en état de se suffire par
leurs propres forces, la classe ouvrière perdrait sa di-
gnité morale, ses membres perdraient toute impulsion
à l'application, à l'aptitude, à l'épargne. Toute la vie
industrielle d'une nation périrait, et l'aumône englou-

tirait tout le capital industriel du pays, le fonds destiné à payer le salaire des travailleurs. »

Il ne me vient pas même à l'esprit de relever toutes les faussetés contenues dans ce passage. Deux remarques seulement. Vous employez ici l'artifice propre à l'entrée en campagne contre une chose que personne n'a proposée, à laquelle personne n'a songé. Personne de nous n'a proposé à obliger l'État d'assister les travailleurs par des aumônes.

En outre, monsieur Schulze, l'Etat ne pourrait-il pas introduire dans nos *conditions de production* un changement en faveur des classes travailleuses? — *Cette* question dans la négation de laquelle vous pourriez avoir tort ou raison, — vous ne pourriez la traiter qu'après avoir développé les bases économiques : la *valeur*, l'*échange*, la *concurrence*, le *capital*, etc. Alors vous auriez pu au moins prendre l'*air d'avoir déduit* et démontré l'impossibilité et l'inadmissibilité de toute intervention de l'État, d'après l'analyse des institutions économiques. Jusqu'à présent vous n'avez encore expliqué aucun des phénomènes économiques; vous n'êtes qu'à la septième page de votre *Catéchisme*. Les travailleurs n'ont pas encore appris de vous la moindre chose sur la valeur, l'échange, la concurrence et le capital, etc. ! Vous êtes encore à la plus élémentaire des introductions générales et déjà ici, quand vous n'avez pas même *essayé* de donner la moindre explication des lois économiques, vouloir déclarer l'impossibilité de toute intervention de l'Etat, ce n'est qu'une *pure supposition*.

Vous convenez par là que votre but n'est pas d'instruire les travailleurs en leur donnant des conclusions pratiques déduites de connaissances économiques préliminaires, mais que vous voulez précisément leur remplir l'esprit de *suppositions creuses*.

Vous continuez :

« D'où vient que la liberté du travail, de l'industrie, et la liberté du domicile, sont les premières revendications du travailleur comme conditions nécessaires de l'aide-toi social ? C'est une folie de vouloir charger quelqu'un à qui on ne reconnaît pas le droit de régler librement son sort de la responsabilité de son existence. La responsabilité et la liberté sont les bases fondamentales et réciproques du monde moral, politique et économique. »

Ainsi la liberté du travail, de l'industrie, et la liberté de domicile [1], sont vos remèdes sociaux connus !

Il suffit de jeter un coup d'œil sur la Belgique, la France et l'Angleterre, où depuis bien longtemps la liberté industrielle et la liberté de domicile sont réalisées dans leur plénitude, et néanmoins la *question sociale* existe dans ces pays et d'une façon bien plus violente qu'en Allemagne où elle n'est qu'à son premier stade de développement [2].

b) LES MOYENS AUXILIAIRES DU TRAVAIL

Vous commencez sous ce titre la seconde partie de votre premier chapitre. Jusqu'à présent, mon-

1. Cette affirmation de la liberté de domicile ne serait pas comprise en France ; mais l'Allemagne n'a pas eu de 89 et ce n'est qu'en 1868 que ces débris du féodalisme prirent fin, en Allemagne. (Note du traducteur.)
 2. Maintenant l'Allemagne n'a plus rien à envier sous ce

sieur Schulze, je vous ai suivi textuellement, copiant mot pour mot votre livre et le commentant, afin que, comme je l'ai dit au commencement, aucun de mes lecteurs ne puisse penser que je ne prends chez vous que l'absurde et que je passe le beau sous silence, et afin que chacun voie ce qu'on peut, conclure de vos paroles et quel salmigondis sans nom (ungaublich gedankenlosen Brei) présente votre écrit. Pourtant je ne peux pas toujours suivre cette méthode et copier votre livre sans l'abréger. Mes lecteurs s'endormiraient et moi-même je mourrais d'ennui. Et d'autre part, si je voulais copier textuellement votre livre et l'expliquer, le mien prendrait une dimension qui lui nuirait et le rendrait inaccessible aux lecteurs auxquels il est destiné. Je tâcherai désormais, autant que le permettra leur nature chaotique, de résumer vos discours et de ne citer mot à mot que les passages qui sont la *fleur* de l'absurdité. Et même pour ces passages-là je serai très généreux et, tenant compte du temps et de l'espace, je vous ferai grâce de la plupart.

Sous le titre de *moyens auxiliaires du travail*, vous n'employez pas moins de trois pages pour traiter cette simple proposition : que la nature humaine *suppose* le travail. Vous l'appelez dans votre langue trouble *un moyen provisoire prêté par le travail à la nature humaine.*

Ici vous laissez échapper un aveu (p. 10) :

« Avant d'entreprendre une occupation quelconque, un *travail* dans le but d'acquérir, il faut avoir soin de se procurer les matières premières, les instruments et enfin les moyens de subsistance nécessaires pour soi-même et pour ses compagnons pendant toute la durée du travail. »

rapport à la France, la Belgique et l'Angleterre. (Note du traducteur.)

Vraiment, monsieur Schulze? Vous savez cela? Vous convenez qu'*avant* de commencer un travail il faut avoir soin de se procurer les instruments de travail et les moyens de subsistance qu'il faut avoir en réserve, c'est-à-dire disposer d'un *capital*. Mais, s'il en est ainsi, que devient la *liberté* et *l'auto-nomie du travailleur privé de moyens?* Avec toute la *liberté de travail*, selon vous-même, il n'en résultera rien pour le travailleur sans capital; il ne pourra pas même *commencer* son travail; donc, il sera complètement *empêché de travailler*, exposé à toutes les misères et toutes les exploitations, jusqu'à ce que, d'une manière ou d'une autre, on ait soin de lui procurer « d'avance » les *matières, les instruments et les moyens de subsis-tance* qu'il n'a pas. Et tout cela résulte de vos propres paroles! La *liberté industrielle*, selon vous-même, grand penseur que vous êtes, pour le travailleur né sans moyens, qui a besoin de ce capital, *avant de pouvoir commencer un travail quelconque dans un but de profit*, et qui ne l'a pas, ne pourra être que la liberté de choisir une branche de travail à laquelle il ne travaillera pas, ou travaillera en souffrant la faim; la *liberté* de domicile se résoudra en liberté de choisir l'endroit où il souffrira la faim! Telle est la conséquence de vos propres paroles, ô penseur conséquent!

Ensuite, avec cette délicieuse logique qui vous distingue, vous vous évertuez à démontrer que *l'argent* n'est pas le capital, avant même d'avoir dé-veloppé l'idée du capital, ce que vous n'essayez que dans le Chapitre II, et pour n'y arriver qu'à la troisième partie.

c) FORME DU TRAVAIL DANS LA SOCIÉTÉ HUMAINE

Ici nous sommes obligé de vous escorter, de nouveau, pas à pas.

Vous commencez d'abord par des phrases tout à fait justes en elles-mêmes, mais qui chez vous n'ont pas le moindre sens, puisque tous vos efforts sont dirigés à en dénaturer le sens et les conséquences. Vous dites :

« Nous avons à examiner encore un autre élément qui détermine essentiellement le *travail dans la forme et la nature de son exécution : la société humaine.* »

Très-juste, monsieur Schulze ! Et si vous aviez approfondi jusqu'à ses conséquences cette phrase, de laquelle seule, si elle est bien comprise, découle toute la connaissance des choses économiques ; si elle était, chez vous, autre chose qu'une phrase banale et généralement répandue, dont vous vous servez aussi étourdiment que de phrases opposées, vous arriveriez, comme nous le verrons plus tard, à des conclusions directement opposées aux vôtres. Vous continuez :

« Le travailleur ne vit pas seul dans une île déserte ; *près* de lui et *autour* de lui vivent beaucoup d'autres hommes avec les mêmes besoins et les mêmes désirs pour la satisfaction desquels ils ne doivent compter que sur eux-mêmes. »

En le prenant rigoureusement déjà, ici se découvre la manière superficielle dont vous comprenez cette pensée, ce qui vous empêche d'en tirer les justes conséquences.

Ce n'est pas une vie d'hommes *les uns à côté des autres*, qui *échangent* simplement, entre eux, leurs *produits* industriels, comme vous aimez à vous le représenter et le répéter si souvent, monsieur Schulze, qui forme la société humaine et le travail social, mais c'est la *production commune*. Le travail social d'aujourd'hui l'emporte infiniment sur les activités autonomes des individus suivant *les uns à côté des autres*, et forme un enchaînement rigoureux, nécessitant le concours de beaucoup d'hommes à la production d'un seul et même produit. Chaque atelier de fabrique, monsieur Schulze, peut vous le prouver, rien que par son inspection matérielle.

Dans la plupart des autres productions, le phénomène se produit d'une façon plus déguisée, mais se produit de même.

Tandis qu'aujourd'hui déjà la grande *production* de la société moderne est une production *commune, coopérative*, — et c'est une des contra-tradictions fondamentales de la société existante, la distribution (des produits fabriqués) n'est pas *commune*, mais *individuelle;* c'est-à-dire que le produit passe non-seulement comme *objet*, mais aussi comme *valeur* à la *propriété individuelle* de *l'entrepreneur* qui le fait valoir à son profit unique, tandis que la totalité des travailleurs qui ont coopéré à la production sont traités en gens qui, comme vous le dites, *n'ont pas eu le soin de se procurer, avant de commencer un travail dans le but d'acquisition, les matières premières, les instruments de travail et enfin les moyens de subsistance nécessaires pour eux et leurs compagnons, pendant la durée du travail.* Ces travailleurs sont par conséquent exploités dans le régime du salariat qui naît dans ces circonstances pour des gens qui ne sont pas en état d'entreprendre un travail dans un but d'acquisition.

Cette *communauté de la production* existant aujourd'hui et cet extrême *individualisme* dans la *distribution* est la profonde contradiction qui *détermine essentiellement* dans la société humaine actuelle le *travail dans la forme* et *la nature de son exécution*, contradiction que nous analyserons amplement plus loin et que nous examinerons dans ses conséquences pour le travail social.

Mais si vous aviez approfondi votre propre phrase, que la société humaine est l'élément *qui détermine essentiellement le travail, quant-à la forme de son exécution*, si vous aviez *observé la forme définie de notre production*, vous auriez dû arriver vous-même au moins à constater l'existence de cette première grande contradiction. Mais le vrai comme le faux ne sont chez vous que phrases boursouflées. Au lieu d'examiner quelle est la *forme* et la *nature* définie dont la société empreint la production, vous continuez votre phraséologie :

« Au lieu d'être attaqué ou empêché dans la recherche des moyens d'existence, dans ses buts de travail, l'individu, au contraire, est provoqué, et tous, par cet *instinct social* mis en eux par la nature, se sentent plutôt poussés les uns envers les autres à des rapports actifs, à une jonction cordiale. (Au lieu de faire des observations économiques, vous faites de la sensiblerie.)

« Cela ne fait pas l'ombre d'un doute ; l'homme est créé par la nature pour la vie sociale avec ses semblables, car tous ses instincts et toutes ses capacités le poussent irrésistiblement à rechercher et à entretenir cette communauté. Quand même il le voudrait, il ne pourrait pas vivre comme le gibier dans les forêts, comme l'animal carnassier dans le désert. Il dépérirait dans la solitude, il manquerait à sa destination, je parle de sa destination *naturelle*, car sa destination théologique ne nous importe guère dans cette question. Cette destination de l'homme, comme celle de tous les êtres vivants, est le *développement de tous les germes et aptitudes dont ils sont doués par la nature*. (Je crois que les ouvriers dans la fabrique de votre ami, le conseiller de commerce et le fabricant Léonar Reichenheim, sont à même *de pouvoir développer parfaitement tous les germes et aptitudes dont ils sont doués par la nature*).

Mais l'homme n'atteint jamais un pareil développement en se renfermant en lui-même; au contraire ce développement nécessite absolument une vie commune et un *échange* possible *d'aides réciproques* avec les êtres de son espèce. »

Dans ce chaos *l'échange* joue de nouveau le rôle principal! Je vous expliquerai plus tard *l'abus* que vous faites de cette catégorie en la dépouillant de toute *précision*. Il n'est question d'échange que là où on échange des produits tout faits. Mais, probablement, le conseiller de commerce Reichenheim et ses ouvriers font un échange *d'aides réciproques* entre eux! Que c'est gentil! Que c'est sentimental!

« Sans quoi, en grande partie, la vie misérable, matérielle, serait à peine possible à l'individu, et tout son temps et ses forces s'épuiseraient dans la plus rude et la plus pénible besogne pour la recherche des moyens d'existence les plus nécessaires, sans laisser à l'homme la possibilité de la culture intellectuelle de son esprit et de son cœur. Il ne faut jamais oublier que le sort le plus pauvre, le plus humble qui puisse nous échoir en partage, est préférable à une existence en dehors de la société humaine et privée de tout contact avec les autres hommes. Le plus pauvre journalier dort du moins sur la paille, il a un toit et un vêtement, quelque mauvais

qu'ils soient ; il a un morceau de pain pour apaiser sa
faim et possède des ustensiles de ménage et des outils
pour son travail. Mais s'il se trouve dénué et dépourvu
de tout dans un désert, pourrait-il espérer se procurer
ces objets ? »

Ce que vous venez de dire, monsieur Schulze, se
rapporte, d'après vous-même, à *chaque* individu, et
même à *M. Léonard Reichenheim*, s'il vivait en
dehors de la société. Ne vous est-il jamais venu à
l'esprit, monsieur Schulze, de réfléchir sur la cause
qui fait que cette société humaine donne *tant à un
individu* et *si peu à un autre ?*

Ce n'est pas dans le *simple travail individuel*
qu'on en peut trouver la cause, puisque, selon
vous-même, en dehors de la société humaine, nous
ne sommes que de simples individus, et que, malgré toute notre force individuelle de travail, nous
n'aurions tous rien (Alle mitsammen nichts hætten).
Par conséquent, d'après vous-même, il faut en chercher la cause dans *l'organisation existante de la
société humaine !* Vous en étiez dejà convenu, en
reconnaissant la société comme un élément qui
détermine essentiellement le travail dans *la forme
et la nature de son exécution ;* donc, si cela se
rapporte à la nature et à la forme, cela doit aussi
se rapporter nécessairement au *produit net* (Er-
trag).

Il y aurait donc à changer, dans cette forme de
production existante à laquelle la société humaine
d'aujourd'hui a empreint *le travail dans la nature
et la forme de son exécution,* précisément *ce qui
fait* que parmi les hommes, les uns reçoivent *tant*
de profit *de la société,* de la *communauté humaine,*
et les autres, au contraire, si *peu.*

De cette manière, même votre mauvais livre, votre verbiage sans suite, contiendrait des phrases qui admettent aussi et reconnaissent parfaitement la nécesssité d'un changement de la forme de production, la *forme* et *nature* de l'exécution du travail dont la société humaine d'aujourd'hui empreint le travail social.

Certainement vous ne craignez rien tant que d'observer de plus près votre propre phrase : que la société humaine est l'élément qui détermine la forme et la nature de l'exécution du travail.

Nous avons vu comme vous délayez cette phrase à l'explication de laquelle vous consacrez tout un article, vous payant de généralités vides, au lieu de serrer la question de près. Voyons comment vous la développez plus loin. Vous continuez en ces termes (p. 12) :

« Tâchons de démontrer comment ces rapports se trouvent liés à la circulation qui, comme nous l'avons vu, remplit la vie de l'individu, et comment les exigences de la *vie individuelle* et les conditions des *rapports sociaux* s'accordent.

« *Besoin,* — *effort,* — *satisfaction* étaient les trois côtés par lesquels cette circulation se présentait à nous. Si nous les observons séparément de plus près, nous remarquons une différence essentielle entre eux. Avec le *besoin* et la satisfaction, c'est-à-dire le commencement et la fin de cette circulation mentionnée qui se confond mutuellement l'un dans l'autre pour renaître toujours l'un de l'autre, nous avons devant nous quelque chose de *personnel au plus haut degré,* car cette combinaison alternative ne peut avoir lieu que dans la même personne, sans qu'une autre y prenne part. Il n'y a pas de besoin qui puisse trouver sa satisfaction dans un autre, excepté celui qui l'éprouve et *vice versâ.* Je ne puis communiquer ni ma faim, ni ma soif, ni ma fatigue à un homme rassasié et dispos, et je n'en serai ni plus rassasié, ni plus réconforté, si quelqu'un mange ou dort pour moi. Cela ne mènera à rien ; je dois manger, boire, dormir, respirer moi-même, etc. Si j'en ressens le besoin, un autre ne saurait le satisfaire pour moi. Sachons-le bien : une fois pour toutes, il est de toute impossibilité que quelqu'un reporte sur un autre ses besoins, et que la satisfaction d'un besoin ressenti par quelqu'un puisse s'accomplir dans un autre que lui-même. Les deux procédés coïncident immédiatement et nécessairement dans une seule et même personne.

« Mais il en est tout autrement du chaînon de jonction en ce qui touche l'effort qui sert à aider le besoin dans sa satisfaction. Il peut provenir d'un autre individu que celui qui ressent le besoin et pourtant en faciliter la satisfaction. Les *produits du travail humain sont transmissibles*, dit la loi populaire économique, intervenant à ce propos. Nous ne pouvons ni boire ni manger les uns pour les autres, mais nous pouvons *travailler les uns pour les autres*, nous pouvons nous rendre réciproquement des services et pourvoir à nos besoins d'existence, — c'est la grande et sage organisation de la nature qui rend possibles en général la *société* et les rapports sociaux entre les hommes. »

A-t-on jamais rien entendu de pareil ? Nos travailleurs sont-ils des nègres, monsieur Schulze ? Vous parlez aux gens tout le long d'une *page* de ce que chacun doit manger et boire lui-même, s'il veut apaiser sa faim, etc., etc. Les travailleurs ne le savaient donc pas avant vous ? Et vous appelez ce *babillage d'enfants* conférence populaire aux *travailleurs*, monsieur Schulze ?

Vous expliquez dans une longue page aux travailleurs qu'ils ne peuvent pas reporter sur d'autres le boire et le manger, et tout cela, comme m'en fit la remarque un diseur de bons mots, pour prouver aux travailleurs qu'*ils devaient* reporter sur les bourgeois le boire et le manger.

Où dois-je prendre, monsieur Schulze, la patience

nécessaire pour me gorger de votre bouillie de millet (Hirsebrei), et que ne puis-je la reporter sur un autre !

Vous continuez à expliquer, à votre manière lucide, la phrase que la société humaine est l'élément qui *détermine le travail dans la forme et la nature de son exécution :*

« Mais en outre de la possibilité de la vie sociale, cette *organisation naturelle du travail* qui a sa racine dans l'organisation humaine, comme nous l'avons déjà indiqué d'une manière générale, en renferme en même temps la *nécessité.* »

Dans cette *Organisation du travail,* monsieur Schulze, vous n'avez encore parlé d'aucune organisation de travail. Jusqu'à présent, vous n'avez ni décrit, ni exposé, ni expliqué en aucune façon l'organisation *actuelle* du travail. Tout, chez vous, n'est qu'un abus continuel de phrases, de phrases retentissantes !

Jusqu'à présent vous n'avez rien dit que cette parole enfantine *qu'on ne pouvait pas reporter sur un autre le manger, mais qu'on pouvait reporter sur lui le travail.* Non seulement vous l'avez rabâché, mais vous l'avez répété sur tous les tons, dans deux grandes pages. Mais, de tout cela, il ne résulte rien encore. Et tandis que vous vous en rapportez toujours à cette phrase, vous appelez cela *cette organisation naturelle du travail,* comme si vous aviez donné les moindres détails et quelques éclaircissements sur l'organisation actuelle, existante.

O infatigable faiseur de mots !

Vous continuez immédiatement, ou plutôt vous recommencez :

« Non seulement nous *pouvons* travailler les uns pour

les autres, mettre réciproquement nos produits à notre disposition mutuelle, mais nous le devons, si nous voulons arriver à la satisfaction complète de nos besoins par notre travail. »

Bim ! boum ! boum !

« Car, continuez-vous, à la thèse posée par nous plus haut : *Qu'en dehors de la société humaine les besoins de l'homme isolé surpassent de beaucoup ses forces, et que le dépérissement est son lot certain*, nous avons irrévocablement opposé cette autre : *Que dans la société humaine, par l'échange réciproque des produits du travail et des moyens d'assistance, les forces de l'homme dépassent de beaucoup ses besoins.* »

Eh bien, monsieur Schulze, la première de ces deux phrases que vous alléguez en gros caractères, qu'*en dehors de la société humaine les besoins de l'individu isolé surpassent ses forces, et que le dépérissement est son lot certain* », est incontestablement vraie et *vraiment* incontestable. Elle est généralement vraie, et se rapporte à *tout* homme, même à Léonor Reichenheim, comme je vous en ai déjà fait la remarque, et comme vous l'admettez vousmême en l'appliquant à l'homme tout court, ce qui veut dire à tous les hommes.

Mais la seconde phrase que vous opposez à la première, en caractères tout aussi gros, que *dans la société humaine les forces de l'homme dépassent de beaucoup ses besoins*, celle-là est-elle aussi généralement vraie? est-elle applicable à tous? Quant à Léonor Reichenheim et beaucoup d'autres qui se trouvent dans une situation pareille ou même moins fortunée, elle est vraie, au plus haut degré, et dans des proportions différentes.

Mais est-elle réellement juste, relativement à tous les hommes d'aujourd'hui? ou relativement à la grande majorité? ou à la moitié? où seulement au tiers? ou au quart?

Voulez-vous que je vous réponde par des données statistiques sur la situation du prolétariat en Angleterre, un pays où la *liberté industrielle* et la *liberté de domicile* règnent dans une extension absolue, et que (p. 70 de votre *Catéchisme*), dans votre colossale ignorance de toutes choses, vous vantez, soit précisément à l'égard de la situation de ses travailleurs, soit par l'exemple des Flandres qui jouissent également de tous les avantages de la liberté industrielle et de la liberté de domicile, et où, grâce à ces libertés, dès 1847, sur une population de moins d'un million et demi, on comptait 225,894 vagabonds, au-dessous de dix-huit ans, et dans les Flandres orientales, sur 100 habitants, 36 receveurs d'aumônes [1]!

Mais restons en Allemagne!

Lisez sur la situation de la population rurale les indications puisées dans les recherches officielles du collège royal d'économie rurale et dans l'œuvre du professeur Lengerke publiée là-dessus, en 1849, par ordre du gouvernement, et rassemblées dans mon écrit : *Les impots indirects et la situation de la classe ouvrière* (p. 67-74.) Vous y trouverez, à chaque page, des aveux officiels et des indications spéciales, — malgré la tendance très naturelle du document officiel à embellir la chose autant que possible. — Vous verrez, dis-je, que, *quand même les prix des aliments sont modiques, ces gens manquent constamment de nourriture.*

<hr>

1. Voir Ducpetiaux sur le paupérisme dans les Flandres. Bruxelles, 1850.

En général, cette classe de gens n'atteint pas un âge avancé, naturellement à cause du *misérable genre de vie, du travail excessif et des soucis causés par le besoin. Leurs forces physiques baissent, en suite de la consommation prédominante de pommes de terre et en général d'une nourriture mauvaise et insuffisante.*

Vous désirez peut-être des indications statistiques sur la situation des ouvriers industriels?

Prenez alors mon *Manuel des Travailleurs* (Discours de Francfort) et vous y verrez (p. 27-30) les compilations que j'ai faites d'après les meilleures sources statistiques et les plus incontestées, sur la moyenne de la durée de la vie dans la classe ouvrière industrielle. Vous y lirez, par exemple, les indications empruntées aux recherches du conseiller intime Engel, directeur du bureau statistique officiel de Berlin, qui vous prouvent qu'à Berlin les rentiers vivent en moyenne 66 ans et demi, les mécaniciens, 37 ans et demi, les relieurs, seulement 35 ans, et enfin les ouvriers en tabac et en cigares, 31 ans, ou, en d'autres termes, qu'en conséquence de *leur mauvaise situation ils n'atteignent pas même la moitié de la durée naturelle de leur vie.*

Ou voulez-vous plutôt voir dans quel rapport numérique se trouvent entre eux ceux dont les forces et les moyens dans la société *dépassent dé beaucoup leurs besoins,* et avec ceux chez lesquels les forces et les moyens restent de *beaucoup en arrière de leurs besoins?*

Voyez de nouveau mon livre : *Les impôts indirects et la situation de la classe ouvrière,* où (p. 55 et surtout à la table, p. 63) j'ai démontré par les *indications officielles* les plus *exactes* que la classe *extrêmement pauvre* de la société, celle qui paie annuellement un 1/2, 1, 2 et 3 thalers d'impôts, ne constitue rien moins que le 89, 06 % de toutes les classes contribuables de l'État.

Tandis que dans ma *Lettre ouverte* (Antwortschreiben) j'ai dû me contenter d'indications sommaires, cette fois elles étaient si spéciales et si bien fondées sur les données les plus nouvelles et les plus *exactes*, que, depuis la publication de mon livre sur les *Impôts indirects* et de mon *Supplément* au *Manuel des Travailleurs*, aucun Schulze ni aucun *Wackernagel* [1] n'ont pu trouver à objecter la moindre chose, et tout le bruit qu'on a fait contre mes *Réponses* a fini pitoyablement.

Vous avez donc ici le rapport numérique de ceux *dont les forces et les moyens dans la société*, comme vous le dites, *dépassent de beaucoup leurs besoins*, et de ceux chez lesquels ils restent *de beaucoup en arrière de leurs besoins*.

Mais pourquoi dois-je faire avec vous de la statistique, monsieur Schulze?

Allez dans votre propre société ouvrière d'ici.

Lequel de ces travailleurs, même de ceux qui vous applaudissent avec le plus d'enthousiasme, *serait d'accord avec vous*, si vous lui disiez simplement et sérieusement que ses forces et ses moyens *dépassent de beaucoup ses besoins?*

Lequel de ces travailleurs ne serait pas indigné, si vous lui proposiez nettement et sans phraséologie cette manière de voir?

Ne voyez-vous donc pas, monsieur Schulze, que ces gens-là ne vous applaudissent que parce que vous avez tué en eux toute pensée par l'éternel fracas de votre grosse caisse, de vos phrases embrouillées,

---

1. Wackernagel fut un de ceux qui attaquèrent les citations statistiques de Lassalle comme inexactes. (Note du trad.)

parce que vous avez tué chez eux la pensée à un
tel point qu'ils ne savent plus du tout ce que signi-
fient les phrases qu'ils accueillent de leurs *bravos !*

Quand vous dites que dans la société humaine
*les forces et les moyens de l'homme dépassent
de beaucoup ses besoins*, on n'y peut rien objecter, excepté ce que j'ai déjà prouvé plus haut,
que pour vous l'actionnaire du chemin de fer de
Cologne-Minden représente « *le* travailleur » et que
en conséquence directe M. Léonor Reichenheim
est pour vous *l'homme*, l'homme normal, personni-
nifiant l'espèce.

Ou peut-être dans cette phrase que *dans la
société les forces de l'homme dépassent de beaucoup
ses besoins* vous avez pris l'expression vague, et à
double sens : *les forces de l'homme*, non pas dans
le sens que je lui ai attribué en l'expliquant et en
l'exprimant par les mots : *les forces et les moyens
de l'homme*. Vous l'avez pris peut-être dans le
sens que dans la société les forces *productives* de
l'homme dépassent de beaucoup ses besoins, mais
non pas ses *moyens*, et que, bien qu'il *produise*
beaucoup au-dessus de ses besoins, il ne *profite*
pas pour cela *de ses propres moyens*. Mais, si tel
est le cas, où reste donc cet excédant que l'homme
produit dans la société au delà de ses besoins et
qu'il n'obtient pas? Cet excédant des forces productives humaines passe donc dans les poches d'autrui.

Et, de la sorte, vous *approuveriez* tout ce que
je *dis* et tout ce que vous attaquez !

Car c'est précisément *mon* observation qu'aujourd'hui l'homme produit et *peut produire* autant qu'il lui faut à la satisfaction de ses besoins,
mais que par l'organisation actuelle de la production *ses forces productives* ne se conver-
tissent pas pour lui en moyen de vivre.

C'est donc entendu, comme il ne peut pas vous
venir à l'esprit de m'approuver et que, dans la
phrase *que dans la société les forces de l'homme
dépassent de beaucoup ses besoins* vous prenez le
mot *forces* dans le sens de *forces et moyens*,
comme je l'ai expliqué plus haut, il est donc entendu que, pour vous, M. Léonor Reichenheim est
l'homme-type.

En effet, qu'importent les hommes qui se trouvent dans une autre situation? On les amuse de
phrases sonores. On les nourrit pendant si longtemps de cette écume, de cette bouillie de paroles,
qu'à la fin toutes les fissures de leur cerveau se
bouchent; ils deviennent furieux et se lèvent
contre leurs propres intérêts.

Mais, malgré l'ennui insupportable que nous fait
éprouver le fouillis de paroles à l'aide desquelles
vous expliquez, dans le chapitre suivant intitulé : *La
forme du travail dans la société humaine*, vous
vous êtes chargé de démontrer comment la société
humaine détermine le travail dans la forme et la
nature de son exécution, question que vous n'avez
pas encore commencé à expliquer. Nous avons cité
sans rien omettre, syllabe par syllabe, tout ce que
vous avez dit dans ce chapitre. Nous n'y avons
trouvé que des phrases, un mélange intolérable de
lieux communs. Il est temps enfin de traiter votre
sujet avec plus de vigueur; peut-être cela viendra-
t-il; voyons plus loin.

Vous continuez immédiatement après la dernière phrase citée :

« Une des causes principales de l'impossibilité des
hommes de pourvoir séparément à tous leurs besoins
est dans la différente répartition des forces et des capacités entre eux, dans leurs différentes facultés qui ren-

dent les individus capables de telle ou telle occupation, mais qui n'en rend aucun d'eux capable d'exécuter tous les genres de travaux. C'est pourquoi, par l'impulsion de leur propre nature, ils ont trouvé eux-mêmes la seule issue possible. Étant donné cet état de choses, ils ont réparti les tâches entre eux. Au lieu d'entreprendre tous les travaux nécessaires à son entretien, chacun ne s'adonne qu'à l'un ou l'autre travail. Il est vrai que par cette activité immédiate il n'atteint à la satisfaction que de tel ou tel autre de ses besoins. Mais en employant tout son temps et toutes ses forces à la production de certains articles ou à de certaines entreprises, il est naturellement en état d'en produire dans cette branche spéciale plus qu'il n'en a besoin pour son propre usage, et il en conserve un excédant plus ou moins considérable qu'il peut mettre à la disposition d'autres personnes. Comme ces dernières en agissent de même de leur côté et que chacune d'elles choisit une branche de travail particulière, on peut compter avec certitude étant donné la diversité infinie des inclinations et des aptitudes des hommes, que tous les genres imaginables d'occupation seront représentés, et que la somme totale dans toutes les directions possibles en sera suffisante. Ainsi, chacun peut être sûr que, pour ce qu'il aura produit dans sa branche de travail au delà de ses besoins, il pourra recevoir des autres tout ce qui est nécessaire à la vie, en échange et à la condition que son propre produit de travail puisse servir également à la satisfaction des besoins des autres et leur soit agréable. L'un, par exemple, fabrique du drap, un autre des habits, un troisième de la chaussure, celui-ci des meubles, ceux-là construisent des maisons, s'occupent de l'agriculture et de l'exploitation des mines, etc., et *chacun donne les produits gagnés qu'il n'emploie pas pour lui-même en échange contre des produits des autres.* »

Ce passage surpasse tout ce que nous avons entendu jusqu'ici !

Vous parlez aux *travailleurs*, monsieur Schulze. Vous écrivez un *catéchisme des travailleurs*, et c'est ainsi que vous leur décrivez la forme du travail dans la société actuelle : « *L'un, par exemple, fabrique du drap, un autre des habits, un troisième de la chaussure, celui-ci des meubles, d'autres construisent des maisons, s'occupent d'agriculture et de l'exploitation des mines, etc., et chacun donne les produits gagnés qu'il n'emploie pas pour lui-même en échange contre les produits des autres.* »

En d'autres termes, vous décrivez la situation des travailleurs comme s'il ne s'agissait que d'un monde *d'entrepreneurs*. Dans votre fantaisie dorée tous les travailleurs de fabriques, ces parties de la machine d'une grande production commune, se transforment *en petits entrepreneurs autonomes qui possèdent des produits gagnés et les vendent pour leur propre compte!!!*

C'est selon vous la *forme de travail* dans la société humaine actuelle et ce que vous vouliez développer, *c'est* la manière dont la société humaine *détermine* le travail dans la forme et la nature de son exécution.

Puisque vous avez pu faire une erreur si grossière, pouvons-nous croire encore à votre bonne foi ! Car, si peu que vous connaissiez en détail les choses d'économie politique, autant que vous soyez resté même dans la sphère de l'économie *vulgaire* le petit juge de district que vous étiez primitivement, il n'est pas permis d'aller jusque là. Chaque *enfant* connaît assez nos conditions actuelles pour éclater de rire devant cette description du procédé de travail dans la société actuelle.

Vous résolvez la question sociale beaucoup plus rapidement que moi et sans le moindre obstacle, mais sur le papier seulement. Vous escamotez les travailleurs et vous les transformez, sur le papier toujours, en entrepreneurs !

Et le travailleur, narcotisé par cet abrutissement intellectuel, par les phrases nébuleuses avec lesquelles vous le troublez au point de lui faire perdre non seulement la raison, mais l'*ouïe*, la *vue* et le *sentiment*, le travailleur exalté vous crie : Bravo ! (Hoch !) quand vous lui dites que le travail social actuel est organisé de façon que *chacun vend ses produits gagnés*, que chacun est entrepreneur autonome !

Si cette affirmation est une fausseté qui empêche tout à fait de croire à votre bonne foi, et si l'on doit seulement admirer l'effronterie avec laquelle vous osez dire de telles choses devant une *assemblée de travailleurs*, elle prouve encore néanmoins, à un autre point de vue, une ignorance si colossale et si naïve du travail social actuel, de *la forme et de la nature de l'exécution du travail déterminée par la société humaine*, que c'est vraiment quelque chose de très-divertissant !

« *Chacun donne les produits gagnés qu'il n'emploie pas pour lui-même en échange contre les produits des autres !* »

Monsieur Schulze ! juge de district ! n'avez-vous donc aucune conception de la forme réelle du travail social actuel? N'avez-vous donc jamais quitté Bitterfeld et Delitsch? Dans quel siècle du moyen âge vivez-vous donc avec votre manière de voir?

Vous représentez le travail social d'aujourd'hui, comme si chacun acquérait avant tout, par son travail, les produits dont il a besoin *lui-même* et échangeait ensuite l'excédant de ces produits, *dont il n'a plus besoin pour lui-même !* [1].

---

1. Cette exposition du procédé de la production actuelle ne

C'est-à-dire, en d'autres termes : vous vous imaginez le travail social actuel tel qu'il l'était effectivement dans les *temps éloignés du moyen âge*, où chacun produisait avant tout ce qui lui était nécessaire à son *propre usage*, et échangeait ensuite l'excédant de ces produits, dont il n'avait plus besoin pour lui-même.

Ne comprenez-vous donc pas que le travail social d'aujourd'hui *se caractérise précisément par là, que chacun produit ce qu'il ne peut pas employer pour lui-même ?* Ne comprenez-vous donc pas que depuis l'avènement de la grande industrie cela *doit* être ainsi, qu'en cela consiste la *forme* et *l'essence* du travail actuel et que sans *l'admission rigoureuse* de ce point de départ, aucun côté de nos conditions économiques, aucun de nos phénomènes économiques ne pourrait être compris ?

Selon vous, M. Léonor Reichenheim, à Wüste-

---

tient pas chez vous à une erreur de plume ou à un lapsus linguæ, — dans ce cas je n'en aurais pas dit un mot, — mais vous vous l'imaginez réellement comme forme du travail actuel. Vous dites déjà (p. 14) : Ainsi chacun peut être sûr que pour ce qu'il aura produit dans sa branche de travail au delà de ses besoins, il pourra recevoir des autres, en échange, tout ce qui est nécessaire à son existence. Et cela ne peut pas étonner de votre part. Bastiat dit bien (*Harm. écon.*, éd. Brux., p. 102) : « *L'échange, disent quelques-uns, est l'échange du superflu contre le nécessaire;* cela est contraire aux faits qui se passent sous nos yeux, car qui oserait affirmer que le paysan, en cédant son froment qu'il a semé et récolté et qu'il ne mangera jamais, donne son excédant ? » Mais dans un autre endroit (si je ne me trompe gravement) que je ne puis indiquer en ce moment, quoique je me le rappelle exactement, Bastiat déclare formellement que le travail d'aujourd'hui est un échange de l'excès de production d'un producteur contre l'excès de production des autres producteurs. La contradiction entre ces deux endroits ne doit pas étonner les personnes qui liront ce que je fais remarquer plus tard sur les inadvertances et les contradictions continuelles de ce Monsieur.

Giersdorf, produit avant tout le *coton filé* pour son *propre usage*. L'excédant que ces filles ne peuvent plus convertir en bas et en camisoles de nuit, il l'échange.

M. Borsig produit les machines avant tout pour *l'usage de sa famille.* Il vend ensuite les machines superflues. Les magasins d'habits de deuil travaillent avant tout dans la prévoyance des cas de mort dans leurs propres familles, et comme ces cas sont rares, ils échangent les restes de leurs étoffes de deuil.

M. Wolff [1], le propriétaire du bureau du télégraphe d'ici, fait venir les dépêches avant tout pour son plaisir et son instruction. Ensuite, après en avoir suffisamment joui, il les échange avec les loups-cerviers de la bourse et avec la rédaction des journaux contre leurs correspondances et leurs actions superflues !

Je descends d'une famille de négociants en gros, monsieur Schulze. Quand je n'étais qu'un garçon de dix ans, je ne pouvais pas comprendre pourquoi ma mère et ma sœur, lorsqu'elles voulaient avoir des robes de soie, allaient dans la boutique d'un marchand en détail, où elles achetaient, naturellement beaucoup plus cher, ces mêmes étoffes qui se trouvaient en masse dans le magasin de mon père. A douze ans, j'en avais déjà compris la raison pratique, qui m'avait tant intrigué d'abord. Mon père vendait des étoffes en gros, c'est pourquoi il lui était bien plus désavantageux de couper par complaisance de famille une robe d'une pièce d'étoffe en soie que de payer au vendeur *en détail* tout le surplus possible. En même temps, ma mère et ma sœur avaient l'avantage de trouver chez le

____

1. Ce nom propre signifie aussi loup.

marchand en détail, quoique en moindre quantité, un plus grand choix de modèles, et pouvaien mieux voir comment la petite fleur avec un point se rapportait à la petite fleur sans point.

Même relativement au *métier*, c'est devenu vrai que chacun produit ce dont il ne fait point usage. *Moïse et fils*, les plus grands marchands d'habits de la ville de Londres, font probablement venir les habits qu'ils portent eux-mêmes de chez un tailleur fashionable du West End, tandis que ce même tailleur dont le temps, le travail, la renommée et la façon, sont payés à un prix bien autrement élevé, agirait, par cette même raison, très pratiquement en achetant *ses habits* chez Moïse et fils.

Même dans l'*économie rurale*, le procédé naturel de la production pour le *propre usage* du producteur joue un rôle qui s'amoindrit de plus en plus, tant par suite de la *forme-argent*, par laquelle tous les produits de la production moderne doivent incessamment passer, que de la *grande industrie*, qui sont les deux moyens par lesquels l'industrie moderne a empreint aussi la production du sol de son caractère dominant.

Nous le démontrerons succinctement plus tard.

Ainsi le *caractère distinctif, rigoureusement stable* du travail dans les périodes sociales antécédentes, est qu'on produisait alors avant tout pour son *propre usage* et qu'on cédait le superflu, c'est-à-dire que l'*économie naturelle* prédominait.

Le *caractère distinctif*, la *définition spécifique* du travail dans la société *moderne*, est que chacun produit seulement *ce qu'il n'emploie pas*, c'est-à-dire que chacun produit des *valeurs d'échange*, à l'encontre de ce qui se faisait avant où l'on produisait surtout des *valeurs d'utilité*.

Ne comprenez-vous pas, monsieur Schulze, que

c’est *la forme et la nature de l’exécution du travail*, nécessaire et toujours de plus en plus répandue dans une société, où la *division du travail s’est si largement développée*, comme dans la société moderne?

Mais, si vous ne le comprenez pas, pauvre petit juge, si vous vous représentez toujours le travail inorganique sous l’image d’un boucher de Bitterfeld ou de Delitsch, qui tue peut-être son porc le plus gras pour lui-même, et n’en cède à ses chalands que ce qui ne lui convient pas, vous ne pouvez pas non plus comprendre *aucun* des faits et des phénomènes économiques qui régissent nos conditions sociales actuelles! Car tous ces phénomènes découlent précisément de ce que le travail d’aujourd’hui est une *production exclusive de valeurs d’échange*, un travail produisant des objets *qu’on n’emploie pas soi-même!* Et on ne peut le concevoir qu’en suivant *rigoureusement* cette définition *distinctive* du travail actuel.

Vous ne comprenez donc pas que ce travail, dirigé *exclusivement* à la production de *valeurs d’échange*, d’objets *qu’on n’emploie pas soi-même*, est la source de *l’immense richesse* et en même temps de l’immense pauvreté de la société actuelle?

Vous ne comprenez donc pas que ce fait dominant a créé le *marché universel*, et que la production pour le marché universel n’est possible qu’avec lui?

Vous ne comprenez donc pas que là est la cause de la *surabondance de produits* (surproduction), *des crises, des stagnations de commerce et de travail?*

Vous ne comprenez donc pas que c’est là ce qui rend la condition de la classe ouvrière si misérable, si incertaine et exposée aux plus cruelles souffrances? Car certainement la condition du fileur et du tisseur était encore plus assurée au temps où (comme par exemple en Angleterre jusqu'à la fin du siècle passé) l'ouvrier cultivait encore un petit champ, avait une vache et produisait pour *son propre usage.*

Celui qui produit lui-même les principaux moyens de subsistance pour son propre usage ne peut pas être jeté si rapidement et si profondément dans la misère, comme notre travailleur qui sans la moindre force de résistance d'un capital est journellement livré, tout entier, au marché universel, et dépend de chaque mouvement convulsif de ce dernier! Vous ne comprenez donc pas du tout la cause générale qui *a créé notre Prolétariat?*

Vous ne comprenez pas non plus, et certainement encore moins que toute autre chose; mais par une explication que je vous donnerai plus tard, je vous *forcerai* à comprendre que ce n'est que lorsque la production est *exclusivement dirigée vers les valeurs d'échange,* lorsque le travail a pris *la forme et la nature de son exécution,* où *chacun ne produit que des objets qui ne servent pas à son propre usage,* ce n'est qu'alors, dis-je, qu'existe le *capital proprement dit.*

Vous ne comprenez donc *rien, rien,* mais *rien du tout* de nos conditions économiques!

Et à ce babillage d'enfant je dois opposer l'économie politique!

Les temps à venir, auxquels, du reste, mes peines et mes efforts sont destinés, me tiendront compte d'avoir accepté *l'humiliation volontaire* de vous critiquer!

Que chacun lise soi-même comment vous détaillez dans toute une page encore ce que vous venez de dire et le rabâchez ensuite, sans y ajouter la moindre chose. Et c'est ainsi que vous terminez ce chapitre qui porte le titre glorieux de *Forme du travail dans la société humaine.*

Suit le petit chapitre (p. 16). *La division du travail dans ses différents embranchements, en particulier.*

Mais au lieu d'exposer la *division du travail dans ses différents embranchements en particulier,* au lieu d'examiner et de démontrer quel est l'effet de la division du travail sur la situation des différents agents du travail en *particulier,* nous ne voyons qu'une suite de lieux communs qu'on trouve dans chaque abrégé et même dans les livres d'enfants sur le *perfectionnement augmenté* du travail par suite de sa division, sur *l'empêchement de la dissipation du capital* pendant le travail, favorisé par cette division, et sur l'utilisation rendue possible, moyennant cette division des *forces de la nature* et des *trésors* des différentes zones ; en d'autres termes : tandis que par votre titre vous promettez de traiter *la division du travail dans ses différents embranchements en particulier,* vous la traitez sur la *division du travail en général.*

Vous ne comprenez pas seulement le sens de vos propres en-tête de chapitres ! En-tête et contenu riment ensemble comme hallebarde et miséricorde.

En disant que vous ne faites que délayer des choses devenues depuis longtemps lieux communs, j'ai dit trop peu. J'aurais dû ajouter que vous les *délayez* et les *gâtez!*

Il y a environ cent ans qu'Adam Smith, d'après l'exemple de Ferguson[1], décrivit amplement les

---

1. Adam Ferguson, *An essay on the history of civil society,* éd. Basel, part. IV, sect. I. *Of the separation of Arts and Professions.* — Ferguson est plus objectif qu'Adam Smith, en

avantages de la division du travail au point de vue
du perfectionnement de la masse des produits; il
cita l'exemple de l'épingle [1], c'est-à-dire qu'il conçut
avec une intelligence concrète digne de lui la précision *spécifique* que le travail a dans sa forme *actuelle*. Il montra comment *dans le même atelier* la
fabrication d'une aussi petite chose que l'épingle
est divisée en dix-huit branches différentes de travail, qui ont ordinairement chacune leurs travailleurs particuliers, de sorte que chacun ne fabrique
que la dix-huitième partie d'une épingle. Il montra que le produit total de leur activité réunie
l'emporte infiniment sur le produit du même nombre de travailleurs, si chacun faisait des épingles
entières à part. Par cet exemple, il décrivit le travail d'aujourd'hui dans la précision distinctive *spéci-*
fique qu'il a réellement. Il ne le décrit pas comme
un *échange de produits particuliers* que des *en-*
trepreneurs particuliers *autonomes*, vis-à-vis les

ce qu'il fait ressortir, en même temps, les suites défavorables
du développement de la division du travail pour les facultés
intellectuelles, ce qui, du reste, non plus, n'était pas inconnu
à Smith. De nos jours, après ce que Lemontey et d'autres,
et même J. B. Say, en ont dit, et ce que les abrégés allemands
ont affirmé, elles sont assez connues, et ce n'est que dans l'abré-
viation du temps de travail, et dans une tout autre forme
d'enseignement, que l'avenir pourra trouver un antidote effi-
cace contre le dépérissement *intellectuel* que produit le développement de la division du travail. Il y a à constater ici le fait
intéressant que M. Schulze, à l'opposé de tout ce qui a été reconnu, attribue au progrès produit par la division du travail
dans l'industrie, l'effet de ce que *le métier* (œuvre manuelle)
devient toujours de plus en plus *œuvre d'esprit* (Catéchisme,
p. 38)!! En restant sur le fait cité par Smith, un travailleur, qui
faisait avant le tout, et ne fait à présent, toute sa vie, que la
18ᵉ partie d'une épingle. Dans cette occupation naturellement
dégradante pour *ses facultés intellectuelles*, M. Schulze voit
une transition du métier à l'état *d'œuvre d'esprit !!*

1. Adam Smith, lib. 1, c. I (p. 13, éd. Garn.).

uns des autres, ont fabriqués, mais il fait voir comme la *production totale* de beaucoup de *travailleurs réunis* pour faire le même produit, chacun d'eux ne déployant qu'une *activité dépendante abstraite, partitive*, et, par conséquent, ne possède nullement le *produit* tout fait pour l'échange.

Cet exemple d'Adam Smith est si bien pris qu'il s'est stéréotypé et a passé dans tous les abrégés. Il ne varie que par l'exemple [1] de la *fabrication des cartes à jouer*, auquel il s'applique également.

Mais à vous, monsieur Schulze, il ne vous convient pas de montrer le travail d'aujourd'hui dans sa précision spécifique. Il ne vous convient pas de faire voir aux travailleurs, par un exemple pareil, qu'ils ne sont que les rouages dépendants d'une grande production commune. Cela doit leur être déguisé autant que possible ; il faut leur persuader, si faire se peut, que *chacun échange les produits qu'il a fabriqués*.

Vous vous éloignez, cette fois, de la sagesse des abrégés, et vous transportez *votre* exemple sur le *terrain du libre-échange*. Pour montrer le perfectionnement que le travail atteint par sa division, vous faites échanger les pays entre eux. Vous choisissez comme exemple de *l'effet merveilleux de cette division du travail la redingote !*

« La laine, dites-vous, vient peut-être de l'Australie ou de la Russie méridionale, elle a été filée en Angleterre, tissée en Allemagne ; la soie, qui a servi à coudre, vient de la France méridionale, et les ciseaux du tailleur encore d'autre part, etc., etc. »

1. Introduit par J. B. Say. Michel Chevalier donna l'exemple, non moins probant, de la fabrication industrielle des montres. (Note du traducteur.)

Ainsi la division du travail est heureusement résolue en opérations autonomes d'entrepreneurs
non moins autonomes échangeant réciproquement ;
tout ce qui rappelle la précision spécifique du travail d'aujourd'hui et ce qui vous blesse visible-
ment, tout ce qui pourrait servir à ouvrir les yeux
aux travailleurs sur ce sujet est soigneusement
évité !

Mais, monsieur Schulze, voulez-vous sérieusement
expliquer aux gens l'effet merveilleux de la *division
du travail*, dans le sens actuel, par cet exemple ?

Cette forme de la division du travail, l'échange,
a toujours existé, depuis que le monde existe. Les
Phéniciens ont déjà pratiqué *cette* division du travail en apportant de Tyr en Grèce la pourpre et
en allant chercher l'ambre jaune sur les côtes allemandes de la mer Baltique. Et c'est ainsi que vous
croyez expliquer la division actuelle du travail et
ses effets merveilleux ?

Au lieu d'expliquer *l'effet de la division du travail*, vous expliquez simplement l'effet de l'échange,
soit parce que vous n'avez aucune idée du
sens plus élevé et plus précis dans lequel les économistes emploient ce mot, soit que, par des motifs connus de vous, vous vouliez en cacher la signification.

Echange, échange, échange. — C'est tout ce
que vous savez. Ce *mot* épuise *tout le contenu de
vos notions économiques.* Vous n'avez pas le
moindre entendement *des formes économiques
plus élevées et plus précises. Tout* ce que vous
voulez éclaircir, *tous les phénomènes économiques
beaucoup plus élevés et plus déterminés* se transforment (comme je le démontrerai encore plus tard)
entre vos mains et à votre insu en simple *échange*.

O juge de district que vous êtes !

Vous termïnez cette bordée de phrases par les paroles suivantes, pleines d'onction :

« Déjà les arts et les sciences lui payent (au travail) les intérêts retenus depuis si longtemps; quant aux travailleurs qui sauront bien comprendre cette marche nécessaire du développement social et l'utiliser en leur faveur, leur large part dans le grand héritage de l'humanité ne sera pas injustement retenue. »

Que le ciel nous préserve dans sa grâce des intérêts apportés à l'humanité par ce que *vous* nommez *la science !*

CHAPITRE DEUXIÈME

A) LE CAPITAL

Comme nous développerons, plus tard, la véritable idée du capital, nous montrerons d'abord, dans ce chapitre, et dans le suivant, tout en établissant les *bases réelles* de notre développement ultérieur, combien toutes vos définitions du *capital* sont fausses et contradictoires.

Pour être juste, il faut dire que ce reproche ne s'adresse pas seulement à vous et à Bastiat, mais à toute l'économie politique, en général (telle qu'elle a été professée jusqu'à nos jours), laquelle encore n'a jamais donné la véritable idée objective du capital. Certes toutes les erreurs et les faussetés que vous et Bastiat entassez au sujet du capital ont leurs racines dans l'erreur fondamentale *commune* à toute l'économie politique libérale (ce chapitre et les suivants sont destinés à analyser *l'idée générale du capital dans toute l'économie libérale*, et à la ramener à sa vérité). Mais vous surpassez et l'original dont vous êtes le sosie et tout ce qui a été dit jusqu'à présent; par place, vous vous élevez involontairement jusqu'au comique.

Vous commencez ce chapitre par la subdivision :
a) *Idée et emploi du capital, la consommation pro-*
ductive, et vous dites :

« Pour pouvoir entreprendre et continuer un travail
industriel, trois choses sont absolument indispensables :
« (*a*) Les *matières premières ; (b)* les *outils ; (c)* les
moyens de subsistance pendant la durée du travail, ou,
ce qui revient au même, pour celui qui fait travailler
les autres, un *fonds pour le paiement des salaires.*
Tous ces objets nécessaires, comme conditions préliminaires de toute activité industrielle, s'appellent, dans
leur ensemble, *capital.* »

Eh bien, matières, outils et *moyens de sub-*
sistance, embrassent tous les genres de produits ;
après cela, il est difficile de concevoir pourquoi
vous n'arrivez pas à la charmante définition, *le*
capital, c'est une partie des produits.
Mais vous objecterez qu'on trouvera plus loin,
dans votre livre, que *cela dépend du but, de la*
destination de ces produits. »
Bien ; si telle est votre opinion, pourquoi ne dites-
vous simplement : *Le capital, c'est la partie des*
produits employés à la production ultérieure?
Cette définition serait aussi, comme vous pourrez
vous en convaincre par mon chapitre sur l'analyse
objective du capital, une définition très boiteuse,
encore très abstraite et par conséquent *très-fausse;*
elle ne donnerait *aucunement l'idée* du capital.Mais
ce serait au moins une définition claire, brève, précise
et *savante.* Mais vous ne pouvez pas vous élever
même jusqu'à une défiuition pareille, soit qu'en
général vous ne puissiez vous élever à une manière
réfléchie de penser et de parler, soit que depuis le
commencement vous vouliez amener insensible-

ment le travailleur à l'idée que cette définition ne contient pas, n'entraîne pas l'idée que tout capital doit être *capital privé*. En effet, vous pouvez bien plus facilement masquer cette conséquence logique et vos contradictions continuelles, par un long verbiage, que par une définition brève et précise.

Vous poursuivez, après la dernière phrase citée, par la remarque qu'une *somme d'argent* n'est jamais proprement un capital, *le capital étant la partie de la fortune d'un homme qu'il ne consomme pas* immédiatement.

Je vous demande pardon, monsieur Schulze, mais je dois vous interrompre ici. Les mots *de la fortune d'un homme* ne sont-ils réellement qu'une conséquence de votre manière irréfléchie et banale de parler, qui vous empêche de généraliser une définition, ou bien les prononcez-vous *à dessein* pour inspirer insensiblement au travailleur l'idée que tout capital *doit* être absolument propriété privée? Vous savez, et comme député vous devez savoir, qu'il y a aussi des *capitaux publics*, qui ne font pas partie de la fortune *d'un homme*, mais qui appartiennent à *toute la nation*. Pourquoi ne définissez-vous 'pas le capital comme *une partie de fortune*, etc., et pourquoi ne laissez-vous pas de côté ce *d'un homme* qui n'a rien de commun avec cette définition?

Mais reprenons votre définition :

« Le capital, dites-vous, est la partie de la fortune d'un homme qu'il ne consomme pas immédiatement, qu'il n'emploie pas à la satisfaction de ses besoins immédiats, personnels, mais qu'il accumule et consacre soit à un usage et à une utilisation durable pour l'avenir, soit à un travail et à une entreprise future, soit pour une entreprise à lui, soit pour celle d'un autre. C'est d'après la *destination* qu'on donne aux différentes parties de son revenu et de sa fortune qu'on distingue ce qu'on doit considérer comme *capital*, et on ne peut donner ce nom qu'à ce qui n'est pas employé à la satisfaction de nos besoins momentanés. »

Grâce à cette surabondance de paroles, il se peut qu'un homme, même instruit, lise vos discours sans avoir conscience de leur complète absurdité. Ce verbiage, un vrai poison pour l'esprit populaire, endort et affaiblit en même temps la lucidité de pensée du lecteur.

Mais celui qui sait conserver l'autonomie et la précision de sa pensée, même vis-à-vis de votre verbiage, doit véritablement admirer l'absurdité logique, que vous savez concentrer en quelques lignes!

Je veux élucider cela sous trois rapports seulement :

1) Le *capital*, selon vous, est la *partie* de la fortune, qui n'est pas immédiatement consommée, c'est-à-dire qui n'est pas employée à la satisfaction des besoins momentanés personnels. « D'après la *destination* qu'on donne aux différentes *parties* de *son revenu* et de sa fortune, il faut distinguer ce qui doit être considéré comme *capital*, et il n'y a que l'excédant de nos dépenses journalières » qui peut prétendre à ce nom.

C'est-à-dire : vous expliquez le *capital* comme provenant du *revenu* et comme *partie* de ce dernier. Mais c'est beaucoup plus le *capital* qui rapporte le *revenu* et le *revenu* qui *provient* du *capital*.

Cela s'impose à l'idée et se démontre *historiquement*. Avant tout c'est l'idée du *capital* qui doit être donné, et ensuite celle du *revenu* qui doit en dériver. Vous expliquez, au *contraire*, le *capital* comme provenant du *revenu!*

Mais, plus tard, vous cherchez vous-même dans le chapitre d) *Crédit et rente du capital*, p. 29, à expliquer les intérêts et la rente, c'est-à-dire le *revenu comme provenant de la force productive du capital!*

Tout cela n'est rien!

Tout cela est parfaitement conforme aux besoins de chaque page de votre *Catéchisme*. Là c'est le revenu *qui provient du capital*, ici c'est le *capital qui provient du revenu!* Comme c'est le capital qui rapporte le revenu, celui qui dit *revenu* dit en même temps *revenu du capital*. En résumé, votre définition veut dire que *le capital est une certaine partie du revenu du capital!!!*

Grand Schulze!

Sans être doué d'une grande sagacité, on devine facilement ce que cette confusion chaotique a produit dans votre tête de juge. Probablement vous avez vu un jour à Delitsch quelqu'un qui avait mille thalers de revenu en mettre cinq cents en réserve et les placer ensuite comme *capital*. Et aussitôt vous pensez, comme on le verra plus tard, que c'est là le procédé de la formation *historique* du capital, que c'est le même procédé qui préside à la *formation européenne du capital d'aujourd'hui.* Mais, si cela était même aussi vrai que c'est faux, et que c'est seulement une idée puérile et ridicule, de présenter la chose, ne voyez-vous pas, monsieur Schulze, que ce procédé de la formation du capital n'a rien de commun avec le sujet qui vous occupe? Car,

2) Vous voulez et vous devez nous donner ici l'idée du capital, vous voulez et devez nous dire *ce que c'est* que le capital, et au lieu de cela, vous nous dites *comment*, selon vous, le capital se *forme.*

Votre *érudition* ne vous met-elle pas en état

de comprendre combien ces deux questions sont séparées et différentes l'une de l'autre. Quand je vous demande ce que c'est qu'un homme, et que vous me donnez la description du procédé de sa *naissance*, est-ce une *réponse à ma question?*

Vous-même ne *voulez* pas du tout traiter ici l'origine du capital. Ce n'est que plus tard (p. 24), que vous faites un chapitre particulier intitulé *b) Origine du capital.* Donc ce n'est que là que doit être traitée l'origine du capital. Ici, conformément à votre titre, nous devons apprendre à connaître de vous l'*idée* du capital, et vous nous la donnez en disant que le capital est la *partie* de la fortune ou du *revenu* « qui n'est pas » immédiatement consommée, « *qui n'est pas employée à nos besoins immédiats* », qui est « *accumulée et consacrée à un usage et à une utilisation de longue durée pour l'avenir* » c'est-à-dire, vous nous exposez vos idées sur l'*origine du capital.* »

N'avez-vous pas *honte*, monsieur Schulze? Ne sentez-vous pas, vous, cerveau embrouillé, que celui qui veut se poser devant le *peuple*, devant les *travailleurs*, en *professeur populaire*, doit posséder au moins les éléments indispensables de logique? Je dis les éléments, parce que vous manquez même de *ceux-là!* Mais, en réalité, un professeur populaire doit posséder la plus *haute* logique, la plus complète *lucidité de pensée*, et connaître à *fond* son *sujet* pour pouvoir l'exposer dans toute sa clarté comme un tissu qui va toujours se développant de soi-même.

Pour parler aux *travailleurs* il faut, étonnez-vous autant que vous voudrez de cette remarque, *un bien plus haut degré d'instruction* que pour parler à des étudiants du haut d'une chaire.

Au lieu de cela, cette ignorance totale de la

matière, cette absence inouïe de bon sens, ces
entassements de contradictions se heurtant et heurtant la réalité, cette incapacité sans exemple de
savoir se renfermer dans son sujet, cette confusion
informe de toute conception nette, qui font que les
paroles s'écoulent comme l'eau entre les doigts, et
que même le lecteur *sensé* et instruit ne peut qu'à
force de peine et d'efforts tenir bon pendant cette
lecture — tout cela, ce que j'ai déjà si souvent démontré et que je démontrerai encore dans la suite,
d'une manière plus complète, tout cela ne peut
mener qu'à la *corruption* et au trouble du bon
sens et de l'esprit populaire.

Ne voyez-vous donc pas que :

3) L'explication donnée par vous que le capital est
ce qui n'est pas immédiatement consommé, ce qui
n'est pas employé à la satisfaction *des besoins momentanés personnels, mais est accumulé pour une
utilisation et un usage durable pour l'avenir*, que
cette explication est encore fausse.

La distinction vulgaire des économistes entre le
capital fixe et le *capital circulant* vous le prouve
déjà. Le *capital circulant* consiste pour la plupart
en choses qui, comme les moyens d'existence, le
salaire, etc., sont employées à la « consommation
présente » et à la « satisfaction des *besoins momentanés, personnels.* »

Vous le savez, du reste, ce qui ne vous empêche
pas de vous mettre immédiatement en contradiction obligée avec vous-même. Car vous dites dans
la même page :

« En outre, les fournitures d'une mercerie. Pour le
marchand, ils représentent le capital de leur circulation,
mais il en tire les moyens de continuer son commerce ;
mais entre les mains du client, qui achète quelques

onces de café ou d'épices, la livre de riz ou de sucre qu'il achète, pour ses besoins momentanés, ne peuvent être considérés que comme des articles de *consommation.* »

Ces choses sont-elles *capital* ou non? *Si elles ne le sont pas,* ce que vous nous dites (p. 22): « Que les moyens d'existence ou le fonds pour le payement des salaires » constituent le capital, est faux, comme tout ce que vous direz encore là-dessus. Si au contraire *elles le sont,* il est faux que le capital soit ce qui n'est pas aussitôt employé à la satisfaction des besoins momentanés, personnels. Encore une fois, ces objets sont-ils capital ou non?

Je demande une réponse nette!

Eh bien! c'est là ce qu'on n'apprendra jamais de votre livre. Et si pour avoir une réponse à cette question on vous mettait à la torture, vous répéteriez toujours en balbutiant: pour un tel *elles le sont;* pour un autre *elles ne le sont pas.*

Et moi non plus je ne peux donner encore au lecteur cette réponse ici. Car, pour se rendre maître de l'amas de contradictions dans lesquelles vous vous êtes enfoui, il faut prendre une tout autre voie. Ce chapitre n'est destiné *jusqu'à présent* qu'à éclairer *votre* chemin et à montrer les contradictions qui se jouent de vous. Pour nous orienter un peu, permettez-moi seulement une question : Ecrivez-vous, comme vous le dites vous-même dans la préface de votre *Catéchisme,* un *cours populaire d'économie politique* ou un *cours d'économie privée?* Traitez-vous de l'économie *politique* ou de l'économie *privée,* monsieur Schulze? Et dans quel rapport se trouvent ces deux sujets l'un vis-à-vis de l'autre?

Comme chaque ligne de votre *Catéchisme* le

prouve, ni vous ni d'autres économistes ne vous les êtes pas même posées, vous n'avez jamais taché de reconnaître ni la *différence* ni *l'identité* des deux sujets, vous ne soupçonnez même rien de cette différence ; et de là vient que vous *parlez d'économie politique* en croyant traiter *l'économie privée*, et vous traitez l'économie privée en croyant traiter l'économie politique.

Mais comme tout ce babillage « *pour un tel c'est capital... pour un autre ce n'est pas un capital, cela dépend du but...* » comme tout cela est loin d'être une réponse, même selon vous! c'est ce que vous démontrez par d'autres contradictions amusantes qui naissent partout sous vos pas, comme les roses sous les pas d'une fée! Page 35, vous donnez encore une définition bien autrement tournée du capital. Vous dites :

> « En réalité, *tout capital*, selon son dernier but, n'est rien d'autre qu'un fonds de salaires, et chaque mise de capital n'aboutit infailliblement qu'au *payement des salaires de travail!* »

Et pour éclaircissement, vous expliquez comment toute accumulation de capital, tous les achats des instruments et des matières premières, se réduisent en payement des salaires de travail, de ceux qui ont produit ces choses; et vous continuez (p. 36) :

> « Même *dans le dernier cas possible*, où quelqu'un ne placerait pas sa fortune dans une entreprise productive, la mangerait simplement, l'emploierait à l'étude de la science ou d'une branche de l'art, ou bien la dissiperait en objets de luxe, même dans ce cas, le résultat ne changerait pas, car, en fin de compte, il ne paye que les salaires de travail. L'honoraire des professeurs, le prix des livrées, le loyer, les vêtements, la nourriture,

qu'est-ce que tout cela, sinon le salaire des travaux des personnes qui prennent part, d'une manière ou d'une autre, à ces productions? Et quand je me fais bâtir une belle villa, quand je fais l'acquisition des objets de luxe les plus recherchés, de vins fins, de tableaux et de meubles précieux, dans quelles autres mains passe l'argent, si ce n'est dans les mains de ceux qui, directement ou indirectement, ont produit ces objets?

« En somme, comme nous l'avons déjà dit :

« Tout emploi imaginable de la fortune, l'entreprise productive autant que la *consommation improductive* et la dissipation pure, ont pour but l'achat de produits du travail humain et se réalisent infailliblement dans un payement des salaires. »

S'il est vrai que ces modes divers, y compris la consommation improductive, aboutissent au *payement des salaires de travail*, et si le capital et *fonds des salaires aboutissent au payement des salaires de travail*, — eh bien, de nouveau, il n'est pas vrai qu'il dépend du *but* de la *destination* (page 22 de votre livre) qu'une chose soit ou non capital ; il n'y a plus aucune différence entre la consommation *productive* et la consommation *improductive*, entre ce qu'on a immédiatement consommé et ce qu'on a accumulé. *Tout* aboutit finalement au payement des salaires de travail, et par conséquent à la *formation* du *capital*.

Grand Schulze ! la danse de saint Guy que vos contradictions dansent avec vous est vraiment grotesque pour les spectateurs non intéressés qui sont en sûreté sur l'observatoire de la science économique. Mais le malheureux qui voudrait essayer de parvenir, à l'aide de votre livre, à la connaissance du capital, doit avoir les nerfs douloureusement agacés.

Vite encore un avant-deux de contradictions.

Le capital, c'est la partie de la fortune d'un homme, qui n'est pas immédiatement dépensée... mais qui est accumulée pour une utilisation durable, pour l'avenir, ou, comme vous le répétez encore une fois (page 25), « la partie de notre fortune mise provisoirement en réserve pour une existence future. »

Ce que nous mettons provisoirement en réserve pour notre existence, monsieur Schulze, c'est l'*argent*.

Mais l'argent, chez vous, n'est *jamais capital proprement dit*, comme vous le dites (page 21) et déjà (page 10); mais on peut seulement, en l'échangeant, avoir du capital pour de l'argent. C'est un être bien merveilleux que ce capital! Le capital *n'est que la partie de la fortune mise en réserve, qui n'est pas immédiatement employée, mais qui est accumulée*, et pourtant le capital *n'est jamais ce qui est réellement accumulé, mais toujours seulement ce qui est aussitôt dépensé et employé, jamais accumulé et mis en réserve par ceux auxquels nous prêtons cet argent* (moyens d'existence, salaire de travail). — Mais, en même temps, il faut exactement s'en tenir à cela, que le capital n'est autre chose que *ce qui est accumulé et mis en réserve!!!*

Par saint Népomucène! quel charmant faisceau de contradictions! Là, il doit vous paraître mystérieux et inconcevable, — à vous et à Bastiat, que vous suivez fidèlement partout, sans avoir son habileté, de glisser sur les endroits faibles, — cet être qu'on appelle le *Capital!* Je comprends le culte que vous lui vouez.

De tous temps, l'homme a eu des élans d'adoration pour ce qu'il ne comprenait pas!

Et si je ne prête pas du tout l'argent que je mets

annuellement en réserve, mais si je fais ce que faisaient nos paysans il y a peu de temps, si je le mets dans des pots pour amasser un trésor, est-ce un *capital* ou *non* ? Si c'est un capital, votre définition, qu'une *somme d'argent ne constitue jamais un capital*, est fausse ; si ce n'est pas un capital, votre définition, que le capital est *la partie de notre fortune mise en réserve pour notre existence future*, est encore fausse.

Je vous fais grâce d'une douzaine d'autres contradictions, et je poursuis vos considérations sur l'idée du capital (page 22) :

« Partant de ce *point de vue qui embrasse tout*, — notamment du point de vue que le capital *n'est que ce qui est accumulé pour une utilisation future, durable*, — ce ne sont pas seulement les *biens* palpables, les *choses matérielles, physiques*, qui seront comptés comme *capitaux*, mais même les *connaissances*, l'*expérience*, l'*habileté*, la *force de volonté*, l'esprit d'*entreprise* et d'autres talents et avantages intellectuels et physiques, acquis ou développés par quelqu'un, par l'exercice et des efforts constants, et qui lui seront utiles pour la durée de son existence et dans son métier, toutes ces choses sont, dans un certain sens, du domaine du capital, parce qu'elles ne s'épuisent pas dans un usage momentané, mais concourent essentiellement à la satisfaction des besoins futurs. Il en est de même d'une grande découverte ou d'une invention, des résultats d'une expérience et de recherches pénibles, puisqu'elles prolongent leur effet bien avant dans l'avenir, et que, convenablement exploitées, elles procurent, à leur propriétaire, un revenu. »

Avec quelle générosité, vraiment royale, vous gratifiez le monde d'une masse de nouveaux capitaux [1], dont l'économie politique n'a rien su jus-

---

1. Ces *nouveaux* capitaux, aussi souvent qu'on a essayé de les introduire dans l'économie, en ont toujours été rejetés par

qu'à présent! La récompense nationale de 45,000 thalers, que les marchands et les fabricants vous ont offerte, n'est qu'une bagatelle en comparaison de cette générosité.

Vous connaissez le respect du travailleur allemand pour l'esprit et les *connaissances*. Voilà qu'aussitôt *connaissances*, *expérience*, talents, dons *intellectuels*, sont comptés dans la catégorie des capitaux! Un professeur qui tire de ses connaissances un traitement convenable ou un revenu annuel n'est pas pour vous un travailleur intellectuel, jouissant d'un revenu de travail, Dieu vous en préserve! c'est un *capitaliste!* Schiller et Lessing, malgré leurs connaissances, leurs talents et leurs avantages intellectuels, malgré ces *capitaux*, sont, à peu près, morts de faim. Qu'est-ce que cela fait? Ils n'en furent pas moins des *capitalistes!* Probablement ils étaient ou des avares ou des extravagants qui n'ont pas voulu « échanger » leurs capitaux contre d'autres objets.

Et outre cela, le pont qui fait de *nous tous des capitalistes*, avec la différence peu importante du plus ou moins grand capital, n'est-il pas trouvé de cette manière? En effet, si l'*expérience* et l'habileté, si les talents et les avantages intellectuels et *physiques* acquis ou développés par une personne, pour être employés selon les besoins de son existence et de sa vocation, sont des *capitaux*, quel travailleur n'aurait pas de l'*expérience, de l'habileté, des avantages physiques acquis ou développés par l'exercice et les efforts continuels* employés également ment selon les besoins de son existence et de sa

la science. Voir Hermann, *Staats Untersuchungen*. Munich, 1832, p. 50-59. *Quarterly Review*, Bd. 14, S. 52. *Rau Grundsætze*, etc., Bd I, § 130 et d'autres.

vocation, ne s'épuisant pas dans un emploi momentané, mais lui assurant réellement, comme *salaire du travail*, un revenu constant? Ainsi, embrassez-vous, millions d'hommes! le grand lien fraternel est enfin formé; nous sommes tous des *capitalistes*, les uns un peu plus, les autres un peu moins. Le *salaire du travail*, comme les dividendes des actions du chemin de fer de Cologne-Minden, *tout est revenu du capital!* Comme la nuit tous les chats sont gris, de même, dans la nuit de votre ignorance, ô Schulze! s'effacent toutes les distinctions, toutes les catégories économiques!

Ainsi, la discorde a disparu, la question sociale est résolue et il ne nous reste qu'à entonner l'*hosanna*. Et tout cela, c'est votre mérite, à vous, grand sauveur de l'humanité!

Mais, si les connaissances et les avantages du domaine purement intellectuel ne sont pas des *capitaux*, objectez-vous, au moins les grandes découvertes et les inventions du domaine matériel, technique, etc., le sont? Les uns aussi peu que les autres, monsieur Schulze.

Une grande découverte et une invention peuvent être très avantageusement exploitées par un *capitaliste*, mais elles-mêmes, — vous vous rappelez, peut-être, le sort de *Fulton*, le grand inventeur de la navigation à vapeur, qui périt à cause de sa découverte, celui de *Hargreave*, l'inventeur de la *Spinning-Jenny*, qui mourut dans la plus affreuse misère, et celui d'une longue suite d'hommes que j'aurais pu vous énumérer ici, — elles sont aussi peu un *capital* qu'une idée philosophique de Hégel, ou que le génie poétique de Goethe.

Si vous appelez capital une chose *parce* qu'elle prolonge son effet bien avant dans l'avenir et que, dûment exploitée, elle assure à son possesseur un *re-*

venu, les charmes physiques d'une femme (du reste vous comptez très clairement les avantages physiques parmi les capitaux) sont aussi un *capital,* car ils prolongent également leur effet bien avant dans l'avenir, et, *dûment exploités,* ils assurent à leur propriétaire un revenu et souvent même très-brillant.

Bref, grand petit juge, vous interprétez le *capital* dans le même sens et avec la même précision scientifiques et économiques que *ferait quelqu'un* qui, vous pressant contre son cœur, suivant le langage usité, s'écrierait : *Vous êtes un vrai trésor, une trouvaille, un drôle de capital : (kapitalkerl).*

b) Origine du capital

« Examinons, dites-vous en commençant ce chapitre, l'origine du capital ; nous avons déjà parlé de la *mise en réserve* de *l'accumulation,* et nous avons indiqué de cette manière la voie par laquelle il se forme. *Dans tous les cas, le capital est le résultat immédiat d'une épargne (!!)* (Il est difficile de dire ce qu'on doit admirer le plus, monsieur Schulze, de votre étonnante audace ou de votre étonnante naïveté !)

« Il ne peut naître *que quand quelqu'un ne dépense pas tout le produit net de son travail, tout son revenu,* en dépenses improductives, pour la satisfaction des besoins momentanés, et en met en réserve une partie. *Jamais les capitaux ne peuvent se réaliser d'une autre manière !!! »*

Il faudrait écrire presque un livre pour montrer toutes les erreurs et tous les tours de passe-passe que vous réussissez à concentrer dans si peu de lignes ! D'abord une question : le capital ne peut donc naître que quand quelqu'un n'emploie pas *tout le produit net* de son travail, *tout son revenu*, en dépenses improductives. Mais c'est là, justement, toute la question. Il s'agit de savoir si jusqu'à présent, sous le règne du capital, *le produit net du travail* et le *revenu* de n'importe qui coïncident, en d'autres termes, s'ils sont identiques ; si réellement le *revenu* que quelqu'un touche aujourd'hui est le produit net de *son* travail *ou s'il est le produit du travail d'autrui?* C'est justement ce qui forme aujourd'hui le point de controverse dans tous les débats sur le capital !

Avec une adresse sans pareille, en jouant, — on n'est pas sorcier pour jouer l'adresse, — vous videz le différend en associant simplement les mots *tout le produit net de son travail* et tout son *revenu*, en les collant l'un à côté de l'autre ! Ainsi ce qui était encore à *démontrer* est déjà admis, et par cette *admission* d'une chose qui *était à démontrer* vous considérez le tout comme *démontré*, et pour vous le débat est clos !

Comprenez donc, monsieur Schulze, que l'intérêt principal se concentre justement sur *cette* question.

Tant que nous avons existé tous les deux, j'ai pris sur moi, suivant votre expression (p. 29) *la peine et la privation* d'épargner le produit de *votre* travail, de *ne pas* le dépenser, de le laisser *s'accumuler*, et si je vous demandais aujourd'hui de me céder ce produit de *votre* travail, ou seulement les intérêts parce que je les *ai épargnés?*

Vous comprendrez alors, monsieur Schulze, combien ce point est essentiellement important pour votre explication de l'*origine du capital.* Car, si vous deviez dire aux travailleurs : « *Le capital se forme quand quelqu'un épargne le produit du travail d'autrui*, ne l'emploie pas à ses besoins du moment », oh! alors les travailleurs seraient en état de convoiter, d'après votre définition, tous le scapitaux de l'univers, car il est réellement impossible de concevoir tout ce qu'ils n'ont pas consommé et en conséquence *épargné*, et dans une plus large mesure que vous et moi.

Mais je vous prouverai, en partie dans ce chapitre et en partie dans le chapitre suivant *sur l'analyse objective du capital*, que c'est le produit du *travail d'autrui* que les capitalistes « épargnent » sous le règne du capital.

Ici encore une autre question : tous les économistes déclarent le capital *du travail accumulé* (accumulated labour). Si c'est une définition qui n'embrasse pas toute la notion du capital, elle est au moins *extérieurement juste*.

Il ne peut pas exister de capital qui ne soit *travail accumulé*. Pourquoi changez-vous cette explication généralement usitée pour dire que le capital est le résultat de l'épargne, qu'il se forme quand quelqu'un n'emploie pas *tout le produit de son travail*, tout son revenu en dépenses improductives[1].

Au premier abord, cette définition parait être une circonlocution naïve, une variante innocente. Vous vous dites : Si le capital est du travail *accumulé*, ce travail pour être accumulé a dû ne pas être dépensé, par conséquent, il est le résultat d'une épargne, d'une mise en réserve du revenu.

---

1. Toujours fidèle à Bastiat, qui (*Harm. écon.*, p. 216) fait créer les capitaux des capitalistes par *leurs privations*. Mais quant à la base de cette illusion, elle se trouve dans *toute l'économie libérale*; elle lui *est propre et nécessaire*, et se rencontre déjà chez Adam Smith et ses successeurs. Elle ne fait que *s'accuser davantage* chez MM. Bastiat et Schulze et, pour cela même, elle est plus grotesque.

Et pourtant avec cette circonlocution identique, en apparence, vous avez essentiellement défiguré et gâté cette définition même sous plusieurs rapports, et vous l'avez fait avec une intention arrêtée.

Ecoutez, je vous le prouverai, monsieur Schulze.

Cette définition, « *le capital, c'est du travail accumulé* », est une expression tout à fait *objective*, et, justement à cause de cela, extérieurement juste. Elle ne dit pas si ce travail accumulé est le *travail de celui à qui appartient l'accumulation*[1]. Il a pu, par exemple, être produit dans un pays par des esclaves, de sorte que seulement, en vertu des institutions judiciaires positives, le travail accumulé appartient aux capitalistes, tandis que le travail proprement dit a été fait par les esclaves. La définition ordinairement usitée des économistes laisse indécis le point à débattre, si *l'accumulation* et *le travail se rencontrent* dans la même personne.

Mais, par votre circonlocution, suivant laquelle le capital est « *le produit de l'épargne* » de quelqu'un qui ne dépense pas tout le produit de son travail, *tout son revenu*, vous gagnez le point *essentiel* dont il s'agit pour vous, celui de mettre insensiblement, par cette définition, dans la tête des

---

1. Il est vrai que chez Adam Smith et dans toute *l'économie libérale*, cette naïve supposition constitue la base qui, précisément, *caractérise* cette économie libérale. Smith et Ricardo ne s'occupaient pas encore du socialisme. Mais chez MM. Bastiat et Schulze, cette supposition tacite apparaît sous *forme de polémique ;* si les grands fondateurs de l'économie bourgeoise n'ont pas examiné ce point, et, suivant l'apparence matérielle, ils l'ont supposé comme évident par soi-même, les épigones (comme cela se voit d'ailleurs dans toutes sciences) ont érigé ce défaut en *chose essentielle* et ils ont concentré là-dessus leur accentuation !

Cette remarque est, en résumé, l'essence de l'histoire de l'économie libérale, depuis Ricardo.

travailleurs la supposition que les capitalistes accumulent les produits de leur propre travail ; que celui *qui fait des épargnes* ne met en réserve qu'une partie du produit de *son* travail, de *son* revenu, que non seulement le capital lui-même, mais tout ce qui en résulte, lui appartient positivement, non seulement de droit, en vertu des lois existantes, mais aussi *économiquement*.

O rusé compère que vous êtes ! Mais personne n'a l'air plus bête qu'un rusé compère démasqué, qu'un escamoteur pris sur le fait.

2) Du moment que vous expliquez le capital, comme étant l'épargne d'une partie du *revenu*, et le *revenu*, comme provenant du capital ; du moment que vous déduisez le capital d'une chose qui se déduit plutôt de lui, de ce moment, l'absurdité logique, que je vous ai déjà suffisamment démontrée, plus haut, vous est absolument nécessaire, l'absurdité de déclarer que le capital est *une partie de lui-même, une partie du revenu du capital !* L'expression usuelle des économistes que le capital est du travail accumulé *ne* contient *rien* de si absurde dans les mots, quoique au fond de l'âme les économistes l'admettent nécessairement partout. Elle ne parle pas de *revenu ;* elle nous montre exclusivement et justement le *procédé de production* comme étant la source de la formation du capital. Mais que vous fait un idiotisme de plus ou de moins ?

3) Il vous convient de découvrir tout à coup un nouvel agent des choses, par lequel vous vous mettez en *contradiction* directe avec vous-même. Depuis Adam Smith, l'idée que le travail est la source de toutes les valeurs a fait le tour du monde.

Vous le répétez aussi bien souvent dans votre livre, en *paroles*, mais dans le fait, vous n'êtes jamais en état de vous en tenir là. Au lieu de dire comme les économistes : *le capital, c'est du travail accumulé ;* au lieu de présenter *le travail positif*, la production comme *l'agent de la formation du capital*, vous trouvez au capital un nouvel agent purement négatif : c'est *l'épargne*, la simple *non-consommation d'une chose !*

Cette fois la contradiction est si forte que par exception vous le sentez vous-même et vous continuez sous la pression de ce sentiment pénible :

« La *seule épargne*, la *non-consommation d'une chose*, n'est pas suffisante en elle-même pour la formation du capital. Un travail productif, une activité salariée doit nécessairement la précéder, comme cela s'entend de soi-même, car autrement les objets qui seraient mis en épargne pourraient venir à manquer. Les fonds et les valeurs qu'on veut accumuler et mettre en réserve doivent être préalablement créés ; le revenu doit être gagné avant qu'on puisse en faire des économies. Pour cela, il n'y a qu'un moyen : le *travail*. Lui seul met à la disposition de l'homme tous les objets utiles et nécessaires ; lui *seul produit toutes les valeurs :* ainsi nous revenons de nouveau au travail comme source première de tout avoir, soit des objets de consommation destinés à être immédiatement consommés, soit de la part mise en réserve pour satisfaire nos besoins futurs, nos moyens d'acquisition, toutes choses que nous appelons capital. »

Avec quelle moquerie vous traitez les pauvres travailleurs ! comme vous les raillez, monsieur Schulze ! êtes-vous donc tout à fait privé de conscience ? Avec des phrases captieuses, artificiellement cousues comme celles-ci : « *une activité salariée doit précéder ; le revenu* doit être gagné avant qu'on puisse en mettre une partie en réserve ; il n'y a qu'un moyen pour cela : le *travail*, etc. » ; avec des phrases pareilles, dis-je, vous expliquez aux travailleurs la formation des capitaux européens, comme s'ils avaient été formés par des travailleurs salariés primitifs, par la mise en réserve de leurs salaires de travail !...

Ce n'est pas de cela que je veux parler ici, mais de cette contradiction qui fait que tantôt c'est le *travail positif*, et tantôt la *non-consommation* (chose toute négative) *d'une chose* qui est la source du capital. Ces contradictions sont-elles annulées, parce que vous avez l'audace de les mettre en regard l'une de l'autre ? Point du tout ! Les passages cités sont plutôt un hurlement et un gémissement continuels de contradictions, un hurlement semblable à celui de cent chiens battus ! D'abord, c'était l'*épargne*, « la simple non-consommation d'une chose qui était l'unique source du capital. Ensuite c'est l'*épargne à elle seule* qui ne suffit plus pour former le capital ». Il paraît ici que nous allons avoir deux agents de la formation du capital, l'*épargne et le travail*. Alors, en parlant du travail, pourquoi dites-vous : « *Lui seul met toutes choses à la disposition de l'homme, lui seul produit toutes les valeurs* »! Il paraît que de nouveau le travail seul deviendra l'agent de la formation du capital. Puis, après, c'est de nouveau « *la partie de notre avoir mise en réserve pour notre existence future que nous nommons capital* ». Finalement nous retombons dans la première définition : c'est *l'épargne, la mise en réserve, qui est la source unique de la formation du capital.* Le travail peut, c'est bien le sens qui gît au fond obscur de ce galimatias, produire les choses séparément, mais elles ne deviendront capital que par leur accumulation, par leur *non-consommation*. Ainsi, la *non-consommation, l'épargne,* est l'unique source de la *formation du capital*. Et de cette manière la chose est définitivement résolue, et (p. 29) le capitaliste apparaît comme un homme qui s'est exposé à la *peine et aux privations* nécessaires pour l'accumulation d'un capital.

Ne voyez-vous donc pas que, même *abstraction faite* de toute histoire, il est absurde, en soi-même, de donner comme agent de la formation économique du capital une chose purement négative, comme l'*épargne*, la *non-consommation*, et qu'il est également absurde de la donner comme agent *unique*, ou agissant de concert avec le travail ?

Une petite remarque seulement pour vous rendre la chose plus claire. Regardez autour de vous, monsieur Schulze : quels sont donc les produits du travail qui peuvent, en général, être « *consommés* », et qui par conséquent peuvent ne pas être épargnés ? Le blé, la viande, le vin, etc., et ces choses *consommables* doivent, pour la plupart, être consommées par la société humaine, plus tôt ou plus tard, parce qu'elles ne supportent pas une longue conservation, une longue mise en réserve, et se gâtent inutilement. Jetez encore un coup d'œil sur les autres produits du travail qui forment réellement les richesses capitales de la société actuelle, par exemple : les *machines à vapeur* et les améliorations du sol, et les *maisons*, ou simplement les *matières premières* de tous genres acquises par le travail, les *barres de fer*, les blocs d'*airain* et de *cuivre*, les *briques* et les *tuiles*, les *masses de pierre*, etc., etc. Ceux-là, une fois acquis, se laissent-ils consommer, et par conséquent *non épargner* ? Ici il y a plutôt impossibilité de ne pas épargner, et le mérite que vous faites aux capitalistes glorifiés par vous, jusqu'à présent, et dans la suite, de ne pas avoir dévoré ces machines à vapeur, ces améliorations du sol, ces tuiles, ces masses de pierres, ces blocs d'airain et de cuivre, ce mérite-là me paraît assez médiocre. Certainement vous objecterez que les propriétaires pouvaient *vendre* tous ces objets et dissiper en jouissances le montant ! D'accord, monsieur Schulze. Mais quelle conséquence cela aurait-il pour la *formation du capital ?* Ces capitaux, ces machines à vapeur, ces améliorations du sol, ces tuiles et ces blocs d'airain, au lieu d'appartenir à Paül, appartenaient à Pierre, ce qui est également indifférent pour la *société*, pour la *nation* et pour l'existence du capital social. Je vous demande encore une fois : écrivez-vous des traités *politico-économiques ?* Monsieur Schulze, écrivez-vous, comme vous le dites, un cours *populaire d'économie politique* ou bien encore un cours *d'économie privée*, un abécédaire intitulé : l'*Art de s'enrichir* [1]? Il est superflu de rappeler, ce que vous nous avez dit vous-même (page 57), que, lors même que les propriétaires des machines dépenseraient le montant en jouissances, cela aboutirait au même résultat, car ils commanderaient de nouveaux produits, feraient surgir de nouvelles productions, payeraient les salaires et feraient toutes sortes de choses auxquelles *aboutissent tous les capitaux*.

Je vous expliquerai, plus tard, en résumé, l'origine du capital relativement à sa *répartition juri-*

---

1. Les plus perspicaces parmi les économistes bourgeois ont reconnu cette différence depuis longtemps, quoiqu'ils ne l'aient jamais soutenue : Malthus, *Princ. d'économie politique* (je cite d'après la grande édition générale des économistes, F. VIII, p. 358), définit la richesse nationale : « la somme de la richesse nationale se compose de ce qui est produit et *consommé*, et non pas de l'excédant des produits par de la consommation. »

dique privée. Ici jé n'ai voulu que vous montrer combien peu importe *l'épargne* à *l'origine* du capital économique. Ainsi la production, comme vous pouvez vous en convaincre, est l'unique source de toute formation du capital, et entre autres la *direction déterminée* prise par la production d'une société influe énormément sur le procédé de la formation du capital. Pour la situation économique d'une société, les conséquences sont évidemment de la plus grande importance, selon que le travail est dirigé à la production des moyens d'existence (l'agriculture), à la production des pyramides d'Égypte ou à la production de vaisseaux, de machines à vapeur, de chemins de fer, etc., etc.

Je vous l'expliquerai tantôt d'une manière plus détaillée. Cependant ce développement plus détaillé des différentes *directions de la production* n'a rien de commun avec *l'épargne* qui, comme j'ai voulu vous le démontrer ici, n'est d'aucune façon l'agent de la formation sociale du capital. Si les produits existent — et pour être épargnés ils doivent exister effectivement *avant* — l'épargne de quelques-uns de ces produits (objets de consommation) devient impossible par elle-même. Quant aux autres qui constituent réellement le fonds de notre richesse sociale (capital), leur consommation devient aussi impossible par elle-même, attendu qu'il ne se trouverait pas d'estomac capitaliste assez fort pour pouvoir les digérer.

Ici, j'ai voulu montrer seulement quelles suites d'odieuses interprétations, quelle corruption vous propagez en croyant, dans votre profonde ignorance, périphraser simplement la définition usitée parmi les *économistes* bourgeois, que *le capital est du travail accumulé.* Cette définition, je le répète, comprise par eux n'importe dans quel sens, ne contient dans les termes aucune trace de cette absurdité dont je vous accuse. Elle ne dit pas que quelque chose de purement négatif, comme l'épargne, soit la source de la formation du capital. *Accumulation* n'est pas *épargne*, monsieur Schulze, quoique vous considériez ces deux termes comme synonymes. L'épargne est l'accumulation de certaines choses, qui auraient pu *ne* pas être *épargnées*, mais être *consommées*. Vous le voyez, monsieur Schulze, vous manquez non seulement de toutes connaissances *économiques*, mais vous ne possédez pas même l'*instruction élémentaire* indispensable, l'indispensable connaissance de la signification *des mots*. Je dois faire ressortir cette différence de sens entre *accumulation* et *épargne*, sans quoi vous m'affirmeriez prochainement que vous avez épargné le soleil, la lune et les astres. Car vous ne pouvez pas m'objecter de les avoir accumulés, par cette autre raison que l'accumulation nécessite une *action positive*. La définition de l'économie bourgeoise est donc aussi exempte, sinon dans le *sens*, au moins dans les termes, de cette troisième absurdité par laquelle vous l'avez gâtée, falsifiée, dans votre périphrase.

Personne n'exige de vous, et moi moins que tout autre, que vous *produisiez*, que vous apportiez dans la science quelque chose de *nouveau*, quelque insignifiant que cela puisse être. Le rôle le plus honorable des gens de votre espèce a toujours été d'aller colporter par le pays ce qui depuis cent ans fut connu et reconnu par la science, mais ce qu'on peut du moins exiger de vous, c'est de ne pas défigurer d'une manière si pitoyable ce qui depuis cent ans a été dit dans tous les abrégés, car il y a cent ans qu'Adam Smith a déclaré le capital *du travail accumulé*.

C'est justement pour *cela* que je *vous dénonce* particulièrement à votre patronne la Bourgeoisie, comme étant, ainsi que je l'ai démontré partout, un commis-voyageur *impropre* à son service, tout à fait incapable de représenter ses intérêts. Elle gagnerait vraiment à être défendue d'une tout autre manière, sinon par des raisons *justes* et *convaincantes*, du moins par des arguments plus intelligents et plus sérieux. Mais vous ne vous doutez pas même de ce que l'économie bourgeoise **a** réellement produit jusqu'ici ; vous ignorez même les couloirs de l'arsenal où vous deviez chercher vos armes, vous *roi du monde social*, comme MM. Georges Jung, Heinrich Bürgers et Hellwitz vous ont surnommé dans leurs discours publiés à Cologne. En outre, la chose par laquelle vous nuisez le plus aux intérêts de vos patrons et par laquelle vous trahissez le secret de leurs affaires, ce sont ces ruses cousues de fil blanc que vous employez pour les servir, ruses tellement grossières qu'elles dévoilent le secret de vos *motifs* et, par là, le fond de la cause que vous soutenez. Ces procédés-là ne peuvent inspirer à celui qui les comprend que la plus grande animosité contre cette cause que vous défendez de la sorte.

Je vous ai déjà montré le *motif* qui vous fait transformer le capital de *travail accumulé* en *partie du revenu mise en épargne :* mais vous aviez encore deux autres raisons pour cela. Si vous aviez défini devant les travailleurs le capital comme du *travail accumulé*, vous auriez pu craindre que cela ne fît naître cette question : *Pourquoi nous travailleurs qui travaillons tant n'accumulons-nous donc jamais ?* tandis qu'en leur expliquant la chose comme une partie du revenu mise en réserve vous avez pensé : ils savent certainement qu'ils n'épargnent rien, par une bonne raison, et ne mettent jamais rien en réserve, et de la sorte ils supporteront mieux le désagrément de ne pas posséder de capitaux. —

Enfin vous aviez une troisième raison.

En Allemagne, il faut que tout soit *moral*. Le bourgeois allemand ne peut pas se contenter de posséder le capital *juridiquement*, il ne lui suffit pas non plus de considérer objectivement qu'il le possède aussi économiquement, d'une manière inattaquable ; non, il faut que ce soit encore un *mérite moral* pour lui de le posséder. Ce mérite moral doit être établi, le *prix Montyon* doit lui être décerné, et la théorie de l'*épargne* s'y prête parfaitement. *Dans tous les cas le capital est le résultat direct d'une épargne.* Généralement, les capitaux ne peuvent pas se former d'une autre manière, dites-vous (p. 25), et vous poursuivez d'une voix attendrie (p. 29), quel grand martyr est le capitaliste qui a pris sur lui la peine et les privations qu'entraîne incontestablement l'accumulation d'un capital.

Les voilà donc, nos capitalistes européens, voyez leurs faces pâles et blêmes, ils sont silencieux et consumés de chagrin ! Soucieux et les yeux baissés, ils ne pensent qu'à leur douloureuse carrière pleine de privations et ils rougissent presque de pudeur de ce que leurs grands mérites, qu'ils auraient volontiers cachés à tous les yeux, soient dévoilés avec tant d'éclat et devant l'univers entier !

Monsieur Schulze!... mais non! Gardez encore une fois la parole. Reproduisons ici le dithyrambe que vous entonnez (p. 25) immédiatement après avoir dit que le capital est *la partie mise en réserve pour notre existence future ;*

« Seulement le produit du travail[1], le capital, comme nous l'avons vu, s'en va de nouveau aidant à l'obtention des buts divers du travail ; il reflue dans le sein du travail en le fécondant pour se renouveler dans la circulation permanente en de nouveaux produits de travail. Une merveilleuse corrélation, qui n'a pas d'autres exemples dans le monde, enchaîne indispensablement les intérêts des deux : du capital et du travail ! Il suffit de jeter un coup d'œil sur ce fait pour voir dans quelle activité et dans quel exercice constant y sont maintenues les qualités les plus élevées de la nature humaine. L'application, l'aptitude au travail, l'épargne, n'ont-elles pas leur racine dans les qualités morales et intellectuelles de notre nature ? Quelles connaissances, quelle expérience, ne sont-elles pas nécessaires pour travailler avec habileté, avec succès, n'importe à quelle spécialité ! Et de plus, pour bien mener son intérieur avec le produit de son travail, chacun doit songer à l'avenir, mettre en ligne de compte l'influence du capital sur l'épargne pour la satisfaction des besoins futurs et pour la bonne conduite de son établissement, et se résoudre à sacrifier le présent à l'avenir. Il s'agit alors de se gouverner, de régner sur ses passions, de se priver du charme momentané de la jouissance en faveur d'autres avantages plus durables dans l'avenir, de résister aux convoitises de toutes sortes et de pratiquer la sobriété et la tempérance. Ici prévalent surtout les devoirs et les liens sacrés de la famille, car il faut être pénétré d'amour et de dévouement pour les siens, pour ne pas reculer devant les peines et les privations, dont les fruits souvent seront recueillis par les enfants et les petits-enfants. Bref, de quelque côté que nous envisageons la chose, partout les aspirations économiques à la formation du capital ont leur source dans la partie la plus noble de la nature humaine. »

1. Certes le capital est *aussi* un *produit du travail,* monsieur Schulze, comme beaucoup d'autres choses qui ne sont pas capital ; mais c'est précisément pour cela que sa signification distinctive n'est pas d'être produit du travail. Sa si-

Jamais David n'a si admirablement chanté en s'accompagnant de sa harpe !

Glorifiez le Seigneur, le roi tout-puissant de la gloire.

Faudrait-il encore vous développer *sérieusement* que même sous le rapport de leur *répartition juri-dique privée* les capitaux européens ne sont pas le moins du monde un fruit de *l'épargne*, malgré l'interminable fatras que vous employez pour le prouver ?

N'avez-vous réellement aucune idée de l'origine des capitaux dans le *passé* et dans le *présent?*

Je vais vous l'expliquer aussi succinctement que possible, monsieur Schulze. Au commencement de la civilisation, à l'avènement du christianisme, règne le *travail esclave*. Les travailleurs eux-mêmes, avec tout ce qu'ils produisent, constituent la propriété du *maître*. Sous le régime de l'esclavage, il peut être question de *l'accumulation*, mais non de l'épargne. Car, abstraction faite de ce que quelqu'un, possédant, par exemple, 100 esclaves, pouvait dissiper le produit du travail de 60 esclaves en bonne chère et en débauches (ce qui vraiment ne s'appelle pas *épargner*) et *accumuler* en outre le produit du travail des 40 autres, cette *accumulation* n'est pas encore *l'épargne*, prise dans votre sens, puisque ce n'est pas l'épargne du produit de son propre travail. *L'épargne du produit du travail d'autrui s'appelle aujourd'hui rapine* ou au moins *exploitation*. Si vous n'êtes pas de cet avis, souvenez-vous de ce que je vous ai dit, que depuis que nous existons j'ai toujours épargné votre pro-

gnification distinctive consiste plutôt exclusivement en ce qu'il est une *forme du travail*, ce que vous ne comprenez pas encore ici, mais vous le comprendrez dans la suite, après mes explications.

duit de travail, ingrat que vous êtes, avec une abstinence sans exemple, de même que celui de votre ami Reichenheim, et que prochainement je vais les réclamer, surtout au dernier !

Le christianisme n'apporte aucun changement appréciable. Car, au lieu de l'esclavage, il y eut le servage, où le soin du travail était dévolu aux hommes, qui à des degrés différents formaient la *propriété* juridique de leur seigneur, dont l'accumulation se faisait aux dépens du travail *d'autrui*. Et cela ne se rapporte pas seulement au travail rural, car vous savez, monsieur Schulze, et d'ailleurs chaque enfant le sait, qu'au moyen âge, pendant des siècles entiers, le travail *industriel* dans les villes se faisait par les hommes liges qui dépendaient des familles nobles et patriciennes [1].

Tandis que le servage et la servitude duraient dans les campagnes jusqu'à la Révolution française, — ils furent remplacés dans les villes par les *jurandes*, dont vous êtes le grand adversaire et l'ennemi passionné, — votre progrès consiste justement en ce que vous combattez en théorie des choses qui sont abolies depuis soixante-quinze ans !

Vous devez donc savoir que les jurandes consistaient en *institutions* positives qui, sous cent formes différentes, par contrainte légale, faisaient travailler le pauvre peuple dans les villes pour des générations de patrons, afin de faire couler le produit de son travail dans les poches de ces derniers.

Enfin éclate le tonnerre de la Révolution française de 1789 ! Servages, servitude, jurandes, tout

---

1. Voir sur la transition, outre les œuvres plus anciennes, Barthold (*Histoire des villes allemandes*, 1850) et d'autres, ainsi que les nouvelles et excellentes recherches d'Arnold, *Histoire de la propriété dans les villes allemandes*. Bâle, 1861.

disparut, comme emporté par la foudre ! On était arrivé à la concurrence libre !

Le travail fut proclamé libre *de jure ;* et grande fut la joie !

Y avait-il réellement quelque chose de changé dans cet ancien état des choses, où les travailleurs devaient toujours laisser couler le produit de leur travail dans les poches des classes possédantes, privilégiées ? Était-il véritablement écarté, cet état d'exploitation de l'ancienne société, où les classes possédantes privilégiées accumulaient le produit du travail d'autrui — des travailleurs — comme leur *propre propriété juridique ?*

Comme nous l'avons déjà dit, le travail était déclaré libre *de jure,* et rien n'empêchait personne d'acquérir, d'accumuler et d'épargner son *propre produit de travail.*

Rien qu'une petite difficulté.

« Avant de pouvoir *entreprendre* une occupation, un travail quelconque avec des buts d'acquisition, dites-vous (page 10 de votre Catéchisme), il faut se procurer les *matières premières,* les *instruments de travail* nécessaires, et enfin pourvoir à ses *moyens d'existence* ainsi qu'à ceux de ses compagnons pendant la durée du travail.

« Ces choses supposées indispensables à chaque travail dirigé vers la production d'objets, continuez-vous, ne peuvent être acquises que par des travaux des genres les plus différents, *antérieurs* à celui qu'on veut entreprendre ; ces choses indispensables, nous les nommons capital. »

Vous le savez donc vous-même, monsieur Schulze, qu'*avant de pouvoir entreprendre* un travail *quelconque* il faut avoir à sa disposition du *travail précédent,* c'est-à-dire du *capital.*

Soudainement tous ces serfs, membres de jurandes, et apprentis déclarés juridiquement *libres*, et qui, pendant des milliers d'années, eux et leurs devanciers avaient produit ce travail antérieur pour toutes sortes de privilégiés, se trouvèrent libres *de jure* et dépourvus de tous moyens *de facto*, les moyens étant restés entre les mains des propriétaires de capitaux.

Comme ces travailleurs ne possédaient pas ce qu'il faut *pour entreprendre un travail quelconque*, que leur restait-il, que leur reste-t-il à faire, malgré la *liberté juridique* et la déclaration de la *concurrence libre*, sinon de *vendre leur vie pour les besoins de leur existence?*...

En d'autres termes : Que leur restait-il et que leur reste-t-il, s'ils ne veulent pas mourir de faim, sinon de chercher du travail chez ces mêmes entrepreneurs munis des résultats de la propre activité antérieure des travailleurs, c'est-à-dire des capitaux produits par leur propre travail de mille ans, et cela pour un *salaire* qui, tout à fait exceptionnellement et rarement, et *jamais pendant longtemps*, ne dépasse l'équivalent des *moyens d'existence absolument indispensables?*

D'un côté un salaire réduit dès l'origine à l'équivalent des moyens d'existence indispensables usités chez le peuple met les travailleurs dans l'impossibilité *d'épargner;* d'un autre côté, les frais indispensables à leur entretien étant prélevés, *toute la plus-value du produit de leur travail* en général, quelque considérable qu'elle soit, ou d'une branche de production en particulier, plus ou moins lucrative, coule inévitablement dans la poche de l'entrepreneur, qui de son côté en cède une part au capitaliste.

J'ai développé cette loi de salaires, avec les os-

cillations peu importantes auxquelles elle est soumise, dans ma *Réponse publique*[1].

Et si vous et la *Coterie des gazettes* (*Zeitungs geschwister*) m'aviez démenti, j'aurais pu me tenir pour suffisamment consolé par les paroles de Rodbertus adressées aux travailleurs[2] :

« Lassalle vous a exposé cette loi dans ses moindres modalités si suffisamment, qu'il n'y a plus à perdre un mot sur ce sujet. »

Toutefois, je l'ai démontré d'une manière encore plus détaillée dans mon *Manuel des Travailleurs*, tant par des arguments que par l'adoption de ce qu'ont dit sur ce point tous les *économistes bourgeois* (voir *Manuel des Travailleurs* et *Impôts indirects et la situation de la classe ouvrière*). Enfin, je vous en donnerai un résumé (chapitre IV), une preuve systématique encore plus convaincante; quant à la plus-value, je prouverai que vous reconnaissez *vous-même* la vérité de cette loi.

La *concurrence* libre n'a donc changé en rien le fait ancien que le travailleur doit toujours donner au capitaliste, comme autrefois on la donnait au maître, la plus-value qui dépasse ses propres besoins. (Les esclaves, les serfs, les membres de jurandes et les apprentis ne devaient pas moins avoir de quoi satisfaire ces mêmes besoins.)

Oui, si le travail s'exerçait encore aujourd'hui dans sa forme primitive, naturelle, comme chez les Indiens dans les forêts de l'Amérique, où le travail du jour (la chasse) donne l'entretien du jour, il n'y a aucun doute qu'alors la *liberté juridique* des travailleurs, proclamée en 1789, les aurait trans-

1. Voir ma *Réponse publique au Comité central de Leipzig*.
2. Rodbertus, lettre publique au comité de la société des travailleurs allemands, 1863, p. 4.

formés en *hommes libres de facto*, et chacun aurait depuis chassé pour son propre compte, chacun aurait acquis ni plus ni moins que son produit individuel de chasse ou de travail.

Mais les progrès de la *division du travail*, cette cause de la civilisation européenne, ont donné une tout autre forme au travail. Chacun ne travaille qu'à une partie abstraite d'un produit, sans créer des moyens complets de consommation dont il aurait pu vivre. La conversion en argent de ce produit se réalise pendant des semaines, des mois, des années, et pendant ce temps *pour vivre on a besoin d'une avance*. Le travail partitif suppose encore un travail partitif antérieur d'autrui, par conséquent une avance pour se procurer les résultats pour l'acquisition des matières premières, des instruments de travail et des produits industriels. Le travail partitif ne s'accomplit enfin que par le concours de beaucoup de personnes pour le même résultat de travail, et suppose de nouveau des *avances* pour leur entretien, etc. Ainsi chaque note du concert de la production hurle inexorablement : *avances, avances, avances!* Quand les travailleurs, en 1789, furent déclarés libres, ils ne purent pas aller chasser dans leurs domaines, comme le fier fils des forêts, car ils n'avaient plus de domaines pour la chasse, et le procédé de l'alimentation sociale s'accomplissait dans une autre forme plus artificielle.

Ce surplus, ce travail *précédent* qui était indispensable pour leur nourriture, ils l'avaient accumulé dans les mains des classes possédantes, juridiquement privilégiées. De ce même travail, leur propre *travail antérieur*, malgré, et *précisément par* la libre concurrence, ils durent positivement *s'en faire les forçats*, et, après comme avant, livrer le surplus de leur travail dépassant le strict nécessaire à leur entretien au *maître*, autrefois *de jure* et maintenant *de facto*.

Le *travail antérieur*, le *capital*, *écrase le travail vivant* dans une société qui produit dans les conditions de la division du travail, de la loi de la *concurrence libre* et de l'*aide-toi*. *Les propres produits de son travail étranglent le travailleur; son travail d'hier se soulève contre lui, le terrasse et le dépouille de son produit de travail d'aujourd'hui.*

Et plus le travailleur produit, depuis 1789, plus il *accumule de capitaux* au service de la bourgeoisie dont il *augmente la propriété*, plus il *facilite par là les progrès ultérieurs de la division du travail*, plus il *augmente* le poids de sa chaîne, plus il rend *déplorable* la situation de sa classe [1].

Et c'est la raison pourquoi cette situation est plus pénible en Angleterre qu'en France et en Belgique, en France et en Belgique plus pénible qu'en Allemagne !

En tout cas, je crois vous avoir suffisamment prouvé, monsieur Schulze, que *l'origine des capitaux*, même par rapport à leur *répartition juridique privée*, n'a rien de commun avec l'*épargne*, et aussi peu *avant* 1789 qu'*après*, sous le règne de la concurrence libre et jusqu'à nos jours ! Je crois vous avoir prouvé qu'*après* comme *avant* 1789, les travailleurs ne pouvaient pas accumuler, et que ceux qui accumulent n'accumulent pas leur *propre pro-*

---

1. Les économistes bourgeois le savent très-bien, et de temps à autre en conviennent ; voir, par exemple, le professeur Rocher, *Considérations sur l'économie politique*, 1861, p. 217 : « Presque avec chaque nouveau degré de perfectionnement le travailleur devient plus dépendant de son maître. »

duit, mais le produit du travail d'autrui, par
conséquent *n'épargnent pas !*

Mais, si vous êtes incapable de vous faire vous-
même ce court développement historique sur les
rapports du travail européen, le simple bons sens
ne vous dit-il pas qu'il est impossible, même à
priori, de donner pour origine aux capitaux par
l'épargne individuelle du propre produit de travail, comme vous le faites?

Comment vous représentez-vous l'origine des
premiers capitaux?

Rappelez-vous encore une fois de la forme primitive du travail, de l'Indien sauvage chassant librement dans ses forêts. Pouvait-il mettre en réserve quelque chose de son revenu? Son travail
lui donnait-il un surplus sur ses moyens d'existence? L'histoire vous donnera la réponse là-dessus, en vous montrant que des masses de tribus
indiennes sont mortes de faim. En d'autres termes : il n'y a que la division du travail qui donne
une plus-value sur les moyens d'existence.

Peut-être demanderez-vous : pourquoi ce pauvre
diable d'Indien n'a-t-il pas joué le capitaliste,
pourquoi n'a-t-il pas pris un certain nombre d'Indiens à son service et ne les a-t-il pas fait chasser
avec lui pour son compte?

Vous ne voyez donc pas, monsieur Schulze, que
ces hommes *libres* ne s'y sont jamais prêtés; car
tous ensemble ils n'auraient acquis que ce qu'ils
gagnaient avant en pleine liberté, c'est-à-dire leurs
moyens d'existence.

Et secondement : d'où cet Indien aurait-il *pris*
l'avance pour l'entretien nécessaire des salariés,
tandis qu'ils auraient chassé pour son compte?
A-t-il pu l'épargner de son propre produit de
chasse, aux dépens de son estomac? Il aurait pu

devenir maigre comme un squelette avant de pouvoir amasser ce qui était nécessaire à l'entretien d'un certain nombre de chasseurs salariés pour son compte.

Mais, objecterez-vous peut-être, c'était la faute du pauvre diable lui-même. Pourquoi n'occupait-il pas plutôt ses travailleurs salariés aux travaux d'agriculture ou d'industrie qui donnent un entretien suffisant?

Mais ne voyez-vous pas, monsieur Schulze, que l'obstacle dont nous venons de parler plus haut reparaît centuplé ici?

Comment aurait-il pu épargner de son produit de chasse personnel les moyens d'existence nécessaires à la conservation de la vie de ces agriculteurs et de ces industriels pendant l'année ou les *plusieurs mois* qu'exigent l'agriculture et l'industrie pour donner un produit?

Ceci nous prouve deux choses, monsieur Schulze :

I. La production par la *division du travail*, qui *seule* donne un excédant sur les *besoins du jour*, pour devenir *possible*, suppose toujours une mise préalable d'*accumulation de capitaux*, et en même temps toujours une *division de travail antérieure*, qui seule peut fournir ce surplus sur le besoin du jour impossible à atteindre dans le travail individuel.

II. C'est pourquoi les peuples qui partent d'une complète *liberté individuelle*, comme les tribus des chasseurs indiens, ne peuvent jamais arriver à une *accumulation de capital*, et par conséquent à un degré de culture *quelconque*.

C'est pourquoi, quand les blancs traversèrent pour la première fois le Grand lac salé, ils trouvèrent les Iroquois, les Delaware, les Chérokees, les Tchikasas, etc., exactement au même degré de culture où ils se trouvaient des milliers d'années auparavant, et les restes de ces tribus s'y trouvent encore aujourd'hui, en tant qu'ils n'ont pas changé leur genre de vie et ne se sont pas européanisés.

Ainsi : *le travail individuel ne peut pas faire d'épargnes.*

Mais jetez un coup d'œil sur *l'esclavage* que vous trouvez au berceau des nations civilisées.

Le tableau change aussitôt !

Un seigneur a, par exemple, 100 esclaves. Il peut en employer 30 à la production de ses moyens de consommation personnels de tous genres ; et vous conviendrez avec moi que consommer le produit du travail de trente hommes ne s'appelle pas *épargner*. Il emploie 60 autres esclaves à *l'agriculture*, c'est-à-dire à la production des moyens d'existence nécessaires pour eux-mêmes, pour les 30 premiers et les 10 derniers qui lui restent. Il emploie les 10 derniers esclaves à la fabrication des instruments nécessaires aux 30 premiers et destinés à la production de ses consommations personnelles ainsi qu'aux 60 autres esclaves qui produisent les moyens d'existence pour les 100 esclaves.

Telle est la physionomie qu'avaient un jour les sociétés. Au moins, direz-vous, cet homme *épargne* le produit du travail des 10 esclaves qui produisent les instruments. Et quand même ce serait vrai, que l'accumulation du travail d'autrui n'est pas de l'*épargne*, il pouvait toujours, usant de son droit de maître, consommer aussi le produit de travail de ces 10 esclaves, et c'est une *privation* de sa part d'y avoir renoncé et de l'avoir accumulé en instruments de différents genres.

Vous êtes de nouveau dans l'erreur, monsieur Schulze !

Cet homme, en faisant produire par les 10 es-

claves les instruments pour les 60 esclaves et pour
les 30 occupés de la production de ses moyens de
consommation personnels, gagnait par cette *division du travail beaucoup plus de moyens de jouissance pour lui-même et sa maison* qu'il n'en aurait eu, s'il avait fait travailler aussi ces 10 esclaves
directement à la production des moyens d'existence. Par le travail continū de ces 10 qui fabriquent les instruments pour les 30 et les 60, ce propriétaire parvient bientôt à ce que, par suite de
l'amélioration des instruments d'agriculture, 50 esclaves agriculteurs suffisent déjà à produire les
moyens d'existence pour tous les 100. De ces 60 esclaves il en a à présent 10 de disponibles, et il les
joint à l'équipe des esclaves qui fabriquent les instruments et qui maintenant sont au nombre de 20.
Moyennant les instruments de travail de tout
genre, perfectionnés et fonctionnant mieux, que
produisent ces 20, la production des 30 esclaves,
qui consiste en objets de luxe destinés aux besoins
personnels du maître, ainsi que la production des
moyens d'existence des 50 esclaves agriculteurs,
devient *beaucoup plus abondante.* Il possède en
surabondance dans les caisses, dans les coffres, dans
les caves et dans les granges. Ses objets de luxe
deviennent toujours de plus en plus raffinés; la
pourpre, la soie et la gaze sont à sa disposition, et
il s'aperçoit que, grâce à l'amélioration des instruments d'agriculture et des méthodes, 40 esclaves suf-
firont pour produire les moyens d'existence des 100.

Quant aux 10 esclaves nouvellement disponibles,
le maître les divise peut-être en en ajoutant 5 à
l'équipe des 30 esclaves qui produisent les objets
de luxe à son usage, en y adjoignant une section de
joueuses de luth et de danseuses, et en renforçant
par les autres 5 l'équipe des esclaves producteurs

des outils et des instruments de travail, dont le nombre primitif de 10 est déjà monté à 25. Mais les instruments toujours plus compliqués et plus productifs que ceux-ci fabriquent font que les moyens de luxe que produisent les 35 à l'usage personnel du maître abondent maintenant, et il voit qu'il peut encore augmenter et raffiner ses moyens de luxe en séparant 10 esclaves des 35 destinés à la production des objets de luxe, et en les ajoutant à l'équipe des producteurs d'instruments, afin de les faire produire par cette voie *indirecte* des moyens de jouissance en quantité encore plus grande pour lui-même. Cette équipe qui comptait primitivement 10 esclaves en compte déjà 35 ; le maître fait forer, marteler, aplanir, construire des machines sans relâche, et il acquiert par ce travail, toujours de plus en plus lucratif, une plus grande somme de jouissances de plus en plus délicates et une plus grande somme de moyens d'existence nécessaires, — abstraction faite de ce que par ces augmentations il parvient aussi à faire augmenter considérablement le nombre des esclaves par la procréation, et à ajouter ce nombre toujours croissant d'esclaves aux trois équipes.

Ainsi le rapport numérique des 100 esclaves, dont 30 produisaient primitivement des articles de luxe, 60 des moyens d'existence et 10 des instruments de travail, s'est modifié ainsi : 25 pour les articles de luxe directs, 40 pour les moyens d'existence directs et 35 pour la production d'instruments.

Vous voyez donc, monsieur Schulze, que ce que le maître a fait ne s'appelle pas « *épargner* », mais *changer continuellement la direction de la production*, en introduisant toujours une nouvelle *division de travail*, en employant toujours plus de forces actives, ôtées à la production directe des moyens de luxe et d'existence, à *leur production indirecte*, c'est-à-dire à la production d'instruments, de machines, en un mot, au *capital fixe* de tout genre, et plus il le faisait — ce qui vous paraît être « *épargne*, » — plus *les moyens de jouissance* affluaient vers lui.

Il en était de cet homme comme de l'amour de Juliette pour Roméo : « Plus je *donne*, dit-elle, plus *j'en ai*. » Plus il donnait d'esclaves à la troisième équipe destinée à la production du *capital fixe*, plus *il avait* de moyens de jouissance, plus il en *consommait* et pouvait en consommer !

Ce maître nous offre, monsieur Schulze, le tableau réel du développement de la société européenne et de ses capitaux.

Vous voyez vous-même maintenant qu'il n'était question là ni de *privations*, ni d'*épargne* même du produit de travail d'*autrui*.

Vous voyez en même temps, monsieur Schulze, que quiconque dit *division du travail* dit en même temps, ce qu'on oublie trop : — *travail associé*, et que ce travail associé ainsi que la culture et la formation du capital qui en dépendent n'étaient possibles, et en tout cas pendant longtemps, que dans la forme de l'*esclavage*, dans la forme d'un assujettissement et d'une association forcés, et par l'accumulation du produit de travail d'*autrui*.

C'est donc un bien que l'esclavage se soit trouvé au berceau des nations civilisées [1].

1. La division du travail n'aurait-elle pas pu naître sans l'esclavage ? C'est au moins à démontrer. Lassalle tombe ici dans un défaut qui ne lui est pas habituel. Il tranche par une affirmation sommaire une question à traiter, ou plutôt il s'en rapporte ici au fatalisme historique de Hégel, son premier maître en philosophie. (Note du traducteur.)

Mais ne trouvez-vous pas, monsieur Schulze, qu'il serait temps de mettre enfin un terme dans ses différentes formes et dans ses différents degrés à l'esclavage qui, dans le fond, existe après comme avant dans les choses·; ne trouvez-vous pas qu'il serait temps de *mettre une fin* à cette appropriation du produit du *travail d'autrui?*

Je dis y mettre une fin? Hélas, non! La voie qui y mène est trop longue; la transformation ne sera que successive! Mais il est d'autant plus temps de se mettre de suite à faire le commencement de la fin.

En tout cas, vous avez vu combien peu l'*épargne* est pour quelque chose dans l'origine et dans l'accroissement des capitaux.

Voulez-vous savoir comment se forment les nouveaux capitaux dans une société aussi compliquée que celle d'aujourd'hui?

Prenons des exemples concrets, monsieur Schulze!

J'ai acheté un bien-fonds pour 100 000 thalers. Je reçois annuellement 5 0/0 de mon capital placé dans ce bien-fonds, et je les dépense à mesure. Je « *n'épargne* » donc rien; bien plus, je dépense même annuellement 2000 thal. au delà de mes revenus; je dissipe, je m'endette, par conséquent. Dix ans après, je vends ma propriété et, par suite de l'accroissement de la population, de la hausse du prix des grains et dès terres elles-mêmes, je retire dé la vente de ce bien-fonds 200 000 thal. Je paie les 20 000 thal. de dettes contractées pendant ces dix ans, et j'ai en plus de mes 100 000 thal. un nouveau capital de 80 000 thal., et ce capital a été formé par les *liens sociaux.* Il a été formé parce qu'une population plus dense et plus nombreuse s'est groupée sur la même surface. Il s'est formé peut-être parce qu'à présent, pour produire le *quantum* des moyens d'existence nécessaires à la nation, il faut entreprendre la culture plus coûteuse des champs stériles, et qu'en conséquence le *prix des grains* du marché (vu les frais de production plus élevés sur ces champs stériles) doit être plus élevé pour être rémunérateur, ce qui me met en état de vendre aussi *mon blé* à ce prix plus élevé.

Ce capital a été formé, peut-être parce que la richesse augmentée d'une autre population donne, par une recherche plus active des produits du sol, à la population dont je fais partie, les moyens de hausser le prix de ses produits; peut-être encore la hausse dont j'ai bénéficié vient-elle de l'abolition du droit d'entrée pour les grains, qui eut lieu dans un *autre pays;* le résultat s'en est fait sentir autour de moi.

Bref, cette augmentation de capital a pu avoir toutes sortes de causes, — *excepté mon travail et mon épargne.*

Ou bien je suppose le cas qu'à la fondation du chemin de fer de Cologne-Minden j'aie signé pour 100 000 thal. d'actions au pair Sans me soucier davantage de ce chemin de fer, j'ai touché pendant longtemps, pendant des années, d'abord 5, puis 8, ensuite 10, 12, 13 0/0 de cette mise de capital, un dividende vraiment énorme, et je l'ai dépensé jusqu'au dernier liard. Je vends maintenant ces actions de Cologne-Minden, qui valent, suivant le cours, 175 thal., et je gagne un *nouveau* capital de 75,000 thal. sans jamais avoir *ni accumulé ni épargné un denier de mon revenu.*

Ce *nouveau capital,* comment s'est-il formé? Par les *liens sociaux,* monsieur Schulze.

Le mouvement des voyageurs, le transport des marchandises, ont augmenté; l'invention d'un ingénieur anglais a peut-être amoindri les frais d'exploitation ; bref, tous ces liens sociaux, mais nullement mon *travail* et mon *épargne*, font que le grand capital appelé *Chemin de fer de Cologne-Minden*, et par conséquent chaque action de ce capital, représente maintenant une valeur d'autant plus grande.

Et remarquez bien, monsieur Schulze, que, si par les actions du chemin de fer de Cologne-Minden on gagne, sans rien faire, de *nouveaux capitaux*, — vous deviez le savoir ! Tous vos amis se sont enrichis par les actions de Cologne-Minden, les Hautes-Silésies, lettre A, les Hautes-Silésies, lettre B, et par celles de Magdeburg, Halberstadt et une foule d'autres. Quoique en économie politique vous sachiez moins qu'un enfant nouveau-né, vous *deviez* pourtant savoir cela, vous en avez entendu parler cent fois dans le cercle de vos connaissances.

Ainsi quand vous dites (p. 25) :

« *Dans tous les cas, le capital* est le résultat direct de *l'épargne*. Il *ne* peut naître *que* quand quelqu'un ne dépense pas tout son produit net de travail, tout son *revenu*, pour la satisfaction de ses besoins momentanés, mais *en met une partie en réserve* » ; et quand vous continuez en accentuant : « *Autrement* les capitaux *ne* « *peuvent généralement pas se former* ».

Vous vous ôtez par là *sans ressource toute prétention d'avoir été de bonne foi !*

Il n'est pas à la portée de tout le monde de se faire une idée claire du capital dans sa signification d'économie *politique* et dans sa signification d'économie *privée*, il est encore plus difficile de ne pas perdre de vue cette différence dans les recherches ultérieures et dans les cas spéciaux.

Il n'est pas à la portée de tout le monde de com-

prendre une question de ce genre qui est plus em-
brouillée encore : pourquoi même un épicier à Delitsch, lequel, sur son profit annuel de 1000 thal.,
met 500 thal. en réserve, accumule par là le produit
du travail d'autrui, puisque toute la productivité
actuelle du capital est fondée précisément sur ce
que, dans toute entreprise de production, le produit de travail du travailleur est accumulé par l'entrepreneur, et puis, *si* le capital est productif *en
général*, il doit nécessairement conserver dans toutes
les autres mises de capitaux nécessaires à la société
cette même productivité que dans l'entreprise productive, et il doit *également* rapporter un profit,
puisque autrement il ne se trouverait plus de capitaux pour les autres entreprises.

Pour tout cela et beaucoup d'autres choses, vous
pouvez trouver une excuse dans votre ignorance.

Mais quant aux actions du *Cologne-Minden*, etc.,
vous saviez sans contredit à quoi vous en tenir.

Quant aux milliards gagnés en Europe de cette
manière, pendant ces vingt dernières années, vous
en saviez aussi quelque chose !

Et si même dans votre cerveau trouble vous vous
imaginiez que les capitaux *pouvaient* naître de l'é-
pargne, vous saviez en tout cas *qu'ils se forment
aussi* d'une autre manière.

Et cependant, si, pour inspirer au travailleur la
vénération nécessaire devant *ce martyr silencieux*,
le capitaliste, si, pour le pénétrer de la foi religieuse
en la légitimité des conditions économiques d'aujourd'hui, et pour éviter cette question embarras-
sante de sa part : combien de capital se forme de
telle manière, et combien de telle autre manière?
— si c'est pour cela que vous dites que le capital
ne peut naître *dans tous les cas que lorsque quelqu'un n'emploie pas tout son revenu à la satis-*

faction de ses besoins, mais en met en réserve une partie, et que vous ajoutez encore : *autrement les capitaux ne peuvent pas se former généralement*, vous avez, il faut bien que je vous le dise, monsieur Schulze — la vérité avant tout ! — *vous en avez sciemment menti!*

Mais en mentant devant les travailleurs, devant un public dont les *intérêts vitaux* communs dépendent de cette question, et qui n'a pas *l'instruction* nécessaire pour voir clair dans vos sophismes et pour les réfuter, vous vous qualifiez vous-même de B... [1] tout à fait conscient. Je ne veux pas écrire *tout le mot*, monsieur Schulze, mais uniquement parce que je veux avoir la satisfaction de vous voir donner par la conscience publique elle-même la dénomination qui vous convient !

Et remarquez-le bien, monsieur Schulze, dans les deux cas que je vous ai cités, qui vous sont bien connus et qui se passent tous les jours, dans le cas relatif au bien-fonds ainsi qu'aux actions de Cologne-Minden, il n'y avait pas de ces *transmissions du capital* dont vous parlez (p. 26 et 27) dans le chapitre *Transmissibilité du capital.*

Pour mieux abêtir les travailleurs vous dites là :

« Il est vrai qu'on voit souvent des gens qui n'ont jamais travaillé, jamais épargné, en possession de grands capitaux.

« Mais cela ne contredit en rien notre explication du capital ; car ces capitaux leur ont été *transmis* par d'autres. »

Vous énumérez tous les genres de transmission : l'héritage, le don, le jeu, la tromperie, le pillage et le vol, et vous ajoutez (p. 27) :

---

1. Probablement *Betrüger*, trompeur. (Note du traducteur.)

« Mais après tout ce qui a été dit, il sera clair pour
chacun que par tous ces moyens licites et illicites, seulement le capital déjà produit passe de mains en mains,
mais que *jamais* un capital, ou en général une fortune,
ne peuvent être formés, et qu'une fois pour toutes ils
ne sont que le résultat possible de l'*épargne* et du
travail. »

Et après cette phrase triomphante vous êtes sûr
d'avoir bouché dans le cerveau de vos travailleurs
le dernier soupirail par lequel un souffle de jugement sain pouvait pénétrer jusqu'à eux ! Mais, monsieur Schulze, dans l'exemple cité du nouveau capital de 75,000 th. que j'ai gagné sur les actions de
Cologne-Minden, je n'ai ni travaillé, ni épargné.
Je n'ai également ni trompé, ni pillé, ni volé ; je
suis en général tout à fait inattaquable de ce côté
devant le procureur du roi. Je ne l'ai reçu ni en héritage, ni en don de personne. Je n'ai pas non plus
joué, monsieur Schulze, et je ne me suis pas approprié une valeur qu'un autre *possédait déjà avant
moi juridiquement.* Distinguez bien, monsieur
Schulze, je n'ai parlé ni d'agiotage, ni de jeu de
bourse. Mais il s'est formé *réellement* et *effectivement* une nouvelle valeur de capital. Par suite de
l'augmentation du mouvement des voyageurs, de
la diminution des frais d'exploitation, etc., etc.,
tout le chemin de fer de *Cologne-Minden,* et chaque
action qui en représente une partie, a maintenant
une plus grande valeur réelle. Personne *n'a possédé*
avant moi *juridiquement* cette nouvelle valeur de
capital ; par conséquent, personne aussi ne me l'a
transmise, je ne l'ai également ni *épargnée* ni *produite.* D'où vient donc cette nouvelle valeur de
capital ? La chose est vraiment étonnante ! C'est
comme si elle était tombée du ciel !

Mais ici, monsieur Schulze, vous vous écrierez peut-être plein de fureur contre moi : Imbécile que vous êtes ! Ne voyez-vous pas que cette valeur de capital a été produite et vous a été transmise, comme au propriétaire de ces actions de chemin de fer, par les travailleurs *du chemin de Cologne-Minden* et par *tous les autres groupes de travailleurs qui ont coopéré au même résultat ?*

Certainement que je le vois, monsieur Schulze ! Et je me tue précisément dans tout cet écrit à vous le prouver ! Mais si *vous le savez aussi*, alors vous êtes *trois fois démasqué.*

Car alors vous saviez tout ce que je vous démontre ! Vous saviez alors que cette transmission n'est pas une transmission *libre* — car ces travailleurs n'ont rien voulu me transmettre — que surtout ce n'est pas une *transmission juridique*, car cette valeur de capital n'a été *possédée juridiquement par personne avant moi,* — comme c'est le cas dans le pillage, le vol, le jeu, — mais que c'est justement la transmission *économique* du *procédé de production* d'aujourd'hui qui consiste en ce que le *surplus de travail du travailleur revient au capitaliste.*

Alors vous savez tout, tout ce que nous discutons ! Alors vous savez le contraire de tout, de tout ce que vous avez dit aux travailleurs !

Maintenant je vous ai démontré trois ou quatre fois de quelle *épargne* et de quelles *privations* de nos capitalistes les capitaux européens se sont formés.

Mais je ne peux pas terminer ce chapitre sans admirer le classicisme avec lequel un de vos disciples plein de talents a résumé votre théorie du capital ! Puisque nous vous avons déjà admiré comme psalmiste et soliste, nous ne voulons pas nous priver du plaisir d'entendre aussi un petit duo chanté par vous et ce disciple, tout en l'accompagnant de notre voix pour le transformer en un trio énergique.

Ce duo eut lieu pendant la séance de votre réunion des travailleurs à Berlin, le 4 décembre 1863.

Plusieurs travailleurs avaient émis l'opinion que la réunion ouvrière devait passer de *l'instruction*, pour laquelle le *Catéchisme* de Schulze avait déjà beaucoup fait, à la question de l'amélioration de la *situation matérielle* du travailleur et en même temps du *salaire de travail.*

Votre disciple et aide de camp, le député progressiste M. Faucher, se précipite alors à la tribune (tout ce qui suit est pris mot pour mot de la *Réforme* de Berlin du 6 décembre 1863, — feuille on ne peut plus sympathique à M. Schulze), et s'écrie :

« A côté du salaire de travail qui est dans le droit, il y a un autre agent qui est également dans son droit; c'est le *capital-intérêt;* cet intérêt n'est ni plus ni moins que le salaire pour l'abstinence exercée; quiconque accumule un capital s'impose des *privations;* il ne dépense pas les moyens qu'il a acquis, mais les accumule en instruments perfectionnés, en provisions, etc. Il arrive par là à la possession de capitaux qui sont utiles à la communauté; en cédant sa provision, le fruit de sa modération, il mérite une *récompense* qu'il reçoit par le payement de la rente; car *ces privations valent autant et souvent davantage que le travail lui-même. C'est pourquoi il n'est pas possible que le salaire de travail soit haussé aux dépens du* SALAIRE DES PRIVATIONS. »

A-t-on jamais entendu chose pareille !! Ainsi le profit du capital (car, entre parenthèse, monsieur

Faucher, quand le travailleur exige une augmentation de salaire, il ne s'oppose pas directement à la *rente du capital* comme telle, mais au profit du capital entier — au profit d'entreprise — dont la rente du capital n'est qu'une partie bien modeste), ainsi le profit du capital est le *salaire des privations!*

Aussitôt après, M. Schulze-Delitsch en personne monte à la tribune:

« Il résulte du discours de M. Faucher que nous venons d'entendre qu'une organisation méthodique doit être admise dans les discours. *Ce qui vient de vous être dit est l'A, B, C de ce que j'ai cru vous avoir expliqué dans mes conférences d'une manière claire et détaillée.* »

Oui, monsieur Schulze, c'est comme vous le dites! *Le salaire de «privations»* n'est, comme nous l'avons vu de l'examen détaillé de vos discours, que le résumé drastique de votre enseignement. Mais justement à cause de cela — c'est inouï, c'est inouï !!!

Le profit du capital est le *salaire des privations!* Mot heureux, impayable! Les millionnaires européens sont des ascètes, des pénitents indiens, des stylites qui un pied sur une colonne, le visage blême, les bras et le corps penchés en avant, tendent leur assiette au peuple pour recueillir le salaire de leurs privations! Du milieu du groupe saint s'élève ·très-haut au-dessus de ses copénitents, comme premier ascète et martyr, la maison Rothschild! *Voilà* l'état de la société! Comment ai-je pu le méconnaître à ce point?

Encore si c'était un *autre* qui l'eût dit, un banquier pour le moins! Mais quel débauché et quel libertin vous avez dû être pendant toute votre vie, monsieur Faucher! Car mes amis me disent que vous *n'avez* point de capitaux et qu'un banquier médiocrement riche n'échangerait pas les frais qu'il est habitué à dépenser pour un repas convenable contre le salaire de privations (revenu du capital) que vous touchez!

Quels débauchés et quels libertins doivent être ces travailleurs, à moins qu'ils n'aient secrètement des maîtresses, des villas et des maisons de campagne où ils fêtent leurs orgies, puisqu'ils ne touchent aucun *salaire de privations!*

Mais, plaisanteries à part, car il n'est plus possible de plaisanter ici, et la plaisanterie la plus amère éclate involontairement en révolte ouverte! il est temps, il est bien temps d'interrompre les voix de ces castrats par le grondement d'une rude basse! Est-il possible — tandis qu'il en est du profit du capital, comme nous l'avons déjà suffisamment *démontré* et le démontrerons encore plus complètement, tandis que le capital est l'éponge qui suce tout le surplus du travail et toute la sueur du travailleur, ne lui laissant que l'indispensable pour son existence — est-il possible qu'on ait le courage de qualifier devant les travailleurs le profit du capital de *salaire de privations* de capitalistes qui se macèrent? On a le courage de jeter publiquement à la face des travailleurs, de ces infortunés prolétaires, cette dérision, ce sarcasme inqualifiable! La conscience n'existe donc plus du tout et la honte a-t-elle fui chez les bêtes?

Et on a déjà poussé si loin *l'abrutissement* et la *castration* du peuple, que les travailleurs eux-mêmes, au lieu d'éclater dans une tempête d'indignation, écoutent patiemment cette raillerie publique? Pourquoi la loi n'a-t-elle pas de châtiment pour les choses de ce genre? l'abrutissement systématique de l'esprit populaire n'est-il pas un crime?

L'histoire universelle ne connaît pas d'hypocrisie de prêtres aussi misérable que celle-là! Les prêtres du moyen âge donnaient au moins au peuple, en discutant sur l'inégalité des richesses, la douce consolation et l'espérance que cette inégalité serait aplanie et récompensée *là-haut*. Ils reconnaissaient au moins l'existence de cette inégalité accablante et la légitimité d'espérer un redressement futur!

Mais *vous*, hypocrites inaccessibles aux choses justes, vous surpassez tout ce qu'a jamais inventé l'hypocrisie cléricale du moyen âge! Pour vous, la fortune et les avantages des riches *ne sont* (contrairement au bon sens) *que la récompense légitime des privations que ces riches s'imposent déjà dans cette vie!!*

Mais, monsieur Schulze, toute chose a son temps, tout se venge tôt ou tard, et le jour viendra où la conscience publique vous flétrira, vous, votre hypocrisie et vos complices, comme vous le méritez!

On vous stigmatisera en vous gravant sur le front, avec un fer chaud, ces mots : « *Salaire de privations* ».

d) CRÉDIT ET RENTE DU CAPITAL

Je peux et je dois me hâter maintenant avec vous, monsieur Schulze. Je le peux, car nous avons suffisamment appris vos connaissances politico-économiques; et tout ce qui suit chez vous n'est que la répétition plus étendue du même verbiage. Je le dois pour ne pas sortir du cadre de cet écrit. Je le peux, parce que ceux qui l'ont lu jusqu'ici avec attention et discernement sont déjà en état, s'ils veulent continuer la lecture de votre livre pour leur amusement, de faire eux-mêmes justice du fatras sous lequel vous déguisez votre ignorance et votre manque de jugement.

J'examine donc aussi brièvement que possible les points principaux.

Dans ce chapitre vous voulez expliquer économiquement *la rente du capital*, c'est-à-dire la *productivité du capital*.

Vous le faites (à l'exemple de Bastiat) en expliquant ainsi, p. 29, l'intérêt du capital : « *L'intérêt du capital n'est autre chose que le prix de l'achat pour l'utilisation ou l'emploi d'une chose pendant un temps déterminé.* »

En d'autres termes : vous traitez cette question de travers, comme si la chose se passait entre capitaliste et capitaliste, entre entrepreneur et entrepreneur, ce qui n'est pas du tout le cas, car c'est plutôt exclusivement entre le capitaliste et l'ouvrier que les choses se passent.

Il suffit de s'en tenir là, et ce n'est pas un mérite d'entrer en d'autres détails ; car Rodbertus en a déjà donné il y a 13 ans (1851) dans sa troisième lettre sociale à MM. Bastiat, Thiers et autres, un développement détaillé et complet que chacun peut lire [1].

Mais, ou vous ne l'avez pas lu, ou vous ne l'avez pas compris—quoique je connaisse des travailleurs qui l'ont parfaitement bien compris.— ainsi vous ne prenez pas la moindre connaissance du contenu de cette brillante critique qui a fait époque, et vous regardez comme plus simple et évidemment plus sûr de ne pas lui accorder un seul mot de réfutation.

---

1. *Troisième lettre sociale*, de Rodbertus. Berlin, 1851, p. 101, 111.

L'intérêt du capital, monsieur Schulze, légitime ou non, ne peut pas en général être expliqué comme vous essayez de le faire, comme étant un phénomène *primaire autonome*. C'est un phénomène secondaire déduit, comme vous paraissez le comprendre vous-même, de temps à autre; mais avec votre irréflexion habituelle vous le perdez de vue; l'intérêt du capital est *déduit* du *profit* que le capital rapporte entre les mains d'un *entrepreneur direct*. Comme le capital dans les mains d'un entrepreneur est *productif*, comme 1000 th. de plus dans ses mains rapportent un *nouveau profit de capital*, je peux, si je le préfère, m'éviter les soucis des affaires, ne pas produire directement, mais par l'intermédiaire d'un entrepreneur, en lui donnant mes 1000 th., et lui, en raison de la *productivité* que ce capital a entre ses mains, m'en *donnera* une part.

Cette *part* est *l'intérêt*, et si le capital est devenu productif et rapporte des intérêts en général, il doit en rapporter aussi pour chaque placement particulier, sans quoi les capitaux nécessaires ne se trouveraient pas.

Les économistes bourgeois le savent depuis longtemps, et ils ont expliqué non-seulement l'intérêt comme partie déduite du profit d'entreprise, mais ils ont même défini les lois qui dans notre société règlent la hausse et la baisse de l'intérêt en raison de la hausse et de la baisse des profits d'entreprise.

Ainsi, pour expliquer l'intérêt, vous deviez avant tout critiquer et analyser le capital dans les mains de l'entrepreneur, ce que, comme nous l'avons vu, vous n'avez pas fait.

Au lieu de cela, vous voulez démontrer la légitimité de l'intérêt du capital par des exemples « *frappants* » ·

« Pour que cela puisse être prouvé par des exemples *frappants*, dites-vous page 29, il ne faut jamais perdre de vue que le capital doit être pris dans son sens juste et non comme une *somme d'argent*. Ainsi, le propriétaire d'un champ le prête ou l'afferme à un autre avec la récolte (son capital) pour un an, à la condition que le fermier le lui restituera l'année suivante, également avec une récolte. Chacun voit que cette restitution du champ avec la récolte de l'année prochaine n'est pas une indemnisation pour le propriétaire du champ, qu'il exigera de bon droit encore un *intérêt de fermage*, puisqu'il perd la récolte d'une année de fermage. Cette récolte transmise au fermier lui assure non seulement les semences pour la récolte prochaine qu'il doit restituer et le prix *peu important du labour*, mais une quantité considérable de grains que le fermier emploie à sa propre consommation ou qu'il convertit en argent par la vente. »

Je trouve également cet exemple très *frappant*, monsieur Schulze ! Il vous frappe au visage et prouve que vous ne savez pas *penser !*

Prendre l'exemple particulier d'un champ qui produit des grains, pour justifier l'intérêt, c'est se servir d'une preuve particulière pour justifier un fait général. Un champ produit du grain, mais est-ce qu'un monceau d'or ou une quantité de marchandises, de n'importe quel genre, *produisent également quelque chose* et doivent par conséquent rapporter un *intérêt ?* Ce n'est guère probable ; vous auriez dû vous expliquer là-dessus. Mais vous agissez plus simplement ! *Vous supposez* que le monceau d'or ou l'amas de marchandises sont également productifs comme le champ, et, triomphant, vous posez cette question : ce monceau d'or ne doit-il pas également rapporter une récolte, quoiqu'il n'en rapporte pas ?

Ou, pour faire abstraction de la forme agricole et pour illustrer par un seul trait tous les autres ennuyeux exemples que vous citez : vous *supposez* que le capital dont vous voulez expliquer la *productivité* est productif dans *les mains de Pierre* et vous demandez fièrement : ne sera-t-il pas également productif chez *Paul*, et n'est-il pas juste que Paul donne à Pierre une partie de cette productivité cédée ? Certes, monsieur Schulze, on n'a pas deux poids et deux mesures. Si le capital est productif dans les mains de Pierre, il l'est également dans celles de Paul, et tout est dans l'ordre.

Il n'y a que ceci à expliquer : *d'où* provient la productivité du capital en général, d'où provient-elle dans les mains de *Pierre* ? Ensuite il faut analyser la nature de cette faculté génératrice d'un objet mort, privé de toutes *forces naturelles*. Au lieu de cela vous supposez tout simplement comme un fait existant ce que vous deviez expliquer, et par votre supposition vous croyez l'avoir *démontré !*

Cette brillante méthode de penser se révèle tout le long de votre livre et chaque page est remplie d'exemples de ce genre. Mais votre puissante faculté de penser atteint son apogée immédiatement après les passages que nous venons d'examiner.

En parlant de l'intérêt vous vous adressez aux socialistes, aux *déraisonnables* qui veulent supprimer l'intérêt, et vous vous écriez :

« Oui, l'intérêt est onéreux ! Mais supprimez l'intérêt, et le crédit n'existe plus ; et, quand vous en aurez le plus besoin, il vous manquera. »

Abstraction faite de ce que personne n'a encore

proposé chez nous — l'abolition de l'intérêt — ne voyez-vous réellement pas l'incroyable absurdité logique que vous concentrez si admirablement dans cette courte phrase?

Tous les socialistes qui, comme Proudhon, ont voulu supprimer l'intérêt, n'ont jamais voulu dire qu'un individu ne devait *pas du tout prêter à un autre*, ou que, par amour du prochain, il devait prêter sans intérêts, comme l'exigeaient la loi canonique et la loi de Moïse (concernant les Juifs dans leurs rapports entre eux), mais ils ont voulu arriver à la gratuité du crédit en fondant des banques *populaires, des banques d'Etat,* etc., etc., bref, en *organisant la gratuité du crédit moyennant des institutions sociales positives,* c'est-à-dire en réalisant un état de choses où chacun pourrait gratuitement emprunter les capitaux nécessaires. Proudhon l'a clairement exprimé en nommant cette abolition de l'intérêt *la gratuité du crédit.* Vous devez le savoir, car vous avez au moins lu les abécédaires de Bastiat, et la discussion entre Bastiat et Proudhon traite ce sujet dont elle porte le titre.

On peut même à bon droit vouloir contester que ce résultat puisse jamais être atteint par les moyens proposés par le bourgeois Proudhon.

On pourrait même aller encore plus loin et observer qu'il est *impossible* d'arriver à la gratuité du crédit.

Vous ne faites rien de tout cela, monsieur Schulze, mais vous vous écriez : *Supprimez l'intérêt* — et vous admettez dans cette proposition la *possibilité* d'une pareille suppression, au moins pour un moment. Vous la supposez *avec intention,* pour montrer quelles suites funestes aurait cette suppression. Et pour répondre aux socialistes, pour attaquer l'unique signification que peut avoir à notre époque l'idée de la *suppression de l'intérêt*, vous ne savez que trouver cette phrase glorieuse :

« Oui, l'intérêt est onéreux ! *Mais supprimez l'intérêt* (c'est-à-dire faites que le *crédit soit gratuit et que chacun, en tout temps, puisse avoir gratuitement les capitaux nécessaires), et le crédit n'existe plus, et, quand vous en aurez le plus besoin, il vous manquera !* »

Comprenez-vous maintenant l'incroyable idiotisme de cette phrase? Est-il permis, monsieur Schulze, d'écrire une proposition de deux lignes qui dans ses prémisses annule ses conséquences et qui dans ses conséquences annule ses prémisses ! Agréable penseur que vous êtes ! Dans cette manière de *dissimuler* aux travailleurs *le sens réel* de la formule de l'abolition de l'intérêt chez les socialistes et dans toutes les discussions soulevées à ce sujet au dix-neuvième siècle gît la misérable et grossière duperie dont vous vous servez pour persuader aux travailleurs que l'abolition de l'intérêt aurait des suites pernicieuses.

Etes-vous réellement assez imbécile pour écrire une pareille chose sans en voir les contradictions, ou bien faites-vous ainsi pour duper votre monde ? — Que le lecteur décide !

Ce qui précède fait croire plutôt à la seconde supposition.

Vous dites, p. 32 :

« C'est encore plus grave pour le *travailleur peu aisé,* soit qu'il vive de l'industrie de son petit établissement, soit qu'il soit payé par d'autres pour ses services. Que deviendrait-il, si, voulant se retirer dans sa vieillesse pour vivre de ses modiques épargnes, celles-ci ne lui assuraient aucun revenu? Quelles sommes énormes devraient accumuler les gens pour avoir des moyens d'existence dans la vieillesse, si cette fortune accumulée ne rapportait aucune rente, ne s'accroissait pas par les intérêts des intérêts, dans le courant des années, mais devait être purement consommée! Cette pénible épargne suffirait-elle pour longtemps au travailleur? Soit qu'il la plaçât dans un établissement lucratif qui, sous la direction d'un autre travailleur, devrait lui assurer les moyens d'existence pour le reste de ses jours, soit qu'il la plaçât par petites sommes dans une des caisses d'invalides ou d'hospices pour les vieillards, — sans la rente qui fait que les placements des années précédentes, grands ou petits, doublent d'eux-mêmes avec le temps, — elle ne suffirait jamais, même approximativement, aux besoins les plus modérés. Des milliers de thalers répartis sur une suite d'années ne donneraient pas plus qu'à présent des centaines à intérêt pour couvrir les frais d'une existence même misérable. C'est précisément la *rente du capital* si calomniée par tous les gens *déraisonnables*, c'est l'*intérêt* qui est la bénédiction génératrice, qui dans ses résultats profite à tout le monde, et dont le petit capital du travailleur a le plus besoin même pour suffire aux plus modestes prétentions. »

Pour démontrer au travailleur la nécessité de la rente du capital dans *son* intérêt, vous savez lui retracer sa situation avec tant de charme, mais d'une manière tout à fait opposée à ce qu'elle est en réalité!

Selon vous, le travailleur européen dans sa vieillesse est un *petit rentier!* C'est un participant tranquille, un commanditaire, sinon de *Breest et Gelpke* et de la *Société commanditaire d'Escompte*, du moins d'un autre *établissement lucratif* quelconque! *Ici*, monsieur Schulze, vous ne trouvez plus d'excuse dans votre ignorance et votre bêtise, car vous *savez bien* que ce n'est pas le cas, et que l'agréable tableau du travailleur percevant des rentes dans sa vieillesse est la plus *mensongère tromperie* qu'on puisse trouver dans l'histoire de la littérature ! Mais ce qu'il y a de plus étonnant, c'est que les travailleurs qui doivent connaître leur propre situation et celle des vieux travailleurs, leurs parents et connaissances, permettent qu'on leur dise en face de pareilles choses ! Mais il paraît que les gens, en écoutant l'attrayante description de ce charmant *Eldorado*, oublient la faim et la soif et perdent le souvenir et la mémoire.

En outre, si, comme vous l'avez momentanément supposé, *la productivité du capital*, la rente du capital disparaît, *où tomberait alors ce surplus qui jusqu'à présent revient toujours au capital et forme son profit ?* Peut-être dans l'eau ! Ou dans la lune ! *Il tomberait évidemment dans les poches des travailleurs !*

Cela, vous deviez le savoir aussi, et vous ne pouviez dans aucun cas de la situation *présente* des travailleurs déduire la *conséquence* d'un état de choses où toute la *productivité* du travail, où *tout le surplus qui revient aujourd'hui au capital, serait versé dans les poches des travailleurs !*

De ces misérables duperies se compose, comme nous l'avons tant de fois montré, tout votre bel ouvrage. Quiconque est en état de vaincre son dégoût et de fouiller jusqu'au bout cet amas de mensonges et de stupidité s'en rendra compte ! Sur ces grossiers tours de passe-passe, par lesquels vous tuez la raison chez les travailleurs, leur ôtez le jugement et obscurcissez en eux toute idée claire à laquelle ils pourraient être parvenus eux-mêmes, — sur cette tromperie systématique, dis-je, sur cet *abrutissement* prémédité des masses, vous fondez — quel blasphème ! vos prétentions au titre d'*éducateur* des travailleurs !

Monsieur Schulze ! Il n'y aura plus de justice dans l'histoire, et plus de force dans mon bras, si votre *nom*, celui de votre précurseur littéraire (Bastiat) et celui de tous ceux qui marchent dans de pareilles voies, ne deviennent un jour un symbole de honte parmi les travailleurs.

Et *non pas seulement* parmi les travailleurs ! Car il y a encore dans *toutes* les classes de la société des hommes qui comptent pour un *crime* l'abrutissement systématique de l'esprit populaire et la tromperie préméditée des masses pour les rendre plus favorables aux intérêts des capitalistes.

CHAPITRE TROISIÈME

ÉCHANGE, VALEUR ET LIBRE CONCURRENCE

Nous laissons de côté les deux subdivisions suivantes de votre capital-absurdité qui ne sont que les variations de toutes les fausses notes possibles, et que le chapitre précédent réduit suffisamment à sa juste valeur. Cependant nous y reviendrons plus tard.

Ici nous allons jeter un coup d'œil rapide sur les lumières de votre troisième chapitre : *Echange, Valeur* et *libre Concurrence*.

La simple succession de vos chapitres est déjà classique et révèle la profondeur de vos connaissances économiqnes! Vous traitez d'abord le *Capital*, ensuite vous traitez l'*Echange*, la *Valeur*, la *Concurrence libre*, tandis que la catégorie *Capital* dans la réalité économique, comme dans le développement théorique, n'es tque la suite des catégories de l'*Echange* et de la *Vàleur* qui doivent la précéder pour que la notion du *capital* puisse être expliquée et *comprise*.

Mais cela vous est indifférent et cette indifférence est une sorte de justice que vous vous rendez à vous-même, car pour ce que *vous* nommez développement, il est égal qu'une matière quelconque soit traitée au commencement ou à la fin.

Rien n'est *déduction*, rien n'est *développement* de thèses d'abord exposées ; rien n'est succession ; c'est continuellement la même répétition tautologique d'affirmations absurdes et arbitraires. Ainsi vous pouvez traiter l'échange et la valeur, après avoir déjà traité avant le *capital*, et nous, obligés de vous courir après, armé de notre fouet critique, nous devons nous résoudre à suivre tous les écarts de votre marche extravagante.

Tandis que le contenu réel de votre livre se résume en un seul mot : échange, échange, échange ! vous ne faites au point où nous en sommes que commencer la discussion sur *l'échange*, c'est-à-dire que, sous le titre d'*intérêt particulier et d'échange*, vous détaillez encore une fois en trivialités rebutantes tout ce que vous avez déjà dit avant et vous commencez (p. 29) à traiter ou plutôt à maltraiter l'intéressante catégorie économique de la *valeur*. Ici nous vous accompagnerons plus spécialement, puisque cela nous donnera l'occasion de faire des remarques positives sur cette question.

Dans la doctrine de la *valeur*, vous êtes fidèle à Bastiat (qui en général est l'unique source de votre sagesse) et à sa théorie connue du *service* que nous prenons à tâche de *réduire*, dans ce qui suit, à sa *nullité intrinsèque absolue*. Certes les bêtises les plus amusantes viennent de vous, car vous surpassez de beaucoup Bastiat qui, s'il n'était ni économiste, ni penseur, était au moins ce que les Français appellent un *blagueur spirituel*. Nous nous en tiendrons donc dans la suite à ce que vous avez d'essentiellement commun dans votre exposé avec Bastiat.

Vous dites que chaque échange contient un *calcul* des parties contractantes, une estimation de ce qu'on donne contre ce qu'on reçoit, et l'échange ne se fait que lorsque, comparaison faite, chacune des deux parties s'est assurée que ce qu'elle doit donner ou faire lui coûte moins de peine et de frais que la production qu'elle reçoit en échange. Et vous concluez que : *le rapport trouvé par la comparaison des choses ou des services échangeables est la valeur*[1].

La vieille définition d'Adam Smith : que le travail est la source et l'agent de toutes les valeurs[2], et qui apparaît chez lui souvent contradictoire et chancelante, mais qui chez Ricardo est développée dans un système conséquent et rigoureusement dé-

1. Bastiat (*Écon. harm.*, p. 143) dit : « Je dis donc : la valeur, c'est le rapport de deux services échangés. » En disant « le rapport des *choses ou des services* échangeables », vous renversez, sans le vouloir, par maladresse, toute la définition de Bastiat ! Sa définition est au moins formelle, parce qu'en définissant il *supprime* le mot *choses* et déclare comme *mesure* de leur valeur les *services nécessaires à leur production* — nous verrons plus tard comment. De cette manière, une soi-disant mesure pour la valeur des choses est trouvée. Mais vous, en insérant dans la définition de Bastiat le mot *choses*, vous la détruisez sans le vouloir et vous la transformez en cette spirituelle définition : la valeur d'une chose est le rapport de deux choses ! Bon ! Je vous en fais grâce comme d'une dizaine de mille autres bourdes pareilles.

2. Adam Smith, t. I, p. 60, éd. Garn. « Le vrai prix d'une chose, le coût réel se mesure à la peine et à l'effort nécessaire à son acquisition. Ce qu'on achète pour de l'argent ou pour des marchandises s'achète par le travail tout aussi bien que ce que nous gagnons par l'effort immédiat de notre corps. Cet argent ou ces marchandises nous épargnent, en ce cas, l'effort. Ils renferment le prix d'une *certaine quantité de travail* que nous échangeons contre ce qui est supposé contenir une *égale quantité de travail*. Le travail était le premier prix, la monnaie payée pour l'achat primitif de toutes choses, etc., etc. »

fini — se retrouve dans *les paroles* aussi chez Bastiat; il est vrai que dans *la chose* il la transforme plus tard en son *opposé!* Chez vous, elle se trouve aussi dans *les paroles*, et vous partez de là pour expliquer que ce n'est pas la *matière* de l'objet qui constitue sa valeur, mais la somme des services nécessaires à sa production. Et ici il vous arrive un malheur tout particulier! Vous voulez l'expliquer par l'exemple d'une douzaine de chemises et vous dites, p. 60 :

« Prenons un objet de nécessité générale, une douzaine de chemises. Pour me les procurer, je peux choisir deux moyens. J'achète le lin à l'agriculteur, je le donne à la fileuse qui me le convertit en fil; je remets ce fil au tisserand, et la toile fabriquée à la blanchisserie; ensuite je fais ma commande de chemises à la couturière, et ce n'est qu'alors que je les reçois toutes faites. Toutes les personnes qui m'ont rendu les services mentionnés, je dois les payer. Qu'est-ce qui constitue la valeur des chemises, du produit final de tout ce travail?

« Évidemment, c'est la totalité des services nécessaires à leur production qui détermine la mesure du service réciproque — du salaire que je dois payer pour chacun de ces services, — et, en définitive, je n'ai *rien payé que les salaires de travail et nullement les chemises.* »

Le malheur qui vous arrive ici (si ces chemises sont des chemises de coton) consiste en ce que, ne payant dans le prix des produits *rien d'autre que les salaires de travail,* vous enlevez à votre ami Reichenheim tout intérêt et tout profit de capital qu'il aura gagné en attendant sur son coton et probablement mis en sûreté contre vous!

Plaisanterie à part, monsieur Schulze, si on ne payait dans le prix des produits rien d'autre que les salaires de travail, d'où proviendraient les rentes des capitalistes et les profits des capitaux ? Peut-être avez-vous un jour confusément entendu, par l'intermédiaire de Bastiat, quelque chose du grand et profond aphorisme de *Ricardo*—qui a sa racine dans la dernière remarque citée d'Adam Smith, et que la nouvelle économie scientifique doit prendre pour point de départ — ...*que dans les prix des produits, ce n'est que le quantum de travail qui est payé*, et vous, charmant enfant que vous êtes, vous considérez le *quantum* du travail et les *salaires* de travail comme identiques ; — vous tombez là-dessus, et vous déclarez — ce qui doit résonner agréablement aux oreilles des ouvriers — que dans les prix de produits il n'y a de payé que les salaires de travail [1] !

Incomparable Schulze ! Dans la différence du *quantum* de travail et des *salaires* de travail, dans ce petit pli que vous écrasez si lourdement, se trouve presque toute l'économie politique et surtout tout l'intérêt et tout le profit des capitalistes !

Mais cela vous est bien égal, à vous, professeur agrégé de l'économie politique !

Bastiat lui-même ne peut rien contre de pareilles absurdités. Bastiat, comme Say et toute l'école française, considère l'intérêt et le profit du capital comme des *agents constituants* le prix des choses qui sont payées par les consommateurs [2], car il faut

---

1. Ce n'est nullement chez vous une erreur de plume, mais une idée tout à fait dogmatique qui se retrouve *partout*. Voir, par exemple, p. 64 de votre *Catéchisme :* — « Et tous les déboursements se réduisent finalement en salaires de travail ; » de même p. 36, 60, etc.

2. Bastiat considère le profit, qui est l'indemnité du *capital* pour le *service* qu'il rend à la production, expressément comme un élément particulier, payé par les consommateurs dans le

bien qu'ils proviennent de quelque part, puisque
le profit du capital existe réellement !

Au contraire, toute l'école anglaise, depuis Ricardo, prétend que l'intérêt et le profit du capital
ne sont pas les agents constituant le prix des choses, et que c'est bien plus le *quantum de travail*
qui est payé dans le prix des choses. Si c'est juste,
il s'ensuit, ce que j'ai développé brièvement dans
ma *Lettre ouverte,* que le profit du capital se
forme de la différence de l'indemnité des *quantum*
de travail par les *consommateurs,* et des *salaires*
de travail par les *entrepreneurs ;* en d'autres termes, qu'il se forme par la diminution faite sur ce
qui reviendrait au travailleur ; diminution en vertu
de laquelle l'indemnité qui lui reviendrait pour son

prix des produits. *Harmonies écon.,* p. 230 : « De tous les éléments qui composent la valeur totale d'un produit quelconque,
celui que nous devrions payer avec le plus de plaisir est le capital-intérêt, » et p. 223 : « Ce sont des économistes dignes de
compassion que ceux qui pensent que nous payons les intérêts
des capitaux seulement en les empruntant, » après quoi il
dit qu'ils sont payés dans le prix de tous les produits. —
Bastiat dit encore, p. 157, en citant l'exemple de la houille :
« C'est la totalité de ces *travaux* qui constitue la valeur de la
houille. » Ici le mot *travaux,* comme cela arrive souvent à
Bastiat, est tout à fait dans le sens de Ricardo et signifie *quantum de travail nécessaire à la production* d'un produit. Bastiat lui-même, si souvent menteur, aurait été tout à fait incapable de dire : c'est la *totalité des salaires,* au lieu de : c'est
la totalité des *travaux,* qui constitue la valeur de la houille.
Cette naïve égalisation des *quantum* et des *salaires de travail*
faite consciemment (quelle dénomination mériterait l'économiste qui l'aurait faite *inconsciemment*) est une des mystifi-
cations les plus inqualifiables qui aient jamais souillé la littérature. Cette falsification commise dans des discours aux
travailleurs mérite une qualification qui dépasse la puissance
du langage.

La différence entre *travaux* ou *quantum de travail* et *salaires de travail* sera développée avec clarté dans la suite.

quantum de travail est réduite au *salaire* de travail.

Toute la question sociale, comme toute l'économie politique, — la différence entre les écoles française et anglaise, — est dans le pli de cette différence entre le *quantum* et le *salaire* de travail !

Dans votre grotesque ignorance, c'est à peine si
l'*existence* même de cette différence *vous* est connue, et, sans vous en préoccuper davantage, vous
escamotez l'intérêt et le profit du capital en ne
payant dans le prix des produits que les *salaires
de travail.*

Ceci soit dit en passant !

Vous voulez montrer plus loin que la *valeur* —
que vous prenez avec raison dans le sens de *valeur
d'échange* — n'est pas dans l'*utilité* des choses. Et
pour démontrer cette simple proposition, tout à
fait juste en elle-même et claire jusqu'à la tauto-
logie — car il est bien clair que la *valeur d'échange*
n'est pas dans la *valeur d'utilité* — vous choisissez
de nouveau un exemple *frappant*, c'est-à-dire un
exemple qui vous frappe vous-même en plein visage.

Vous dites (page 63) :

« Prenons, par exemple, un pain ordinaire qui ne
coûte que quelques centimes, mais qui, pendant une
famine ou dans une ville assiégée, peut être payé quelquefois au poids de l'or. On ne peut expliquer ce fait
ni par la matière du pain, ni par son utilité, car rien
n'y est changé. Les parties intégrantes du pain, leur
force nutritive, en vertu de laquelle elles apaisent la
faim, sont restées les mêmes dans les deux cas, et
pourtant quelle énorme différence dans le prix ! »

Quelle confusion de paroles et quelle ignorance !

Cet exemple, qui appartient à un ordre de choses tout à fait différent, ne prouve pas ce que vous voudriez, il ne prouve que votre ignorance absolue de la matière économique. Tous les objets, selon Ricardo [1], se divisent, relativement à leur prix, en deux genres : en objets dont la quantité peut être multipliée à volonté, et en objets peu nombreux, qui *ne* peuvent pas être augmentés à volonté.

C'est le rapport de l'*offre* et de la *demande* qui détermine d'abord le prix courant des objets du premier genre ; mais comme l'*offre* peut être multipliée à volonté, le prix de ces objets se détermine en dernière instance par *leurs frais de production*.

Les objets du second genre, ceux qui ne peuvent pas être multipliés à volonté, ont un *prix de monopole*, c'est-à-dire ils dépendent uniquement de leur nombre, et, en raison de la demande qui en est faite, ont un prix déterminé, qui peut être augmenté indéfiniment, comme, par exemple, les œuvres de génie. Les tableaux de Raphaël sont des objets qu'on ne saurait multiplier à volonté, même en y consacrant tout le capital et tout le travail possibles.

C'est pourquoi leur prix peut monter à 30 000, 50 000, 100 000 thalers. Il en est de même de vins très rares qui ne réussissent que dans des contrées particulières, par exemple, les vins du Clos-Vougeot. Ici le prix est exclusivement *prix de monopole*, et il ne se détermine, comme c'est d'ailleurs le cas dans tous les monopoles, que par le rapport du nombre des tableaux de Raphaël, etc., et du nombre des acheteurs capables de payer les prix mentionnés.

-----

1. Ricardo, *Principl. of polit. econ.*, t. I, p. 4, éd. Constancio.

L'idée de cette division de Ricardo a été acceptée et développée depuis, avec différentes modifications dont nous ne parlerons pas ici, par toute l'économie scientifique.

Vous voyez bien, monsieur Schulze, que l'abécédaire de Bastiat ne contenant rien de cette division, vous n'en avez pas la moindre idée; autrement, vous n'auriez pas pu choisir votre dernier exemple.

Car dans une ville assiégée, où règne la famine parce que les vivres lui sont coupés, le prix du pain est un *prix de monopole au plus haut degré*. Il dépend uniquement du nombre de pains qui se trouvent dans la ville et du nombre de bouches à satisfaire.

Cet exemple ne peut donc nullement prouver ce que vous avez l'intention de prouver, puisqu'il appartient à un ordre de choses différent, et que le travail nécessaire à la production de ce pain n'y est plus du tout l'agent de la valeur. L'exemple est même si habilement choisi, qu'il prouve dans ce cas, tout à fait exceptionnellement, que l'objet n'est payé que d'après son *utilité*, chose que vous voulez précisément réfuter par votre exemple.

Si, par exemple, Berlin est assiégé et désolé par la famine, comme vous le supposez, et qu'il s'y trouve encore un pain ou même mille pains, M. Reichenheim proposera peut-être 100,000 thalers pour un pain, et d'autres, qui ne peuvent pas en offrir autant, viendront l'enchérir avec leurs bras, leurs bâtons et leurs couteaux; on s'égorgera, on s'assassinera pour s'emparer de ces pains. En d'autres termes : on paiera le pain, selon son *utilité*, pour échapper à la mort; sa *valeur d'échange*, dans ces circonstances exceptionnelles, sera égale à sa *valeur d'utilité*, et sera déterminée par elle; comme ce pain a *l'utilité* de sauver la vie, on risquera et on donnera pour l'avoir cette même utilité, c'est-à-dire *la vie*.

Vous choisissez vos exemples si savamment et si habilement que, dans votre cas cité, vous prouvez le contraire de ce qu'il s'agit de prouver, c'est-à-dire que les choses sont payées selon leur utilité.

Vous continuez, p. 64 :

« C'est le seul *travail*, l'effort de l'homme, nécessaire à un service ou à la production d'objets utiles, qui constitue uniquement la valeur. »

Jusqu'à présent — dans les mots — c'est toujours encore le *travail* dans la conception *positive* de Smith-Ricardo qui forme le principe de la valeur. Mais successivement, comme nous le montrerons, vous passez à la conception tout à fait opposée de Bastiat dans la théorie du *service*.

Vous reprenez haleine et vous commencez :

« En attendant, la question n'est pas encore résolue. On sait que l'échange réunit deux actes de travail, service et contre-service, qui sont accomplis par deux partis respectifs qui ont un intérêt contraire dans l'évaluation de ces actes. *A* voudra toujours avoir pour son produit ou son service le plus possible, et *B* voudra toujours en donner le moins possible; en d'autres termes : chacun estimera le travail de l'autre, dans ce service réciproque, le moins possible, et le sien le plus possible. Qu'est-ce qui décide entre eux et les met définitivement d'accord? Sont-ce les efforts, les frais que coûte chacun de ces services, à celui qui le rend? *A*, peut-il dire, par exemple : « Ce que je te donne me « coûte trois jours de travail, et tu me dois également « le fruit de trois jours de ton travail? » — Ce serait contraire à l'objet du travail et de l'échange cité plus haut,

ayant pour but la satisfaction des besoins. Naturellement, la valeur ne peut pas dépendre de la plus ou
moins grande occupation d'un homme, mais de ce qui
en résulte; il ne s'agit pas de l'acte, mais du résultat de
travail, car ce n'est pas l'effort, mais le produit, qui est
transmissible et propre à satisfaire des besoins. Le boulanger, par exemple, a beau se tourmenter; si sa pâte
ne réussit pas, s'il ne peut pas en faire du pain, personne ne sera rassasié de son travail et personne ne le
payera de sa peine. Un travailleur inhabile peut employer huit jours à la confection d'une pièce qu'un autre
plus habile fait en deux jours; quelqu'un voudra-t-il en
échange lui payer le fruit de huit jours de son propre
travail? »

Après ces exemples enfantins [1], vous passez enfin
au célèbre exemple du *diamant* de *Bastiat* sur
lequel il a fondé sa théorie des *services* :

« Quelqu'un trouve par hasard un diamant et dispose
ainsi d'un objet d'une grande valeur. Il demande à un
amateur, pour la cession de cette pierre, une somme

---

1. Vous allez même jusqu'à dire (p. 65) : « Pourrait-on exiger,
par exemple, qu'un médecin, un homme d'État ou un artiste,
cèdent le produit de leur travail, pendant un certain temps,
pour celui du journalier ordinaire, pendant une durée de temps
égale? Et pourtant il le faudrait, si la mesure de la *valeur* se
trouvait dans le *travail* de celui qui rend le service. » (!!!)
Il est vrai qu'en cela vous avez de nouveau Bastiat pour précurseur (p. 177). Vous et votre original ne savez donc rien de
la distinction généralement usitée dans l'économie, du travail
qualifié et *non qualifié* ou ordinaire : *skilled labour* et *unskilled
labour*, selon laquelle tout travail supérieur qualifié se résout
dans un plus grand quantum de travaux simples, ordinaires,
et que celui-ci est l'unité de mesure de tous les genres compliqués de travail! Aujourd'hui, c'est la concurrence qui détermine *combien* une journée de travail qualifié renferme de
journées de travail ordinaire. Voir mon *Manuel des Travailleurs*.

équivalente à son produit de travail d'une année. L'acheteur peut-il objecter à celui qui l'a trouvée qu'il n'avait besoin que d'une minute de temps pour ramasser la pierre; qu'il n'avait employé aucune peine à son acquisition et qu'ils devaient échanger le produit d'un travail égal, en raison de quoi déjà la millième partie de ce qu'il exigeait était trop forte? Ce dernier aurait certainement répondu que, si l'acheteur trouvait la somme trop forte, il n'avait qu'à aller chercher lui-même une pierre pareille. L'amateur risquait ainsi d'employer plusieurs années et de faire beaucoup de voyages dangereux et coûteux pour cette recherche, sans aucun résultat peut-être. Nous voilà arrivés au point intéressant. Ce n'est pas la *trouvaille* du diamant, mais *sa cession à l'amateur*, qui constitue le service de l'homme; quant à l'amateur, la manière dont l'homme est parvenu à la possession du diamant lui doit être bien égale, et elle ne doit nullement influer sur la valeur du service. La valeur que la cession de la pierre a pour l'amateur est plutôt équivalente au *travail qu'il s'épargne par là*, c'est-à-dire, à la peine et aux frais que *lui* causerait la recherche d'une pierre pareille. »

Nous voilà enfin arrivés au cœur de la célèbre théorie des *services* de Bastiat, théorie que d'ailleurs vous avez prise pour base déjà, au commencement (v. plus haut) de votre définition de la valeur (comme étant un rapport de deux services).

Mais le ventre de John Fallstaff est moins gonflé et moins malsain que cette catégorie de Bastiat : le *service*, et il est temps, il est bien temps, monsieur Schulze, de percer enfin ce ventre gonflé pour en éloigner les détritus dont il a empoisonné l'économie politique. Le *service* est loin d'être une catégorie économique, monsieur Schulze, et, avec votre permission et celle de M. Bastiat, nous voulons rendre à ce *service* le service de le rejeter de l'économie politique, à laquelle il n'appartient pas. Vous trouverez naturellement que nous attaquons votre grand maître au lieu de vous, qui ne faites que répéter, en gâtant et en défigurant, ce que disait là-dessus cette tête si peu économiste!

Mais vous non plus, vous ne vous sentirez pas abandonné.

Je disais donc : dans cette catégorie qui est plus gonflée, plus bouffie et plus malsaine que le ventre de John Fallstaff, toute définition économique a disparu, c'est pourquoi ce n'est plus *du tout* une catégorie économique!

Qu'est-ce qui n'est pas un . *service*, monsieur Schulze!

Quand le matelot de Hambourg, après une navigation de plusieurs mois, est de retour dans les cabarets de Hambourg, les filles de joie de cette ville lui rendent un *service* incontestable! Un député qui se vend au ministère ou y passe gratuitement par lâcheté, en immolant la politique de son parti sur l'autel de la patrie, — comme Löwe-Calbe dans le débat des douze millions a déclaré vouloir le faire — rend aussi un *service* à ce ministère. Certes ce ne sont pas des *travaux*, mais ce sont toujours des *services*, et surtout des services qu'il faudrait payer d'une manière bien singulière, s'ils doivent être payés, comme vous l'exigez, par le même travail qu'il épargne aux amateurs.

Un paillasse qui me fait rire au cirque me rend également un *service*, et si je voulais même estimer ce *service* comme un *travail*, je ne le paierais pas du même travail que l'amateur s'épargne par là, c'est-à-dire par l'effort que je dois prendre sur moi, pour me faire rire moi-même au même degré.

En écrivant ce livre je vous rends un grand service, monsieur Schulze. Car, bien que vous ne l'avouiez pas à un tiers, vous y apprendrez beaucoup d'économie politique. Pensez seulement combien de bibliothèques vous auriez dû parcourir et quel effort autonome de pensée (dont vous êtes complétement incapable) vous auriez dû faire pour acquérir vous-même ces connaissances auxquelles vous arrivez, et vous arriverez encore, sans fatigue, dans la suite de ce livre. Et pourtant si je vous envoyais un compte pour ce *service*, vous seriez très étonné et vous feriez, contrairement à votre théorie économique, l'observation qu'il y a des *services* qui ne peuvent pas être compensés.

Mais je vous ai rendu encore un service que, grâce au peu de cas que vous faites des connaissances, vous devez apprécier bien plus que celui que nous venons de mentionner.

Par mon agitation j'ai amené les commerçants et les fabricants — qui (souvenez-vous donc de l'aveu de la *Gazette allemande du Midi*) ne vous aimaient guère jusque-là — à vous offrir un don national de 45,000 thalers. Ce *service*, c'est moi qui vous l'ai rendu, et sans moi vous n'auriez jamais reçu un sou de cette somme ! Et pourtant, comme vous trouveriez plaisant, si je vous demandais la somme de travail que je vous ai épargnée par là, c'est-à-dire les 45,000 thalers !

Vous voyez qu'il y a des *services* qui *ne se paient pas*, ce qu'on ne peut pas dire du *travail*, et de cette seule chose vous auriez dû conclure que le *service* n'est pas une catégorie économique !

Mais, plaisanteries à part, monsieur Bastiat-Schulze, je vais vous donner une triple preuve qu'il faut bannir une fois pour toutes de l'économie politique cette invention nébuleuse de M. Bastiat.

Je montrerai *premièrement* de quel besoin et de quelles difficultés apparentes la théorie du *service* de Bastiat a pu naître; *secondement*, comment elle *annule* le principe d'Adam Smith et de Ricardo, que le travail est le principe et la mesure des valeurs, pour en donner un qui est son *contraire logique absolu; troisièmement*, que cette mesure des valeurs de Bastiat est une impossibilité économique et une monstruosité sans pareille.

Le principe commun d'Adam Smith et de Ricardo, que le *travail* constitue le principe et la mesure de la valeur des choses, adopté par la science économique avec une rare unanimité, semble en effet se heurter encore à quelques difficultés sérieuses. Ce n'est pas de vos exemples enfantins que je veux parler, monsieur Schulze, de votre boulanger qui n'a pas de chance avec sa pâte, ou de votre travailleur inhabile qui a besoin de huit jours pour fabriquer un produit de deux jours. Que l'*inhabileté individuelle* ne soit pas une objection économique, et que chacun d'après ce principe ne veuille payer dans le prix que le quantum *normal* du travail nécessaire à la fabrication d'un produit, c'était clair tout d'abord pour tout autre que vous et Bastiat! [1]. Mais quelques difficultés plus sérieuses pouvaient paraître s'opposer au principe smithoricardien.

Quand, par exemple, aujourd'hui, une invention ou une méthode, un peu améliorée dans *la somme des frais* et en même temps dans le *quantum de travail* nécessaires à la production d'un objet, occasionne une baisse de prix plus ou moins impor-

---

1. Ici vous avez de nouveau pour *garant* Bastiat, qui a le courage de dire (p. 177): « Il est plus fréquent encore qu'un travail opiniâtre et accablant n'aboutisse qu'à une déception, à une *non-valeur*. S'il en est ainsi, comment pourrait-on établir une corrélation, une proportion nécessaire entre la valeur et le travail? »

tante, toute la totalité des produits de ce genre, qui est en réserve, subit *la même dépréciation*. En vain les producteurs s'écrient que le nouveau prix est *au-dessous du prix de coût*, c'est-à-dire *au-dessous du quantum de travail* qui, jusqu'à présent, et même hier encore, a dû être *normalement* et *nécessairement* cristallisé dans ce produit de travail. N'importe, ces objets doivent être vendus au prix d'aujourd'hui, ce prix ne fût-il que la *moitié* du quantum de travail cristallisé en eux.

Peut-on dire après cela que le *quantum* de travail normal (le prix du coût) qui a été *nécessaire* à la production d'un objet constitue la mesure de sa valeur ?

Ou supposons le cas qui se produit régulièrement de temps à autre, qu'un changement s'est opéré dans les *goûts* et les *besoins* d'une période. Les objets qui jusqu'alors étaient conformes aux goûts et aux besoins ne le sont plus et, malgré tous les *quantum* de travail *nécessairement* cristallisés en eux, ces objets ne sont que des vétilles qui attendent dans la boutique d'un fripier une lamentable issue pour leur existence manquée.

Autre cas. Aucun changement n'a eu lieu dans les besoins, mais il y a *surproduction* d'un article, destinée constante de notre production moderne et sans qu'on puisse l'imputer à un producteur quelconque, quand ses concurrents d'Europe et des autres parties du monde ont produit plus qu'il ne pouvait prévoir, alors, bien que ni le besoin de ces objets, ni le travail nécessaire à leur production, ne se soient amoindris, ces produits baissent jusqu'à la moitié du prix de leur coût et doivent être vendus de moitié au-dessous des *quantum* de travail utilement et nécessairement fixés en eux.

Est-il possible de soutenir contre ces phénomè-

nes le principe que la quantité de travail contenue
dans un objet est la mesure de sa valeur !

Ces observations *auront* pu suggérer à Bastiat,
comme nous le verrons bientôt, la pensée d'éloigner
ces difficultés apparentes par le *service* rendu au
consommateur moyennant la cession d'un produit
de travail, et d'établir, au lieu du travail, le *service*
lui-même, comme mesure de la valeur.

A peine cette pensée lui fut-elle venue que lui
et ses congénères, tous les esprits de sa trempe
enfin, s'aperçurent avec transport du service que
cette nouvelle catégorie de *service* allait rendre à
tous les intérêts d'exploitation et à tous les esprits
faibles. Ce mot nouveau et menteur *service* vise encore de son œil louche à représenter le *travail* et paraît aux têtes faibles renfermer en lui l'effort nécessaire à la production d'un résultat de travail, et
s'accorder encore complétement avec Adam Smith.
Mais, en même temps, ce mot agaçant et faux a
noyé toute la *précision* spécifique que contenait
l'honnête mot *travail*. Que n'appellerait-on pas
service? Il serait difficile de soutenir que Reichenheim travaille pour ses ouvriers, qui *travaillent*
plutôt pour lui, et qu'il paie : deux définitions spé-
cifiques tout à fait différentes du procédé social de
production !

Mais le *service* une fois inventé, rien n'est plus
simple et plus plausible que de soutenir que Reichenheim et ses ouvriers *se rendent des services
mutuels.*

Entassez mots sur mots... c'est un moyen qui
permet à chacun de bâtir un système complet.
Ainsi tout l'antagonisme du procès social de production est résolu dans le charme et la douceur du
service réciproque, dans le ciel sans nuage de la
plus parfaite égalité !

C'est pourquoi le *service* était l'unique, progrès, le progrès caractéristique, dont l'économie bourgeoise, depuis Ricardo, ait été capable dans son propre milieu. *C'était le progrès du mensonge.*

Il existe un accord profond dans le développement de la doctrine *politique* et celui de la doctrine *économique* de la bourgeoisie !

Comme l'ancien, le précis et l'honnête mot *démocratie* est effacé par les paroles menteuses de *parti progressiste ;* le mot dans cette acception est spécifiquement allemand, l'Espagne exceptée, mais la chose est passablement européenne ; ainsi le mot honnête et défini de *travail* est travesti par le mot *service.*

La bourgeoisie s'étant persuadée que, sous le rapport politique comme sous le rapport économique, elle *n'était pas en état de vaincre,* dans son propre cercle d'existence et d'intérêts, les obstacles que la réalité lui oppose, commence à les écarter par le déguisement et le mensonge.

Peut-on s'étonner après cela de la bruyante approbation que l'invention du *service* de Bastiat a trouvée parmi toutes les âmes *progressistes* de l'Europe ?

Mais quelle est la pensée *exacte* et *précise* de la catégorie du *service* de Bastiat et comment se distingue-t-elle du principe du *travail* smitho-ricardien?

Tout dépend de la *précision* de cette distinction et de son contenu, car la précision seule suffit pour éventrer cette catégorie gonflée de vent.

A l'aide de mots, Bastiat explique d'ordinaire la valeur comme l'*effort* que font les hommes pour arriver à la satisfaction de leurs besoins [1].

----

1. Par exemple : *Harm. économ.,* p. 142... que la valeur doit

Les hommes irréfléchis peuvent penser que sous cet *effort* il faut comprendre l'effort *nécessaire à la production d'un objet*. Dans ce cas Bastiat au lieu du mot *travail* aurait mis le mot plus impropre *effort* et, en réalité, il n'y aurait rien de changé dans le principe du travail de Smith et de Ricardo, comme mesure de la valeur.

Et vous, monsieur Schulze, vous êtes tellement irréfléchi que vous ne voyez nulle part, ou du moins ne pouvez vous expliquer cette différence entre le principe de Bastiat et le principe du travail, comme mesure de la valeur.

C'est pourquoi vous êtes en état d'écrire p. 64 :

« La *valeur* ne se trouve uniquement que dans le *travail*, dans l'*effort* nécessaire à la production d'un objet ou d'un service utile. Nous pouvons, après les exemples cités, le tenir pour certain ; quant aux *frais*, ils font partie du *travail* dans tous les cas. Car, comme nous l'avons déjà dit, le capital destiné à un travail n'est que le fruit d'un travail antérieur, et toutes les dépenses se résolvent finalement en *salaires* de travail, de sorte qu'une fois posé, le principe se fait valoir dans toute son étendue. »

Abstraction faite de ce que vous confondez ici de nouveau les *quantum* et les *salaires* de travail, comme nous vous l'avons déjà démontré, de ces mots, les uns visent à représenter le *service* de Bastiat, tandis que les autres semblent vouloir dire « *travail* nécessaire à la production d'un objet » et tendent vers les *frais de production* de Ricardo ; vous traitez ces deux théories, en les prenant l'une

avoir trait aux efforts que font les hommes pour donner satisfaction à leurs besoins.

pour l'autre, comme s'il n'y avait pas la moindre différence entre elles.

Ce n'était pas l'avis de Bastiat, qui, si irréfléchi qu'il fût, ne l'était pas autant que vous.

Il s'explique beaucoup plus clairement lorsqu'il dit [1] : « Car j'ai à prouver que la valeur n'est pas plus dans le travail que dans l'utilité. »

Un peu plus tard [2], il expose ainsi la différence caractéristique entre son principe et le principe de travail : « Bien loin que la valeur ait ici une proportion nécessaire avec le travail accompli par celui qui rend le service, on peut dire qu'elle est plutôt proportionnelle au travail épargné à celui qui le reçoit ; c'est du reste la *loi des valeurs*, *loi générale* et qui n'a pas été, que je sache, observée par les théoriciens, quoiqu'elle gouverne la pratique universelle. Nous dirons plus tard par quel admirable mécanisme la valeur tend à se proportionner au travail, quand il est libre ; mais il n'en est pas moins vrai qu'elle a son principe moins dans l'effort accompli par celui qui sert que dans l'effort épargné à celui qui est servi. »

Ainsi le principe et la mesure de la valeur n'est pas dans le *travail exécuté*, nécessaire à la production d'un objet, mais dans le *travail épargné* à celui qui reçoit le service, au consommateur, et c'est là la signification du *service*.

Quand on a affaire aux gens qui ne peuvent être signalés que comme des personnages comiques, dans le drame de l'économie politique d'aujourd'hui, des paillasses comme vous, M. Faucher, M. Wirth, M. Michælis, qui de leur vie n'ont eu de pensée à eux, et qui ne font qu'agiter et ramas-

---

1. *Harm. économ.*, p. 148, éd. Brux., 1850.
2. *Ib.*, p. 151.

ser un amas confus de paroles, il est certes tout à
fait possible que ces gens-là s'écrient : *Travail
exécuté* ou *travail épargné*, qu'importe ! le travail
est toujours le travail, et, dans les deux cas, c'est
toujours le *travail*, fût-il même autrement défini,
qui reste la mesure de la valeur !

Je le répète, c'est là une chose tout à fait possible
pour des gens dont l'oreille n'entend que les
bruits des paroles et dont le cerveau n'est jamais
traversé par l'ombre d'une pensée.

Et en effet, après le passage que nous venons de
citer, où le *travail* chez vous est le principe de la
valeur, vous passez outre avec ces mots : « En attendant la question n'est pas encore résolue par là », et
vous donnez la théorie de Bastiat seulement comme
une *modification* et une *définition* plus rapprochée
du principe de travail[1], et vous concluez par les
phrases déjà citées que la valeur de cession du produit n'est que dans le *travail épargné par là à
l'amateur*.

Mais, s'il en est ainsi pour vous, il sera suffisant
pour chaque homme pensant de réduire simplement
à son *expression logique* l'interversion du principe smitho-ricardien de la valeur commise par
Bastiat et pour rendre évident l'antagonisme tran-
chant qui existe entre les deux principes et en
même temps l'absurdité monstrueuse de l'invention de Bastiat.

Ce n'est pas dans le travail exécuté, nécessaire à
la production d'un objet, mais dans le *travail
épargné* au consommateur par la cession de cet
objet, c'est dans l'épargne qui constitue le *service*,
que se trouvent, selon Bastiat, le principe et la mesure de la valeur.

____

1. Voir p. 64-66, *Catéchisme des Travailleurs.*

Le travail épargné du consommateur n'est que du travail *manqué, non exécuté.* La *mesure de la valeur des choses,* au lieu d'être comme chez Adam Smith et Ricardo dans le *travail positif du producteur,* est à présent dans le travail *manqué, non exécuté,* du consommateur, c'est-à-dire dans quelque chose de purement négatif! C'est le *néant* pris comme mesure de l'*être.*

Et ne répondez pas, monsieur Schulze, que le *travail épargné est égal au travail* qu'un autre doit faire pour *fabriquer* le produit; car alors la théorie de Bastiat serait une *double absurdité.*

1° Il serait d'une absurdité absolue d'admettre comme *mesure* quelque chose qui, au lieu de pouvoir servir de mesure, doit plutôt *être mesuré à autre chose,* et

2° Tout resterait alors simplement dans le vieux principe, dans le principe de travail de Ricardo, ce qui selon Bastiat ne doit pas avoir lieu; il n'y aurait plus de *service* et Bastiat n'aurait rien inventé, tandis qu'il *veut* et *doit* avoir inventé quelque chose.

Cette invention de Bastiat est, pour me servir de l'expression biblique — une *atrocité devant le Seigneur* — et c'est elle pourtant qui a fait toute sa gloire! Au moins c'est uniquement ce qu'il y a de *nouveau* dans tout ce que ce spirituel blagueur a dit dans son Abécédaire!

Pour des hommes quelque peu logiciens et dialecticiens, la simple réduction du principe de la valeur de Bastiat à son contenu logique est trois fois suffisante pour motiver les éclats de rire mérités que ce farceur aurait dû exciter dès le premier jour!

Mais malheureusement la plupart de nos économistes d'aujourd'hui ne le sont que trop *peu,* et c'est ce qui nécessite l'explication, non seulement de la monstruosité *logique*, mais encore de l'impossibilité et de la monstruosité *économique réelle* de l'invention de Bastiat.

Ainsi la valeur, au lieu d'être dans le travail exécuté du producteur, est dans le travail ou l'effort *épargné* au consommateur, ou, comme vous le dites, à *l'amateur*.

Je ne veux pas parler de nouvelles inventions. Les chemins de fer sont inventés depuis longtemps. Mais j'admets le cas où le chemin de fer de Cologne-Minden ne serait pas encore construit. et je suppose une société de capitalistes qui voudraient faire ce chemin de fer, ou n'importe quel autre, devant réunir deux villes. Cette société pourra-t-elle exiger du consommateur ou plutôt, — pour me servir de votre expression, monsieur Schulze,— de *l'amateur*, pour le service qu'elle lui rend, et en échange d'un billet de transport, le même travail, la même *dépense de peine* et *de frais* que le transport en chemin de fer lui épargnerait? Pourra-t-elle réellement exiger dans le prix du billet de transport une somme *équivalente* à la dépense de peine, de frais et de temps que l'amateur aurait dû faire, s'il avait voulu, comme autrefois, aller de Cologne à Minden à pied ou en voiture? La Société de Cologne-Minden ferait de bien mauvaises affaires, et fort peu de personnes prendraient le chemin de fer, si ladite Société avait établi ses prix sur ce principe! Et ne voyez-vous donc pas, monsieur Bastiat-Schulze, que d'un autre côté tout le *progrès* civilisateur des chemins de fer serait réduit à zéro, si le public était obligé de payer dans le transport des chemins de fer les mêmes dépenses qui lui sont *épargnées* par ce *service*.

Et encore cet exemple est-il pris dans un milieu

qui se trouve *en dehors de la concurrence libre*, puisque nous ne voyons d'ordinaire que deux villes réunies par un chemin de fer, c'est-à-dire des sociétés propriétaires d'un monopole, et qui auraient pu faire valoir les prétentions les plus extravagantes, si la chose n'était pas tout à fait impossible, si elle n'était pas un non-sens, étant donné la nature de notre production.

Mais jetons encore un coup d'œil sur des productions qui rentrent dans le cercle de la concurrence libre !

Est-il nécessaire d'expliquer plus amplement que toute notre production, que chaque progrès de civilisation, petit ou grand soit-il, vu le bon marché croissant qui résulte de chaque pas nouveau dans la division du travail, est basé sur ceci, que ce n'est jamais le travail *épargné* par le *service*, mais toujours le *travail positif* nécessaire à la *production* de l'objet *infiniment diminué* et *diminuant* toujours, qui est payé? S'il n'en était pas ainsi, et s'il n'en avait pas toujours été ainsi, le monde en serait encore au point où il était il y a 4000 ans !

Tout dévoloppement est basé sur le *contraire absolu* du principe de Bastiat ; il est fondé absolument sur ce que le travail *épargné* au consommateur par le *service* devient toujours de plus en plus *grand;* tandis que le travail exécuté par le *producteur* d'un objet, et indemnisé par le payement, devient *toujours moindre, la différence entre le travail exécuté par le producteur et le travail épargné au consommateur devient toujours plus considérable!* Si l'univers avait été créé par l'intelligence progressive bourgeoise de MM. Bastiat-Schulze, son premier *progrès* aurait été étranglé dès le berceau par ce principe, comme un homme avec un collier de chanvre !

Mais le plus amusant, c'est que cette profonde théorie vient justement de *Bastiat*, qui n'a écrit tout son Abécédaire que dans le but de démontrer que la *gratuité* des produits est en croissance permanente et que cette amélioration continue de la situation des consommateurs est la marche historique du développement économique, un *communisme* comme il se plaît à nommer cette vieille thèse connue bien longtemps avant lui, thèse du bon marché croissant des produits! L'irréflexion de ce Monsieur et de son imitateur est si grande, qu'ils ne remarquent même pas la profonde contradiction intrinsèque des deux propositions qu'ils prêchent et exposent tout d'une haleine et sans interruption [1].

---

1. Le principe de Bastiat est si dénué de sens, que lui-même ne peut pas s'en tenir là et qu'il doit toujours retomber dans la loi de Ricardo qu'il combat. Ainsi (*Harm. écon.*, p. 250), « quand je paye un agriculteur, un meunier, etc., je paye le travail humain *qu'il a fallu consacrer à faire les instruments.* » Qu'on ne pense pas que ce retour vers Ricardo ne tient qu'à une inexactitude d'expression. Il est encore plus amusant lorsqu'il fait dire (p. 348) par l'habitant des tropiques à l'Européen : « Grâce à mon soleil, je peux produire une quantité définie de sucre, de café, de cacao, de coton, avec une peine égale à 10, tandis que l'Européen, avec ses moyens coûteux à la production de ces choses dans son climat froid, ne peut les avoir qu'avec une peine égale à 100 ». En raison de quoi l'habitant des tropiques exigerait d'abord 100. Cet ennuyeux bavard détaille cela pendant trois pages, et il montre enfin (p. 350) que l'habitant des tropiques, moyennant la concurrence, est obligé d'échanger son produit contre le *travail européen à 10.* Comme il est donc juste, selon *Bastiat lui-même,* ce principe, que la valeur *n'est* pas dans le travail nécessaire à la production, mais dans le travail épargné au consommateur !!! Mais ceci n'empêche pas Bastiat de dire de nouveau (p. 177) avec une grande supériorité : « C'est surtout la définition des économistes anglais qui pèche dans le suivant. Dire que la valeur est dans le travail, c'est engager l'esprit humain à penser que les ré-

J'ai tenu vis-à-vis de vous ma triple promesse, monsieur Schulze. Je vous ai montré premièrement de quelles difficultés, s'opposant en apparence à la doctrine ricardienne du travail — comme mesure exclusive de la valeur — a pu naître la théorie de la valeur du *service* de Bastiat. Bastiat lui-même ne la fonde pas sur cette difficulté, mais uniquement sur l'exemple enfantin du diamant [1]. Et c'é-

sultats de travail se servent de mesure réciproque, *qu'ils sont proportionnels entre eux.* Cette définition est contraire aux faits. » Tellement contraire, en effet, que l'habitant des tropiques doit absolument, selon Bastiat lui-même, vendre son travail de 10 contre un travail européen de 10 !! Un homme qui n'a pas même la pensée et la mémoire nécessaires pour s'apercevoir des contradictions absurdes dans lesquelles il s'embrouille à chaque page est le héros que notre bourgeoisie a colporté depuis 1848 et qu'elle a décrété le représentant de la science. Et nos économistes scientifiques ont tranquillement lu tout cet amas de contradictions et d'absurdités, sans s'être aperçu de rien. Plus que toute autre chose, la décadence intellectuelle de notre bourgeoisie prouve que son règne touche à sa fin.

1. Cet exemple s'annule très simplement d'après Ricardo. Les diamants appartiennent aux produits dont la quantité ne peut pas être augmentée à volonté et dont le prix est réglé par l'offre et la demande ; leur augmentation nécessiterait de si grands frais de production, qu'ils seraient tout aussi chers et peut-être encore plus chers ; et si quelqu'un trouvait exceptionnellement un diamant sans avoir fait le déboursement nécessaire, il pourrait en exiger le prix normal tout aussi bien qu'un fabricant industriel, seul propriétaire d'un secret de diminution des frais de production, peut vendre sa marchandise au prix du coût normal. S'il y avait un jour une grêle de diamants, leur prix baisserait énormément et, en effet, les diamants ont beaucoup baissé depuis l'antiquité. Bastiat dit lui-même (p. 153) : « Prenez une collection d'économistes, lisez, comparez toutes les définitions (de la valeur), si vous en trouvez une seule applicable en même temps à l'air et au diamant, deux cas opposés en apparence, *jetez ce livre au feu.* » Et comme la définition de la valeur de Ricardo peut aussi facilement s'appliquer au diamant comme à l'air — qui, d'après

tait justement pour cette raison que j'ai voulu lui venir en aide par l'explication des difficultés plus sérieuses en apparence de la théorie smitho-ricardienne, qui serait annulée par la théorie du *service* de Bastiat[1], circonstance qui lui a procuré un accès facile chez quelques-uns. Secondement, nous avons vu que cette théorie n'était pas soutenable (malgré les cas indiqués qui attendent encore une explication), puisqu'elle se résolvait dans un *non-sens logique*, dans la glorieuse pensée d'établir comme mesure de la valeur le *non-travail;* et enfin, troisièmement, qu'elle n'était qu'une *monstruosité économique sans pareille.*

cette théorie, n'a pas de prix, puisqu'il n'est pas le résultat du travail humain, — on aurait *dû suivre depuis longtemps ce conseil de Bastiat*, qui prouve lui-même que tout son livre, gros de 388 pages, n'est rien qu'une flânerie continuelle autour de ce diamant. — Le malheur de Bastiat consiste en ce qu'il a fait trouver ce diamant en Europe, où *il ne se trouve pas*. Si, pour le trouver, il s'était transporté sur les lieux où il se trouve véritablement, au Brésil ou dans les Indes orientales, il verrait que le service rendu par la cession du diamant n'y est nullement payé. A Sumbhulpur, dans l'Hindoustan, seize villages sont habités par deux tribus de chercheurs de diamants, les Shara et les Tora qui, avec leurs femmes et leurs enfants, fouillent tout le lit du Mohonoddi. C'est une population tout à fait misérable, déguenillée, car elle est obligée de donner au rajah tous les diamants trouvés, et sa position ne serait pas meilleure, si elle était obligée de chercher ces diamants comme salariée d'une société de capitalistes européens.

Au Brésil, où l'exploitation des diamants est faite par les nègres, celui qui trouve un diamant à 17 carats reçoit du gérant la liberté en récompense; c'est heureux que ce détail ait échappé à Bastiat, sans quoi il aurait donné le diamant comme origine de la liberté bourgeoise.

1. Car on pourrait répondre simplement qu'après une nouvelle invention ou une modification dans les goûts, ou une surproduction, il n'y aurait aucun *service* rendu au consommateur, s'il devait payer le *quantum* de travail nécessaire employé jusque là à la production de l'objet.

Enfin nous voulons expliquer en dernier lieu, et en peu de mots, comment ces difficultés apparentes s'annulent par le principe de la valeur de Ricardo, quoique cette démonstration n'eût dû être faite dans sa forme particulière que dans le chapitre sur la *concurrence libre* et sur la loi du prix du marché, qui en dépend.

Le *travail* est *l'activité*, et par conséquent le *mouvement*. Mais tous les *quantum de mouvement* sont *du temps*. Cela était déjà connu de Platon (Timée[1]), c'était même connu avant, par la philosophie ionienne[2]. Sans être métaphysicien et sans avoir acquis cette notion par une voie métaphysique, Ricardo l'avait comprise à sa manière.

La solution de toutes les valeurs en *quantum* de travail et de ceux-ci en *temps de travail* est le chef-d'œuvre de l'économie bourgeoise accompli par Ricardo.

Vous voyez, monsieur Schulze, qu'il y a des adversaires qu'on estime et devant lesquels on tire volontiers le chapeau. Ricardo est le chef de l'économie bourgeoise, qui après lui n'a plus progressé.

Il en a clos le développement après l'avoir élevée à son apogée. Après lui il ne reste plus à l'économie politique qu'à se transformer, selon son propre développement théorique, en *économie sociale*. L'économie sociale n'est rien autre qu'un *combat* contre Ricardo, *combat* qui est en même temps la continuation nécessaire de sa doctrine. La science de l'économie bourgeoise arrivée à son apogée, au lieu de sonder cet abîme avec le courage de la science, a préféré prendre le *chemin du retour*.

1. Plat. Timée, p. 37. C.
2. Voir ma *Philosophie d'Héraclite le Ténébreux*, t. II, p. 120, 210-211, 111 et suivantes.

La preuve de la dégénérescence de la bourgeoisie européenne en ce qui touche la science économique, c'est que l'économie sociale, au lieu d'avoir à combattre contre *Ricardo*, est obligée aujourd'hui de combattre contre *vous* et contre *Bastiat!*

Toute valeur se mesure donc au *temps de travail* nécessaire à la production d'un produit[1].

Mais avançons!

Faut-il comprendre sous ce temps de travail le *temps de travail individuel?*

Je travaille, et par conséquent, d'après le sujet de la proposition, d'après ce *je*, tout travail paraît être travail *individuel*. Quant à *l'objet* de la proposition, d'après l'objet produit par le mouvement du travail, d'après le *quantum du mouvement* (temps) *concentré dans le produit*, il le serait aussi, *si* je travaillais à des *objets d'utilité* réelle, à des objets pour mon usage personnel. Mais aujourd'hui et depuis longtemps ce n'est plus le cas. Je travaille beaucoup plus pour les besoins de *tous les autres, excepté* les miens ; je produis tant de millions d'épingles pendant un an ; je produis des *valeurs d'échange* pour les besoins des autres et tous les autres *je* en font de même ; ils produisent, dans toutes les *valeurs d'échange* qu'ils créent, des objets pour les besoins des autres, mais non pour les leurs.

Mais la *valeur d'échange* que je produis ne devient telle que quand elle *passe en valeur d'usage*, en objet d'utilité pour les autres.

Mes épingles ne se manifestent comme *valeur d'échange* que dans le cas inverse où elles devien-

---

1. Par suite de quoi une journée de travail *qualifié*, compliqué, se résout dans un plus grand quantum de travail *non qualifié, brut*, qui forme l'unité de leur mesure.

nent *valeur d'utilité pour tout le monde*, quand elles passent dans les mains délicates des dames, à l'usage desquelles elles étaient destinées dès d'abord.

Ce que j'ai exécuté dans *mon* travail, c'est le travail *réel* (c'est-à-dire produisant des objets d'utilité), *individuel de tous les individus*, c'est-à-dire le travail *commun, social*. Ce qui est réellement *cristallisé* dans le produit que j'ai fabriqué n'est pas *mon temps de travail individuel*, mais *le temps de travail commun, social*, et c'est lui qui forme l'unité de la mesure du *quantum* concentré dans le produit.

Mais *le temps de travail commun, social, a sa représentation autonome sous la forme argent.* L'argent, c'est le temps de *travail social converti en chose* (vergegenwärtigte), épuré de toute définition individuelle, d'un travail particulier (tel que le travail de la fabrication des épingles, des pièces de toile, etc.). Ce n'est que par le *salto mortale* de la marchandise en or que celle-ci se manifeste comme *représentation du temps de travail social.*

Vous voyez, monsieur Schulze, que vous auriez pu acquérir toutes ces connaissances, en partie par une lecture assidue des économistes anglais, en partie par votre propre réflexion. On ne peut exiger de personne des idées originales créatrices, mais ce qu'on doit sévèrement exiger de celui qui traite et enseigne une matière quelconque, c'est qu'il *connaisse* tout ce qui a été donné de grand et d'important dans cette matière.

Voyez-vous, monsieur Schulze ! ce que je viens de vous expliquer au sujet de l'argent, ainsi qu'au sujet de la signification sociale du temps de travail comme unité de mesure de la valeur,— tout ceci, dans son principe intellectuel, n'est qu'un extrait concis d'une œuvre de maître, importante au plus haut degré, à laquelle j'ai aussi emprunté ma terminologie; d'une œuvre qui a paru en 1859, c'est-à-dire cinq ans avant votre *Cathéchisme*, et que *vous auriez dû absolument connaître!* D'une œuvre que vous auriez dû connaître d'autant plus, qu'elle a paru chez votre ami Dunker, de l'œuvre excellente, et faisant époque, de *Karl Marx : Critique de l'économie politique*[1-2].

Mais en quoi cela *vous* regarde-t-il! Vous avez lu Karl Marx aussi peu que Rodbertus, Rodbertus aussi peu que Malthus et Ricardo, ceux-ci aussi peu que Smith, Smith aussi peu que James Stewart, Stewart aussi peu que Petty, Petty aussi peu que Boisguillebert et Sismondi; tout cela se voit dans votre écrit. Mais qu'importe! Vous n'en êtes pas moins le grand économiste, l'homme de la science, le précepteur des travailleurs. N'êtes-vous pas l'homme selon le cœur du *Journal du peuple* et du *Journal national*; que faut-il encore de plus?

Vous voyez maintenant, monsieur Schulze, comment s'annulent les prétendues difficultés qui s'opposent, en apparence, à la théorie de Ricardo : que le *travail* est l'unique mesure de la valeur et que toutes les valeurs ne sont que des *quantum de temps de travail*.

Je disais : si quelqu'un a employé à la fabrication d'un objet les frais normalement nécessaires à la production, qui se résolvent tous en *temps* de

---

1. Berlin, 1859. Édition de François Dunker. — Il est à regretter que de cette œuvre remarquable il n'ait paru d'abord que la première livraison, traitant la *Marchandise* et l'*Argent*.

2. Mais depuis lors, Marx a publié, en 1867, son livre intitulé *le Capital*, et qui est pour ainsi dire le complément et la continuation du précédent. (Note du trad.)

travail[1], et si demain, par une nouvelle invention qui rend cette production moins coûteuse, il est forcé d'abaisser son prix à la moitié du prix de coût — peut-on encore affirmer que le *travail* est la mesure de la valeur?

Mais certainement, monsieur Schulze : car vous voyez bien que *le travail individuel* de l'homme, fixé dans le produit, et qui devait alors nécessairement y être fixé, est resté le même, mais le temps de travail social concentré dans l'objet s'est *rétréci*, s'est *concentré encore plus*.

Quand, par suite d'un changement de goûts ou d'une surproduction d'un article, les produits doivent être vendus bien au-dessous du prix de leur coût, ou deviennent tout à fait invendables, vous voyez que tout cela s'accorde parfaitement avec la théorie du temps de travail; car ces marchandises ne peuvent plus faire le *salto mortale*, ne peuvent plus être converties en argent, parce que avec ce changement dans les goûts elles ne représentent plus le *temps de travail social;* elles ne sont plus des *valeurs d'échange*, parce qu'elles ne sont plus des *valeurs d'usage*. Et il en est de même pour la surproduction relativement à la *quantité* superflue des objets. Si par exemple la société humaine a besoin d'un million d'aunes de soie, et que les entrepreneurs en produisent *cinq millions*, ils auront dépensé beaucoup de temps de travail *individuel*, mais le temps de *travail social* fixé dans ces marchandises de soie n'est pas augmenté, puisque le *besoin réel de tous les individus relativement aux produits de soie* n'a pas augmenté. Il n'y a à présent dans cès 5 millions d'aunes de soie que le *même quantum de temps de travail social* fixé

—

1. Mais pas en *salaires* de travail, monsieur Schulze.

avant dans *un million*, d'où il résulte que ces 5 millions d'aunes de travail particulier, ne pouvant s'incarner en *travail social*, en *argent*, ne l'emportent pas sur le million d'aunes précédent.

Le *même quantum de temps de travail social*, au lieu d'un million, s'étend maintenant sur 5 millions; en raison de quoi les 5 millions de soie auraient dû acheter au moins autant d'argent qu'en achetait auparavant un million, et l'aune de soie n'aurait dû baisser qu'au-dessous du 1/5ᵉ de son prix antérieur, tandis que généralement par la surproduction (ce qui se manifeste de la manière la plus frappante avec les grains, comme nous l'avons vu plus haut) le prix total de tout le quantum mis au jour par la surproduction n'atteint pas, à beaucoup près, le prix total antérieur du quantum nécessaire, et par conséquent, dans le cas supposé, l'aune de soie, au lieu de ne valoir que le 1/5ᵉ, ne vaudrait que le 1/8ᵉ ou le 1/10ᵉ de son prix antérieur.

Mais, si cette déviation ne devait être expliquée que dans le chapitre sur la *Concurrence libre* et le *Prix du marché*, il est facile d'établir brièvement et d'une manière suffisante la base sur laquelle elle repose nécessairement. Quand il y a danger que sur 5 millions d'aunes de soie 4 millions restent comme fonds de boutique, la concurrence fait nécessairement que les vendeurs, au lieu de se tenir au 1/5ᵉ du prix représentant le travail social incarné dans leur soie, diminuent les prix à l'envi et le vendent seulement le 1/8ᵉ ou le 1/10ᵉ et encore plus bas, pour ne pas voir leur soie invendue faire partie des rebuts qu'entasse le procès de production bourgeoise.

Si vous m'écoutez un peu attentivement, monsieur Schulze, vous commencez à voir, dès à présent, très clairement comment se passent les «affaires» bourgeoises. Le *temps de travail social* ou la *valeur d'échange* est l'antique et impassible destinée du monde bourgeois.Quand il s'agit de savoir combien il pourra vendre son travail *individuel*, ou celui d'autrui qu'il a acquis, *au-dessous* ou *au-dessus* de sa valeur, c'est-à-dire du temps de travail *social*, c'est alors que commencent les joies et les souffrances du *Werther bourgeois!* Dans cette oscillation entre le *trop* et le *trop peu*, entre *le préjudice de l'acheteur et celui du vendeur*, se trouve toute l'intrigue du drame bourgeois, là se trouve en résumé la loi du *prix du marché*. La mesure de la valeur, cette *conscience* du monde bourgeois, le travail social abstrait, ne parvient à sa réalité que par un préjudice continuel, par le *trop* ou le *trop peu*, par la tromperie active ou passive du *prix du marché* et le pressentiment vague, instinctif, détermine dans la conception sociale du monde antique, l'antique idée du *mercator*.

Enfin, dès ce moment, je peux vous expliquer ici, monsieur Schulze, quelle énorme erreur vous commettez en disant que le *capital* proprement dit ne consiste jamais dans une somme d'argent (p. 2), mais toujours dans des produits réels. Vous êtes si fier de cette phrase que vous la répétez trois ou quatre fois, même hors de propos, probablement pour montrer que vous avez lu non seulement Bastiat, mais aussi quelque chose de l'*Abrégé* de Say! Est-il possible, monsieur Schulze, que vous, dont le capital. est le *dieu*, méconnaissiez à ce point votre dieu, quand il apparaît dans sa forme corporelle?

Comment! vous écriez-vous, vous niez donc ce grand dicton de J.-B. Say, « *que les produits ne s'échangent que contre les produits*, que l'argent n'est pas l'*intermédiaire* entre eux et que tout *ca-*

pital ne consiste que dans les produits réels d'un pays » !

Ce *grand* dicton de Say, malgré sa *vérité* relative, me rappelle toujours une énigme qu'on m'a proposée un jour dans un jeu au gage touché.

L'énigme disait : « Quelle est la différence entre Napoléon Ier et la sage-femme Müllern ? »

Malgré tous mes efforts, je ne pouvais deviner l'énigme et dus me rendre prisonnier, après quoi on m'en communiqua la solution : « Napoléon Ier avait été un homme et la sage-femme Müllern était une femme ! »

Alors je compris parfaitement la vérité de cette solution.

En effet, quand on est assez insipide pour laisser échapper dans la figure de Napoléon et de la sage-femme Müllern *toutes les précisions concrètes*, on arrive à l'égalité abstraite, qu'ils étaient des êtres humains tous les deux, et une fois en possession de cette égalité abstraite, il devient clair qu'ils ne se distinguaient que par le sexe.

Il en est exactement de même de la vérité de cette proposition de Say, que les produits ne s'échangent que contre les produits, que le capital d'un pays ne consiste que dans ses produits et que l'argent n'est pas le capital ; c'est une *vérité* qui consiste dans l'abstraction de *toutes les précisions concrètes réelles* du procédé économique.

En réalité, les produits ne s'échangent jamais contre les produits, mais toujours contre l'argent. Tant que ces produits n'ont pas effectué leur *salto mortale* en argent, pour qui sont-ils *capital ?* pour leurs propriétaires dans les magasins desquels ils se trouvent ?

Qu'on interroge les commerçants de tout genre, depuis les grands fabricants de coton et de soie jusqu'au petit relieur qui vend des portefeuilles, des porte-monnaie et du papier, s'ils peuvent payer leurs *lettres de change* avec leurs *produits*, quand même ils s'en rapporteraient à J.-B. Say et affirmeraient que ce sont des *capitaux*. Qu'on voie au moyen de quels sacrifices le petit commerçant, quand le jour de l'échéance de ses lettres de change approche, doit souvent se procurer le *capital* nécessaire chez l'usurier ou de toute autre manière, quoique les magasins et les boutiques regorgent des capitaux de Say, c'est-à-dire de produits immobilisés.

Pour leurs *vendeurs*, les produits ne sont donc pas des capitaux. Pour qui le sont-ils? Ils peuvent, entre les mains d'un troisième, être employés à une production ultérieure et devenir capital. Mais pour servir de capital ils doivent être *achetés* auparavant, passer par la *forme d'argent*, être préalablement *convertis en argent*. Ils ont la *possibilité* de devenir capital. Mais la possibilité est-elle une réalité? Une simple capacité est-elle une réalisation et un fait accompli?

La *précision* concrète des produits simples (le *capital fixe*, comme, par exemple, une machine à vapeur, n'est plus un produit simple, mais appartient à une catégorie supérieure, plus déterminée, dont nous n'avons pas à parler ici), la *précision concrète* des produits simples, disons-nous, consiste chez eux dans l'*interruption du caractère de capital* et parfois dans son *annulation* temporaire.

La pulsation du capital, qui passe par le procédé bourgeois de production, est intermittente, et dans ces intervalles le capital s'appelle *produit*. Si cette pulsation entre de nouveau en mouvement, le *produit* est *annulé* et consommé par la production ultérieure!

En .d'autres termes, ce qu'il faut comprendre ici, et ce qui n'a jamais été compris par les économistes bourgeois, c'est la simple antithèse dialectique de *production* et de *produit*. La *production* est un *courant* dont la *force motrice* forme le capital. Le produit est la *concentration* (la coagulation) de ce courant qui, dans le produit, devient stationnaire. S'il faut que le produit devienne de nouveau *capital*, on ne peut le faire qu'en l'arrachant à cette *coagulation* et en le jetant de nouveau dans le *courant de la production*, ce qui veut .dire qu'il sera annulé comme *produit* (soit en devenant moyen d'existence, soit en devenant base de matière première pour des travaux ultérieurs). C'est précisément dans le produit que le capital est *destiné* à être *non-capital*, c'est-à-dire capital, annulé ! C'est surtout depuis 1848 que le monde bourgeois a fait tous ses efforts pour *rompre dans son propre milieu* cette contradiction, puisque l'illusion de Say ne lui était d'aucune utilité en pratique.

Comment faire pour que le produit soit *réellement* ce qu'il est *en lui-même : le capital?* Telle serait la formule philosophique de ce problème.

Comment hypothéquer les marchandises? Telle est sa version .bourgeoise.

Mais ce n'est que dans un très petit nombre d'articles de *commerce en gros* (v. les docks anglais; l'histoire des docks français est connue) que cette brèche a réussi en partie. Par exemple, chez nous l'huile, en plusieurs endroits, est hypothéquée par les .banques. Toutes les fois qu'on a voulu annuler cette contradiction de la production bourgeoise d'une manière générale, ces efforts ont échoué [1]

1. La *Banque du peuple* de Proudhon était aussi un projet semblable. Tous ceux qui connaissent le petit bourgeois Prou-

et les *sociétés de crédit pour les marchandises*[1]
en savent quelque chose. Précisément la réussite
partielle avec les *articles de commerce en gros* n'a
pu servir qu'à *accroître encore plus les avantages
et la force du grand capital* et à produire une pression d'autant plus forte sur la classe moyenne.

La pulsation du capital, disions-nous, qui traverse le procédé bourgeois de production, est *intermittente* et s'appelle *produit* dans ses intervalles.
Il n'y a qu'un seul produit, où cette pulsation n'est *jamais* intermittente, mais où elle
conserve constamment la vive chaleur du sang,
*un produit qui est toujours en même temps
capital* et ce *capital-produit*, c'est l'*Argent!*
C'est pourquoi l'argent n'est pas, seulement,
« aussi » capital, comme tout autre produit, mais
il est surtout *capital par excellence : C'est Dieu
le Père en personne!*

Sa qualité de capital est *constamment fluide* en
lui, elle peut toujours être répandue à volonté, en
fécondant n'importe quelle matière, et n'importe en
quel lieu. C'est pourquoi l'*argent*, comme *capital
par excellence*, est encore capital dans un sens
plus élevé que le capital *fixe*.

Une machine à filer le coton est certainement un
capital et même dans un sens supérieur et plus
qualifié que le simple produit.

dhon ne peuvent pas s'étonner que son aide de camp. M. Da-
rimon, dans la séance du Corps législatif, se soit déclaré ouvertement pour la théorie de Schulze-Bastiat, malgré le combat
antérieur entre Proudhon et Bastiat. Ils furent toujours homo-
gènes, et ce n'est que par un malentendu qu'ils combattaient.
Mais ce fait est un symptôme intéressant de l'importance *européenne* de la maladie « progressiste ».

1. Le sort de la *Société berlinoise de crédit pour les marchandises* est connu!

Mais quand la crise de coton éclata dans le Lancashire, ces machines durent chômer; elles devinrent donc, pour un certain temps, *capital dégradé*, ce qui ne *peut pas* avoir lieu avec l'argent. Même des fabricants qui avaient encore du coton en réserve, laissèrent chômer leurs machines, et malgré J.-B. Say et malgré les reproches furieux du *Times*, ils se tournèrent avec leur coton et leur argent vers le commerce; ils devinrent marchands, ils spéculèrent sur la hausse des prix du coton comme matière première et prouvèrent, par là, que sans se soucier de toutes les interprétations théoriques, ils comprenaient très bien leurs avantages pratiques.

Ainsi ce n'est *que l'argent* qui (malgré le ricanement de l'économie libérale sur le système mercantile) est l'être *partout présent, le tout-puissant* et le *souverainement sage*, bref pour ne pas énumérer séparément tous les attributs de Dieu : *le capital absolu!*

Et, n'êtes-vous pas contrit, Monsieur Schulze, vous, adorateur du capital, d'avoir pu méconnaître votre dieu, là où il vous est apparu sous sa forme la plus propre, dans son éclat doré et flamboyant, comme jadis il apparut à Moïse dans le buisson ardent?

d) LA CONCURRENCE

« Outre la possibilité de se fabriquer soi-même un objet, dites-vous, au commencement de cette subdivision (p. 67) et de se rendre un service à *soi-même*, si quelqu'un nous demande de cette chose plus qu'elle ne nous paraît valoir, nous pouvons, comme nous l'avons déjà montré, obtenir d'*un tiers* cette même *chose*, ce qui est un préservatif contre l'enchérissement. »

Vraiment! Aujourd'hui,, outre la possibilité de faire nous-*mêmes* les choses nécessaires, nous avons encore la faculté de l'obtenir d'un tiers! C'est à gagner des convulsions, quand on écoute votre description de l'état de production! Cela surpasse encore l'échange des produits superflus, dont le producteur ne fait pas usage lui-même! (V. plus haut p. 81 et suiv.)

Ensuite, après avoir parlé de la scie du bûcheron, de la lime du serrurier et du chaudron de la lavandière dans un style si réfléchi, (le temps nous manque pour en faire une analyse plus détaillée) au point qu'aucune lavandière ne peut vous égaler, vous concluez par l'explication suivante de la concurrence libre :

« Ainsi, nous obtenons dans la *concurrence* un régulateur principal de la valeur. Déjà avant, nous avons reconnu la liberté comme l'élément du travail et de l'échange, comme l'autorisation de tous à tout entreprendre et à se vouer à toutes les occupations possibles, dans lesquelles ils espèrent trouver leur compte, et l'autorisation ultérieure de l'échange de tous avec tous, — c'est justement ce qu'on appelle la *concurrence libre.* »

Après avoir encore défini la concurrence libre comme un *échange* et l'avoir détaillée en une page, et après avoir couvert deux pages de quelques phrases banales contre le *monopole*, vous concluez dans un style pastoral, par l'onctueuse glorification de votre *science* et de votre *instruction*.

C'est tout ce que vous savez dire sur la concurrence libre. Au lieu de déduire de cette concurrence, qui est la clef de toutes les conditions économiques présentes, les lois du prix du marché,

du prix de revient, des salaires de travail, du profit
d'entreprise, de la rente foncière, enfin toute la physionomie *matérielle* et *intellectuelle* de notre situation économique, ce que nous ferons d'une manière
positive, autant que cela nous sera possible, dans
le chapître suivant, au lieu de tout cela vous défi-
nissez la *concurrence libre* comme un *échange;*
comme un *échange* qu'on pratiquait déjà du temps
des Phéniciens ! C'est tout ce que vous savez en dire.

Je vous ai prouvé maintenant que tout votre
livre ne contient que ce mot ! Le travail est un
échange, le capital est un échange, le crédit est un
échange, la valeur est un échange et la concurrence
libre est aussi un échange !

Bastiat dit en commençant le chapitre *Echange*
(Harm. écon., p. 93). « *L'échange, c'est l'économie
politique* ». Et vous avez pris *à la lettre* cette pointe
d'esprit français qui doit passer pour spirituelle, et
vous croyez que quiconque a bravement appris par
cœur le mot *échange*, est un économiste accompli.

Si je m'achète un sansonnet et si je parviens à
lui apprendre à crier le mot : *échange, échange,
échange,* j'aurai exactement tout le contenu de
votre livre.

Ce mot renferme toute votre pitoyable science !

CHAPITRE QUATRIÈME

Il nous reste à développer le plus brièvement
possible l'idée *objective* du capital.

Nous pourrons le faire d'autant plus brièvement
que partout, dans nos développements positifs, nous
avons déjà établi les bases de cette idée et que nous
l'avons élucidée dans un exposé concret. (Voir
page 131 et suiv.)

Si nous disions : Le *capital* est une *catégorie
historique*, tout serait dit le plus brièvement possible, mais bien peu des lecteurs nous compren-
draient.

Il faut donc que nous procédions plus graduellement.

Examinez, monsieur Schulze, les définitions du
capital que nous avons vues jusqu'à présent; je ne
parle pas de votre définition favorite, que *le capital est la partie épargnée du revenu*, que vous
donnez d'après Bastiat; cette définition est trop
absurde, et elle a été suffisamment réfutée.

Mais examinez cette autre définition que vous donnez également et qui se condense dans ces paroles : *le capital, c'est les instruments de travail*, ou cette autre généralement donnée par les économistes : *le capital, c'est du travail accumulé*. Ou bien encore celle que je vous donnai plus haut (page 96) : le capital c'est l'ensemble des produits employés à une production ultérieure.

Jetez de nouveau un coup d'œil sur l'Indien qui, dans les forêts vierges de l'Amérique, son arc en mains, chasse pour gagner sa vie.

Cet homme est-il un capitaliste ? Cet arc est-il un capital ?

Vous voyez que les trois définitions sont exactes. L'arc est en effet *un instrument de travail*. Il est aussi du *travail accumulé et un produit employé à une production ultérieure*.

Et pourtant, monsieur Schulze, ce sera contraire à votre propre conviction d'appeler cet Indien un *capitaliste*.

Ainsi vous voyez que toutes ces définitions doivent être encore *fausses*, puisqu'elles ne renferment pas en elles le *juste* et *le distinctif*.

Mais peut-être — car qu'y a-t-il d'impossible pour vous ? — peut-être faites-vous violence à votre sentiment et vous dites : Oui, *l'arc* est un *capital* et l'Indien est un petit *capitaliste*.

Mais il serait très facile de vous démontrer que cet *arc* n'est pas un *capital* et que l'Indien n'est pas un *capitaliste*.

Pour mieux comprendre cela, transportez-vous pour un moment avec un arc semblable dans ces mêmes forêts. L'arc vous mettrait à même de pouvoir tirer le gibier ; il vous aiderait — et c'est pourquoi il s'appelle *instrument de travail* — dans votre *propre* travail, dirigé immédiatement vers l'acquisition de vos moyens d'existence; mais si, comme il est à craindre, vous vous lassez à la fin de parcourir les forêts en concurrence avec les bêtes féroces, vous ne trouverez *aucun moyen* de donner à cet arc la faculté *d'acquisition* et comme le caractère absolu du capital est la faculté *d'acquisition*, vous voyez bien que cet arc est un *instrument de travail*, mais qu'il *n'est pas un capital*.

J'admets le cas où vous voudriez *échanger* l'arc contre une autre valeur, parce que le travail accumulé en lui ne peut pas se capitaliser à cause de sa forme, et que, dans ce but, vous le proposiez à l'Indien mentionné.

Il est tout à fait possible que l'indien consentirait à votre proposition, si l'arc lui convenait. Il vous donnerait alors en échange un gibier abattu ou une pelleterie, ou, peut-être même dans une contrée aurifère, un gros monceau d'or.

Mais vous n'avez aucune possibilité d'employer tous ces objets à une acquisition postérieure. Pour rendre ces valeurs *productives*, pour leur faire rapporter des rentes, vous devriez vous rendre dans d'autres pays, dans des conditions européennes. Mais dans *les conditions historiques définies* où je vous ai transporté, cela ne vous aurait pas été possible.

Même en possession de cette nouvelle valeur échangée contre l'arc, du gibier, de la pelleterie, un morceau d'or, vous vous trouveriez dans une position plus désavantageuse qu'auparavant ; l'arc pouvait vous seconder au moins dans vos efforts pour gagner votre vie par la chasse.

Retenez donc bien, monsieur Schulze, le distinctif et le caractéristique que nous avons appris à connaître de cette observation : il y a des conditions historiques dans lesquelles il y a des *instruments de tra-*

vail, dans lesquelles on peut même *échanger*, mais dans lesquelles néanmoins, il n'y a pas encore de *capital*.

En suite de nos expositions précédentes (page 130 et suiv.) vous vous dites peut-être ici : quoiqu'il y ait des *instruments de travail*, il n'y a pas encore de *capital*, parce qu'il n'y a pas de *division de travail;* c'est pourquoi, ce n'est que *l'instrument de travail* dans la *main du travailleur*, on en d'autres termes, ce n'est que le *travail lui-même* qui est *productif*.

Il en découle la proposition suivante : la *productivité autonome de capital*, sa productivité dans la *séparation du travail* n'est possible que sous un système de *division du travail* dont il est le résultat.

Jetez un coup d'œil sur les États civilisés de l'antiquité. Il y règne une certaine *division de travail* quoique nulle en comparaison de celle d'aujourd'hui, et une grande richesse. Mais vous voyez l'antique propriétaire posséder les *biens-fonds*, les *esclaves* et tous les instruments et les produits de travail.

Cet homme est-il un *capitaliste ?* Non, monsieur Schulze. Quand vous contemplez un ancien schah de Perse, auquel appartiennent non seulement tout le pays qu'il gouverne, mais aussi toutes les richesses et tous les hommes qui s'y trouvent, direzvous : cet homme était un *grand capitaliste?* Certainement non! Car vous sentirez qu'il a été *plus que* cela.

Il en est de même de l'ancien propriétaire. Celui à qui appartenait de droit non seulement *l'instrument de travail*, mais le travailleur lui-même, ne peut pas être appelé un *capitaliste;* car sa part dans le produit de la production sociale est basée, non sur sa possession des instruments de travail, mais du *travailleur lui-même*. L'esclave dont il se sert pour exécuter le travail n'est pour lui qu'un autre levier et le levier un autre esclave.

De ce manque de *démarcation* et de *distinction* il résulte qu'il y avait des maîtres (Herren) mais non des *capitalistes*, des *valeurs* et des *richesses*, mais non des *capitaux*.

Vous pouvez l'observer plus loin en détail, si vous examinez activement les traits caractéristiques de l'économie antique. L'ancien propriétaire des biens-fonds et d'esclaves fait produire avant tout, et par excellence les *valeurs d'usage nécessaires dans sa propre maison*. Il ne vend que les produits excédants et ce n'est que par exception et dans la classe inférieure[1] des citoyens qu'on voit faire travailler les esclaves pour vendre leurs produits.

Car cette production d'autrui est, elle-même, le résultat naturel de l'excédant de la *propre production de cet autre producteur*, c'est pourquoi elle n'a pas encore besoin du *système de crédit* moderne, qui ne peut se former que dans une société produisant exclusivement des *valeurs d'échange*.

Alors même que les occasions pour des placements de ce genre commencent déjà à se présenter, la *manière de voir, les mœurs et les coutumes du peuple* s'y opposent; à leur tour elles ne sont que la conséquence de l'état économique que nous venons de décrire, état qui a dominé pendant si long-

---

1. Ainsi Plutarque nous raconte que le rhéteur Isocrate fut tourné en ridicule par les acteurs comiques d'Aristophane et de Stratos, parce que son père Théodore faisait fabriquer des flûtes par ses esclaves. (Plut., *vita decem orat*, t. IV, p. 357, éd. Wytt): — ὅθεν εἰς τοὺς αὐλοὺς κεκφωμῴδηται ὑπὸ Ἀριστοφα.ους καὶ Στράτιδος, ou, comme le dit Lessing, les acteurs comiques lui donnent à entendre les flûtes de son père.

temps et qui prédomine encore à l'époque dont nous parlons.

Vous concevez bien maintenant pourquoi *l'intérêt du capital* a eu tant de *difficultés* à se frayer une voie dans les conceptions des anciens peuples, pourquoi il était considéré dans le sens antique comme *honteux, inconvenant* et *indigne* d'un homme libre (inhonestum).

Quand Aristote, Cicéron, Sénèque, les Pères de l'Église et le droit canonique considèrent l'intérêt du capital comme déshonorant et synonyme de *l'usure*, quand au temps de la République romaine l'intérêt était interdit par la loi, quand Caton fait l'éloge du statut des ancêtres qui portait la punition du voleur au double et celle du receveur d'intérêts au quadruple [1], quand l'Église catholique refusait aux receveurs d'intérêts la communion, le droit de tester et la sépulture, et quand, au contraire, Jérémie Bentham et avec lui toute l'économie libérale ne voient dans *l'usure* que le droit naturel le plus sacré, le plus inaliénable de l'homme, ces deux antithèses s'expliquent de la manière la plus simple.

Le juriste, disent les juristes romains, ne prend en considération que *id quod plerumque fit*, ce qui arrive le plus souvent. Ceci peut s'appliquer encore plus à ces conceptions morales des peuples, qui résultent de leurs conditions économiques, qu'ils ne soient que dans « ce qui arrive le plus souvent ».

Dans l'antiquité, comme chez nous, on empruntait aussi. Mais comme alors, pendant longtemps, le motif et l'occasion de placer son *prêt d'argent* dans une *production d'autrui* manquaient complè-

---

1. *Cato, de re rust. praef.: majores ita in legibus posue-runt, furem dupli condemnari, feneratorem quadrupli.*

tement, cette production d'autrui étant fondée généralement sur un simple excédant, et cet excédant étant formé par le procès naturel, les emprunts d'argent se firent pendant longtemps presque exclusivement dans des buts de *consommation*.

C'étaient donc les *besoins* et les *embarras* personnels qui faisaient faire ces emprunts, lors même qu'il s'agirait, par exemple, des embarras d'un édile romain, qui veut faire tapisser de pourpre, et à ses frais, tous les gradins du cirque pour les spectacles publics qu'il va donner au peuple et qui n'a pas toute la somme nécessaire dans sa caisse.

Un prêt fait dans le simple *but de consommation* ne rendra nullement l'emprunteur *plus riche* qu'il n'était; vouloir exploiter à son profit le *besoin* et *l'embarras* personnel d'un homme est déshonorant en tout cas; l'antiquité et l'Église l'ont justement senti.

Il est vrai que dans les temps modernes on fait aussi des emprunts dans des buts de consommation. Mais les *prêts productifs*, les prêts faits par les emprunteurs dans le but de placement *des entreprises productives*, prédominent de beaucoup. Ce genre de prêt provient aussi d'un *embarras*, mais de l'embarras *unique de s'enrichir* et le prêteur en conséquence se décide à partager cet embarras avec l'emprunteur à l'amiable. En d'autres termes : le prêt destiné à la production est, économiquement parlant la *part au produit de l'entreprise*[1], et l'op-

1. Une coutume qui tire son origine de l'interdiction mosaïque de l'intérêt en usage chez les juifs orthodoxes russes et dont parle Bonaventure Mayer (*les Juifs de notre temps* 1842, p. 13), fait ressortir d'une manière très originale ce caractère intrinsèque du prêt. Le créancier, en faisant le prêt, stipule sur la moitié du gain et les parties contractantes la fixent provisoirement à une somme plus ou moins présumable.

position entre la conception antique et la conception bourgeoisie de l'intérêt; chacune des deux est définie par le caractère économique du prêt, dominant à son époque, et trouve ainsi après un véritable examen historique sa solution naturelle.

Ainsi quand l'occasion pour un placement productif d'argent commence à se présenter de plus en plus sous la forme *du prêt*, il trouve un puissant obstacle dans l'interdiction religieuse et dans la conception morale du peuple qui combattent dans la pratique ses progrès. Le placement de fonds dans la *production d'autrui* — l'ancien propriétaire étant, comme je l'ai dit, un *maître* et non un *capitaliste* — ne forme qu'une partie relativement très insignifiante des anciens placements de fonds. « *Beaucoup de biens-fonds et un peu de rentes* » voilà ce qui constitue beaucoup plus tard, au temps de Pline, la fortune d'un sénateur romain[1]. Même pour un homme d'une richesse proverbiale comme *Crassus* (sa fortune estimée par les anciens à 7100 talents, — le talent d'alors valant à peu près 1400 thalers; constitue la somme de 9 940 000 thalers[2]). Plutarque dit en faisant l'inventaire de ses biens, de ses mines d'argent, de ses terres et de la quantité d'esclaves qui les cultivaient, de ses maisons, etc. » Tout cela n'est rien encore en comparaison de la valeur *de ses esclaves domestiques*; il en possédait un très grand nombre et d'excellents, parmi lesquels il avait des lecteurs, des scribes,

---

Si le débiteur déclare plus tard que l'entreprise n'a pas rapporté ce gain, il n'est pas obligé de payer la somme convenue; mais il perd à l'avenir tout crédit.

1. Plin. Epp. III, 19. Sum quidem *prope totus* in praediis; *aliquid tamen* foenere.

2. Le thaler vaut 3 fr. 75. (Le trad.)

des contrôleurs d'argent, des inspecteurs, des officiers de table, etc[1].

Presque tous ces esclaves étaient des *moyens de jouissance*. C'est dans de pareils *moyens de jouissance* et non en *capitaux* que se résout l'ancienne économie qui dans sa forme industrielle est la *domination absolue* (Herrschaft) et non *l'économie capitaliste*. Il y a dans le monde antique des instruments de travail, des moyens de jouissance, des valeurs et des richesses, mais point de *capitaux* encore. Déterminée par cette forme dominante des conditions générales, la productivité du capital n'est pas encore donnée quand même, par exemple, le père de Sophocle fait exercer la fourbisserie par ses esclaves. Par cette fabrication qui s'écoule dans le commerce, *l'antique économie* perd seulement son caractère d'économie naturelle; *d'un côté* cette production garde le caractère de la *domination* (Herrschaft), d'un *autre côté*, cette fabrication ne s'écoule que dans le *commerce* qui, comme nous l'avons dit, est déjà assez développé; ces esclaves produisent maintenant tous les objets de consommation nécessaires à leurs maîtres sous la forme de *glaives*, échangés contre ces objets de consommation; mais tous ces glaives ne se résolvent encore qu'en *moyens de jouissance*, ou en *argent* comme *moyen d'achat* de tous les autres *moyens de jouissance, dont* ils sont les représentants. Mais ces glaives ne se manifestent pas encore sous la forme acquérante du capital, sous la forme de productivité libre et autonome, et de la faculté d'accumuler intérêts sur intérêts. Cette production dirigée vers

---

1. Plutarque, *vit. Crass*, III, c. 2, p. 250, ed. London : ὅμως ἄν τις ἡγήσαιτο μηδὲν εἶναι ταῦτα πάντα πρὸς φτὴν τῶν οἰκετῶν τιμήν, κτλ. »

l'échange des valeurs, c'est le premier pas fait. Mais ce premier pas est empêché dans ses conséquences par toute la connexion générale du monde antique. Les richesses et l'or de l'ancien monde sont le *capital-embryon* d'où naîtra plus tard le capital. En attendant, le développement de ces richesses n'a pas encore eu lieu, elles n'ont pas encore pris la forme *spécifique* et *particulière* du capital.

Jetez les yeux sur une autre époque de civilisation : observez le propriétaire du moyen âge, le seigneur dans ses châteaux-forts et dans ses métairies, au milieu de ses serfs, de ses colons, des villes et des villages, ses tributaires à différents degrés. Cet homme était-il un *capitaliste*?

Il ne faut pas avoir l'idée grossière, très répandue, M. Schulze, qu'on ne vivait alors que des produits de l'agriculture! La production était assez développée, le luxe considérable, les moyens de jouissance nombreux, variés et raffinés. Lisez, par exemple, la description que nous donne le minnesaenger, le chevalier Ulric de Lichtenstein (au treizième siècle) de la réception que lui fit sa femme dans sa chambre (kemenate) « La vierge, — dit-il dans son poème [1], — était assise sur un lit et me reçut pudiquement; elle me souhaita la bienvenue. La gracieuse beauté portait une petite *chemise* et par dessus une *sukenia* d'écarlate [2] *doublée d'hermine*, son manteau était vert, et par dessous elle avait un beau tablier (Chürsen). Auprès d'elle se

____

1. Ulric de Lichtenstein, Frauendienst, p. 160.
2. Sukenia, soscania, le pardessus des femmes ordinairement très riche, tissé d'or et de soie, comp. Ducange, Gloss. s. v. soscania. En russe komnata, chambre, et en polonais suknia, robe, se sont encore conservés de nos jours.

trouvaient *huit femmes,* mises aussi *très-bien*; sur le lit était un *matelas* de *velours,* recouvert de deux *garnitures de soie,* par dessus une magnifique *couverture,* un délicieux *traversin* et deux ravissants *coussins*; l'échafaudage du lit disparaissait complètement sous les riches tapis qui en formaient le ciel; au pied du lit brillaient *deux lumières* sur deux *candélabrés gigantesques* et aux murs scintillaient au moins une *centaine de chandelles.*

Lisez aussi la description que fait notre chevalier quand il parcourt les pays travesti en dame Vénus : « Je passai ici l'hiver, et me fis tailler des habits de femme; on me fit *douze robes!* et *trente manches de femme* avec des petites *chemisettes*; j'y acquis quelques *tresses* que j'entourai de *perles,* qu'on vendait là *en quantité surprenante*; on me tailla aussi *trois manteaux* de *velours blanc*; les selles des chevaux étaient *blanches comme l'argent*; (l'ouvrier y avait mis *beaucoup de peine* et de *travail*); les caparaçons en *drap blanc* étaient *longs* et *superbes,* et les brides *magnifiques.* On tailla aussi de *beaux habits de drap blanc* pour *douze écuyers*; on me fit *cent lances blanches comme l'argent*; tout ce que ma suite portait était blanc comme la neige; mon casque était blanc, et blanc mon bouclier; je fis couper de *cinq pièces de velours blanc, trois couvertures* devant servir *d'habillement d'armes* de mon coursier, ma cotte d'armes à moi, devait être un petit *jupon bien plissé* et faite d'un fin drap blanc [1].

Vous voyez, M. Schulze, qu'on ne se refusait rien alors. Et pourtant le propriétaire de toutes ces belles choses, le seigneur du moyen âge, était-il un *capitaliste?*

1. Frauendienst, p. 84.

Point du tout! Et j'espère, si toutefois vous avez la patience de me lire, pouvoir vous le prouver peu à peu, tout aussi clairement, que je vous l'ai prouvé au sujet de l'antiquité.

L'esclavage est aboli et la *servitude* qui l'a remplacé se modifie elle-même dans le courant du moyen âge, en un système de servage personnel à des degrés divers, et forme une mosaïque d'obligations diverses. C'est ce qui donne précisément au moyen âge son type caractéristique.

J'ai déjà expliqué ailleurs que c'est la *particularité* qui caractérise le moyen âge sous le rapport historico-philosophique. Ce n'est plus *l'homme* dans son ensemble, mais sa *volonté* et les *actes particuliers* de sa volonté qui sont considérés comme propriété privée [1]. Dans le domaine économique cela donne le système des services particuliers, un système de rapports de droits d'un individu particulier à un autre individu particulier, qui se résolvent en toutes sortes *d'actes particuliers* et de *produits particuliers* (Valeur *d'usage*, à distinguer de la valeur d'échange générale : l'argent). Tel est le système des services et des prestations qui détermine principalement l'économie et la production du moyen-âge.

Examinez de plus près, quoique rapidement, la manière d'être du propriétaire féodal du moyen-âge.

Abstraction faite des serfs de la glèbe, le labour des champs du seigneur se fait par des corvées de chevaux et des corvées manuelles plus ou moins précises, par des colons libres et non libres, le tout à des degrés divers; car les Mansi (colons)

---

1. Voir mon *Système des droits acquis.* Leipzig, Brockhaus, 1861. T. I, p. 260-264.

libres son. aussi sujets à ces corvées, comme les non libres; ces derniers trois jours dans la semaine tandis que les premiers ne donnent, en général, que cinq à six semaines par an [1].

Mais, abstraction faite de la culture des terres, il n'existe aucun genre de services que sous le système féodal, les colons (Mansi) libres et les serfs, les bourgs corvéables à différent degrés, et les bourgeois des petites villes, ne soient obligés de rendre au seigneur.

Figurez-vous un jour de paiement de redevances, où le noble seigneur féodal perçoit les revenus qui lui incombent. Quelle abondance de seigle, d'orge, de poules, de jambons, de bœufs, de porcs, d'œufs, de beurre, d'huile, de fruits, de cire, de bougies, de miel ! On voit même des *gâteaux*, des *bouquets de fleurs* et des *chapeaux de rose* [2]. Les tailleurs, les cordonniers de la ville qui se trouvent sous sa suzeraineté — rappelez-vous le principe : *nulle terre sans seigneur* — lui apportent les habits et les souliers qu'ils ont fait pour lui et ses gens, pendant les semaines de corvées [3]. De même les gantiers, les faiseurs de gobelets, les fendeurs de bois et les charpentiers doivent travailler pour lui, sans salaire (sine mercede); les maréchaux ferrants et les serruriers doivent lui fournir des chaînes et des flèches, et en outre une certaine quantité de

1. Voir, par exemple, Pertz, Monum. hist. Germ. III (Leg. tom I), p. 177 : Respiciunt ad eandem curtem mansi ingenuiles vestiti 23. Ex his sunt 6 quorum unusquisque.... operatur annis singulis ebdomades 5, arat iurnales 3, etc , etc.

2. V. par exemple : Monteil, Histoire du quatorzième siècle, chap. la Table de Pierre. T. I, p. 84.

3. Voir le compte rendu par le bailli d'Aval, en 1347, chez Monteil, p. 85.

fers de chevaux et des clous [1]. Dans les temps les plus reculés du moyen-âge, s'il y avait dans les terres seigneuriales des artisans et des artistes de tout genre (mecanici et artifices), des bouchers (carnificer), des corroyeurs (cerdones), des tonneliers (doliatores), des pelletiers (pellifices et pelliparii), des charrons (curifices et carpentarii[2]), des merciers (insistores), des architectes (æditui), des tailleurs de pierres et des maçons (cæmentarii et lacipidæ), des peintres (pictores) et même des marchands (negotiatores), des orfèvres (aurifices) et des graveurs en bois (lignorum cæsares[3]), tous étaient obligés de travailler pour lui; en général le seigneur féodal avait droit à un ouvrier de tous les métiers établis dans sa propriété foncière, — « *de tout métier un artisan* » — et lorsque à une époque plus avancée du moyen-âge, les artisans et les artistes cessent d'habiter les manoirs, ils doivent, en souvenir de ce rapport originel, livrer ou faire livrer au suzerain, par leurs subordonnés, des produits de leurs métiers, des couteaux de toutes sortes, des ciseaux et des tenailles (cultelli, rosaria forcipes et forfices), des pioches et des haches (picarii), des plats (scutellae), gobelets (picaria), de la vaiselle de tous genre (crateræc), des selles et autres ustensiles (sellac et cœtera ustensilia[4]). Quand le boucher vend un bœuf, la langue et les pieds reviennent de droit au seigneur; il prélève des taxes équivalentes sur le vin, la bière et les autres

---

1. Maurer, Geschichte der Frohnhöfe, 1862, Bd. II, p. 323; Trier. Weisthum, X, 8-10. 3.

2. Voir Ducange, s. v. currifices.

3. Voir Maurer, T. II, p. 316.

4. Voir das Korveische Güterverzeichniss bei Kindlinger, Münster. Beiträge II, 116, 133, 228, 126, 223, 143. — Ducange, s. v. pica.

boissons[1]. Mais que ferait-il du vin de la bière, s'il n'avait pas de *tonneaux*? Et les tonneaux (tunnac) avec ou sans charette, les douves qui en font partie (dovac), les cercles (circuli), les plaques (patellae), les chaudrons de fer et de cuivre[2], conjointement avec les bardeaux et les autres matériaux nécessaires à la réparation doivent lui être délivrés[3]. Et les encaveurs[4] sont obligés de descendre dans la cave le vin et la bière *gratuitement* pour le *gracieux seigneur* et les jaugeurs à jauger *gratuitement* les tonneaux de bière et de vin du *gracieux seigneur*.

Et les forgerons doivent lui fournir des éperons et les tisserands une *nappe de table* de la longueur de six aunes, et un *essuie-mains*[5].

Vous pouvez penser, M. Schulze, que dans ce zèle général de bien approvisionner cet homme, les femmes ne restent pas en arrière.

La femme de chaque colon doit livrer une pièce de toile et une pièce d'étoffe en laine (camisilem I et sarcilem I); elle doit préparer du malt et cuire du pain[6]. Il y en a qui doivent fabriquer la toile et

---

1. Voir, par exemple, Monteil, p. 87.

2. Au moins les deux sont mentionnés dans l'inventaire du château. Voir Pertz ....Caldaria ærea 3, ferrea verro 6.

3. Siehe das von Guérard (Paris 1844) herausgegebene Polypt. Irminion, Urk. IX. 299, p. 113 : Facit omni ebdomada dies II; sed pro ipsa mannopera solvit carrum I cum duabus tonnis. Ibid. Urk. XI, 2, p. 119 : ....Solvunt ....pullos IX, ova XXX, asciculos C et totidem scindolas, dovas XII, circulos VI etc. Ibid. XIII, s. p. 132 : Et inter totos qui mansum tenent, asciculos C., scindolas totidem, dovas XII., circulos VI., etc.

4. Michelsen, Mainzer Oberhof zu Erfurt, p. 26.

5. Beschreibung von 1332 lei Falkenstein, Hist. z. Erfurt p. 198 et 200.

6. Voir chez Pertz, p. 177 : Uxor vero illius facit camisilem I. et sarcilem I.; conficit bravem et coquit panem.

l'étoffe de leur propre fil (pannos ex proprio lino [1])
d'autres ne doivent que leur travail (si datur eis
linificium, faciunt camsilos, etc.) [2], et c'est pourquoi d'autres Mansi sont obligés de lui fournir,
avec les marcassins, la graine de lin et les lentilles,
aussi une botte de lin dans sa maison de travail [3].
Les pêcheurs doivent lui livrer le saumon et d'autres poissons (poisson de corvée) pêchés dans des
intervalles de temps déterminés [4]; ils doivent le
conduire, conjointement avec les meuniers, en
barque sur les fleuves, partout où il voudra; mais
le privilège des messages particuliers, du service de
poste et d'estaffettes appartient aux bouchers [5].

Je pourrais continuer encore pendant longtemps
l'énumération de cet inventaire économique, monsieur Schulze, si je ne craignais de vous fatiguer.

Encore quelques exemples seulement pour vous
prouver que vous ne sauriez imaginer un besoin
quelconque qui, avec ce système de services en
nature, ne trouvât sa satisfaction dans une obligation particulière. Chaque besoin particulier a ses
obligés particuliers qui sont tenus à rendre ce service *in natura*.

Quand on a des affaires qui nécessitent un conseil
on prend chez nous un avocat à grands frais Mais
le seigneur du moyen-âge n'en a pas besoin; tous
les bourgeois des communes placées sous sa suzeraineté, sont obligés, en cas de besoin, de l'assister

---

1. Voir Maurer, Gesch. d. Frohnhöfe. Bd. I, p. 395.
2. Voir le livre de l'abbé Irminon, XII, 109 p. 150 et ib. 110 :
omnes iste faciunt camsilos de octo alnis, etc.
3. Ducange, s. v. Saiga.
4. Voir Mauser, t. II. p. 223-325.
5. Voir Mauser, t. II, p. 324 et t. I, p. 399.

de leurs conseils dans la mesure de leur entendement [1].

Nous payons bien cher pour voir le ballet, ou
pour aller chez Wallner ou dans des lieux de ce
genre. Mais le seigneur féodal n'en a pas besoin !
Il y a des gens juridiquement obligés de jouer les
uns, un homme ivre [2], d'autres à faire des sauts
comiques [3], les troisièmes à chanter une chanson
équivoque devant leur dame [4].

Nous voilà maintenant dans le domaine de la
particularité; et comme il est tout à fait naturel
que chaque goût particulier tende à être satisfait, — le goût étant la particularité qui d'après
le proverbe populaire ne se laisse même pas
discuter — il pouvait arriver un jour, quoique
j'espère que cela n'arrivait pas souvent, que
quelqu'un eût eu le goût tout à fait particulier
d'entendre un — comment le nommer.... un....
eh bien.... un *pet* ! Sur le champ on trouve, sous
la main, parmi les tributaires du seigneur, une
jeune fille qui a le devoir féodal de lui faire entendre le jour des redevances, en réunion publique... un *pet !* [5]).

Maintenant vous devez décidément avoir compris,
monsieur Schulze, ce qu'est cet homme !

1. Privilèges du château de simpodium de 1396 dans Monteil. Hist. du XIVe siècle. chap. maître Dalmaze, t. I, p. 39.
2. Voir Sauval, Antiquités de Paris. Fol. 1724, t. II, liv. 8,
chap. *Redevances ridicules* : ...Etoit obligé pour toute pro-
testation de foi et devoir seigneurial de contrefaire l'ivrogne.
3. Sauval, ib. ib. : ...De courir la Quintaine à la manière
des paysans.
4. Sauval, ib. ib. : ...De dire une chanson gaillarde à la
dame de Lavarai.
5. Monteil, Hist. du XIVe siècle, chap. la table de Saint-
Pierre, t. I, p. 84, qui cite un « adveu rendu par Marguerite
de Montluçon des Comptes de la Prévôté de Paris. »

C'est un homme riche, très riche, mais il ne peut pas — ce qui fait son malheur quand vous le comparez à votre ami Reichenheim — et ce qui les distingue en même temps — c'est qu'il ne peut pas capitaliser..... le *pet!* Ainsi ni pet ni gambades de bouc, ni les obscénités, ni les services de messages, ni la cire, ni les œufs, et non plus les poules, le miel, les bœufs, les plats, les assiettes, le lin, la toile, les gobelets, les cerceaux, les barils, les pelleteries, les chaudrons, le saumon, les étoffes de laine, le vin, la bière, les selles, etc., etc.; en-encore moins les services que les jaugeurs, les encaveurs, les charrons, les tanneurs, les maçons, les forgerons, les orfèvres, les graveurs et les peintres, etc., sont obligés à lui rendre.

Avec toutes ces choses, il peut mener une vie joyeuse et magnifique. Ainsi fait-il! Car Maurer a raison quand il dit[1] : « Dans un temps où la poésie n'avait pas encore disparu de la vie, comme de nos jours, où elle est remplacée par la *raison glacialement froide*, par *l'esprit calculateur* avant tout, dans un temps pareil c'était un besoin pour chacun, après avoir passé la journée à chevaucher, chasser ou faire des exercices, ou en occupations plus sérieuses, de se récréer le soir par la musique et la danse, ou du moins par les plaisirs d'une société joyeuse. » Et il cite les jolis vers de Tristan (3725-30) :

> Le jour il faut chevaucher, chasser,
> La nuit rentrer à la maison,
> S'occuper de choses joyeuses;
> Jouer de la harpe, danser, chanter
> Tu le peux, fais-le pour moi.
> Je peux jouer, je le ferai pour toi.

1. *Geschichte der Frohnhöfe*, t. II. p. 190.

Tous ces moyens de jouissance qui entourent le seigneur en abondance, il peut les consommer, et c'est ce qu'il fait honnêtement; il en jouit avec plénitude, avec insouciance et gaîté, et beaucoup plus humainement que cela n'a lieu aujourd'hui ; vous le savez bien par l'exemple de votre ami Reichenheim qui, en écoutant Beethoven ou Mozart à l'Opéra, est subitement pris par les soucis de la capitalisation, qui empoisonnent tout son plaisir.

Mais tous ces moyens de jouissance, le seigneur ne peut que les *consommer*, ou les conserver pour une consommation future; *il ne peut pas les faire multiplier par eux-mêmes.*

Car, par la nature de ses rapports, le seigneur n'aboutit qu'à la *valeur d'usage particulière* ou le *service*, ce qui est la même chose; il n'est pas encore en face de la *valeur d'échange générale*, de l'*argent*; il ne contemple pas encore Dieu le Père en personne, face à face. Le *service* était le lien général qui liait tous les membres de l'État entre eux et au chef suprême de l'État, dit Maurer avec raison (Gesch. der Frohnhöfe, I, 376). En effet, si l'absurde invention du *service* de Bastiat était vraie à un point de vue quelconque, elle le serait (mais dans un tout autre sens que lui donne Bastiat) pour le moyen-âge, en temps que la valeur d'échange *n'y existe pas encore*, tandis que, d'après cet illuminé, le service doit servir de *principe de la valeur d'échange.*

Ce propriétaire foncier lève, il est vrai, aussi des *intérêts d'argent*, qui successivement, de plus en plus, s'établissent au lieu et place des *redevances en nature;* mais cet argent ne peut suffire qu'à acquérir les produits de luxe qui existent dans le commerce universel, et qui ne sont pas fabriqués dans ses domaines fonciers, et quand même il aurait des rentes d'argent *superflues*, il ne pourrait pas les capitaliser et les multiplier dans sa propre production.

Car, par sa forme, tout cet ensemble est tellement stable et immobile, avec son système des services réciproques déterminés, sa précision de toutes les forces de travail, des modes d'utilisation, des devoirs, des droits et des charges en nature, que cet ordre de choses n'offre nulle part l'espace ni la possibilité pour un placement et une multiplication de ce genre.

Il est manifeste, par exemple, qu'il serait plus lucratif de semer tel champ de froment plutôt que de seigle ou de fourrage ; ou bien de trèfle et de luzerne, plutôt que de froment. Mais ce champ est grevé d'une redevance en nature de dix muids de seigle, ce qui fait que le champ doit toujours rester un champ de seigle. Ou peut-être, tel bois gagnerait à être défriché et converti en un champ de froment. Mais avec ces rapports de services réciproques en nature, qui lient le seigneur féodal avec les colons, les communes, l'Église, etc., ce bois est grevé de tant de redevances en nature, de tout genre, qu'on ne peut pas même songer à un changement de culture. La *particularité* engendre nécessairement avec le système des *services particuliers et en nature*[1], la *propriété germanique* ou la *propriété divisée* (dans le sens juridique en propriété supérieure et propriété inférieure, en *dominium* et en usufruit) et chaque changement ou augmentation de culture, est dans tout état de cause rigoureusement empêché.

Vous pensez peut-être que les choses se passaient autrement dans les *villes ?*

____

1. Voir les détails sur cette connexion dans mon *Système des droits acquis*. T. 1, p. 260.

En apparence, dans les villes, le bourgeois et *maître* du moyen âge se trouve dans une tout autre situation que le propriétaire foncier.

Mais, en réalité, ce sont les mêmes conceptions, qui produisent le même résultat caché, quelquefois sous d'autres formes.

Je ne m'arrête pas aux premiers temps du moyen âge, quand la production se faisait dans les villes par des patriciens, moyennant leurs artisans-serfs (v. plus haut, p. 124) cette production étant aussi basée sur la *domination*. Je ne veux examiner que les temps postérieurs, quand l'*organisation des corps de métiers* s'est déjà développée. Je ne veux pas non plus entrer dans les détails pour ne pas vous fatiguer.

Un rapide coup d'œil vous fera tout comprendre.

Le maître de jurande qui a son *droit de maîtrise* parce que son père était déjà pelletier[1], ou parce qu'il répond à une des autres conditions particulières, à la multiplicité desquelles l'organisation des jurandes du moyen âge a enchaîné le droit de maîtrise, ce maître exerce cette production à raison d'*un droit particulier*, d'une *prérogative particulière*, et non, comme le fabricant actuel, simplement en vertu de *rapports positifs*.

Mais s'il est privilégié, c'est-à-dire s'il possède des *privilèges particuliers*, il y a nécessairement, — cela va de soi, — à côté de lui d'autres *personnes particulières* qui, en cette qualité, doivent

---

1. Ainsi, en 1352, les corps de boulangers de huit villes, entr'autres aussi ceux de Francfort-sur-le-Mein, établirent, par un contrat conclu entre eux, un châtiment pour le cas où un maître enseignerait à un garçon le métier de boulanger, si ce dernier n'était pas né pour ce métier. Voir dans Kriegl, *Discordes des bourgeois de Francfort au moyen âge et leur situation*. (Francfort, 1868); p. 388.

aussi être *priviliégiées*, et dont le droit particulier rétrécit partout *le sien*, s'entrecroise avec lui, le limite et ne le laisse se développer librement en aucun temps, en aucun lieu. De cette simple définition émanent toutes les innombrables prescriptions du moyen âge sur les matières premières que le producteur doit employer, sur les méthodes de travail qu'il doit suivre, sur les modes industriels qu'il doit employer, sur les heures de travail auxquelles il doit se borner, sur les salaires qu'il doit payer, sur la qualité qu'il doit livrer, sur les prix et le *maximum* dont il doit se contenter, etc., etc.

Lisez les statuts et les redevances du moyen âge, et vous y trouverez toutes ces limitations et beaucoup d'autres [1]. En cas de besoin, je mets à votre disposition une riche collection de livres. Ici, je ne prends en considération que *deux* limitations généralement connues et qui l'emportent sur toutes les autres.

Le maître possède son droit de maîtrise comme une *prérogative particulière*. Mais deux sortes d'autres *privilégiés* lui sont nécessairement opposés. D'abord les *titulaires de tous les autres métiers* qui sont également *privilégiés* comme lui — et c'est pourquoi nul maître n'ose exercer *deux* branches de métier, si grande que soit l'affinité entre elles et quand même leur jonction serait nécessaire à la production. Ensuite, tous les maîtres de son *propre* métier lui sont opposés comme également *privilégiés* — c'est pourquoi il n'ose pas déployer plus de forces de travail que tout autre

____

1. On rencontre des traits bien amusants ; un exemple seulement : A Vienne, une ordonnance de Charles VI, mai 1391, art. 52, porte que les marchands de vin, avant la St-Martin, ne peuvent vendre le vin qu'à la *moitié du prix* du *vieux* vin, et après la St-Martin seulement aux *taverniers*.

maître de son métier dans cette ville, c'est-à-dire
le nombre d'auxiliaires qu'un maître peut avoir
dans un métier est juridiquement défini dans chaque ville, pour chaque métier.

Il est clair qu'avec ces deux limitations on ne
peut pas même songer à une *capitalisation du revenu de la production*.

Les inventions les plus ingénieuses doivent se
briser contre cette démarcation juridique des différentes branches de travail qui ne souffre aucune
agglomération entre les mains d'un seul et même
fabricant ; cette démarcation empêche la production à bon marché et avec celle-ci la *production en
masse* qui aurait entraîné un bon marché *plus
grand* encore[1]. Et si malgré tout cela, malgré
toutes les limitations juridiques qui gênent le
producteur industriel dans .le choix de son travail, dans les prix, etc., il réussissait à gagner
plus que le maître son voisin, — que peut-il
entreprendre avec ce revenu de sa production? Il
ne peut pas l'employer *productivement* dans sa
propre production parce qu'il ne peut pas augmenter ses forces de travail déterminées par les statuts
pour tous les maîtres ; il ne peut pas augmenter le
nombre de ses auxiliaires, et, par conséquent, il ne
peut pas agrandir son entreprise. Pour cette même raison il ne peut pas le prêter au maître son
voisin ni à d'aures maîtres de différents métiers,
qui pour cette même cause ne peuvent pas augmenter leur production.

De cette manière, dans la *production industrielle*
du moyen âge, *la faculté de capitaliser le revenu
de la production est annulée*. Le thaler gagné par

---

1. Comp. mon *Programme des Travailleurs*, p. 16-18.
Édition Zurich, Meyer et Zeller.

le maître est un thaler mort qui ne fait pas de petits. Il est excellent comme moyen de consommation, ou pour être conservé, comme trésor pour une consommation ultérieure. Mais il n'a pas encore acquis sa force *vivante*, génératrice. Le revenu de la production dans l'industrie s'écoule donc, comme chez le *propriétaire foncier*, en *moyens de consommation*.

Il y a au moyen âge un seul point où le *capital* commence à se développer comme tel. C'est le *commerce universel* qui a lieu principalement avec l'Orient par l'entremise des Vénitiens. Dans les temps ultérieurs du moyen âge ces démarcations statutaires limitantes se détachent ici en partie; et celles qui restent encore ne peuvent pas étouffer dès sa naissance la faculté génératrice, qui s'accroît sans cesse, du capital.

Quand les Portugais eurent ouvert la voie maritime des Indes par le doublement du cap de Bonne-Espérance, les Fugger[1] d'Ausbourg gagnent, dans une seule expédition qu'ils y envoient, outre la couverture des frais de 100,000 ducats, un profit net de 175,000 ducats (175 pour 100)[2].

Des gains énormes de ce commerce universel se développèrent aussi les gains de l'usure financière qui, pendant longtemps, fut exercée au moyen âge, principalement sous la forme de *prêts sur gages* et sur *hypothèque*[3].

---

1. Riche famille de Souabe, qui fit de tels gains dans le commerce, qu'elle put faire des avances considérables aux empereurs d'Allemagne dans les dernières années du quinzième siècle. (Note du traducteur.)

2. S. v. Stramberg, Art. Fugger bei Ersch und Gruber.

3. Dans cette connexion, l'origine historique de croissance naturelle dans le système mercantile d'autrefois se manifeste d'elle-même, c'est-à-dire dans cette école économique qui voit

Le *capital-embryon* du moyen âge est successivement *enfant* et *adolescent*, et il va attendre le moment d'avoir la force de briser ses chaînes pour se manifester *homme fait, capital développé!*

Chaque événement, chaque découverte et invention, chaque progrès dans la division du travail, chaque épargne de frais dans la production, chaque élargissement du cercle de débit, les instruments de production, bref tout le développement bourgeois concourt à ce qu'on ne puisse absolument plus produire dans les anciennes conditions [1].

L'adolescent, peu à peu devenu fort, brise enfin ses chaînes [2]; la Révolution française éclate ; toutes les limitations *juridiques* disparaissent; la concurrence libre est conquise et le géant déchaîné le *capital* — se dresse, pour la première fois, devant nous, dans sa réalité vivante développée. La *liberté bourgeoise* est conquise, et cette liberté consiste en ce qu'il est légalement permis à tout le monde, sans distinction, de devenir millionnaire.

Observons en peu de mots les traits distinctifs de cette nouvelle période, sur lesquels repose la *force capitalisante* de la production, et qui se résument tous (comme ils en découlent), dans la concurrence libre.

Le producteur bourgeois n'est plus, ni sous le

le capital d'un pays uniquement dans son *argent.* Cette conception découle simplement de la réalité historique qui l'a précédée, comme c'est plus tard le cas dans le système industriel (Adam Smith).

1. Voir à ce sujet mon *Programme des Travailleurs*, p. 10-18.

2. Voir surtout le *Manifeste des Communistes*, par Marx et Engels (1847), reproduit dans l'*Histoire du Socialisme*, de B. Malon, p. 410-419. (Note du traducteur.)

rapport industriel, ni sous le rapport agricole, sur le terrain des *privilèges particuliers*. Toutes les distinctions et toutes les conditions juridiques ont disparu pour faire place à une *seule condition purement positive*, celle d'avoir en mains l'*avance* nécessaire à la *production : le capital.*

Toutes les limitations dans la production supprimées, ce sont les services de la division du travail qui dominent, et la production se décompose en une série infinie d'*opérations partitives* et de *productions en masse* pour le *marché universel*, qui toutes se résolvent en valeurs d'échange, de sorte que, comme nous l'avons exposé plus haut, *chacun produit à présent ce qu'il n'emploie pas et ce qu'il ne peut pas employer*, ainsi qu'à l'opposé des *services* et de la production des *valeurs d'usage* directes (production naturelle) du moyen âge, les choses circulent désormais toujours et indéfiniment à travers la *forme argent*, et la *valeur d'échange* est devenue l'état réel des choses, devant lequel leur véritable raison d'être, la *valeur d'usage*, s'est retirée dans l'ombre et ne trouve plus de place dans le système des conditions économiques. Il en est de même de la production *agricole* comme de la *production industrielle* qui marque *toute* notre époque de son *caractère dominant.* Car celui qui produit à présent du blé pour le *marché universel*, et non pour son propre usage et celui des cercles de débit voisins, et par conséquent ne peut plus remplir ses propres obligations en *livraisons naturelles*, celui-là dépend (qu'il soit grand ou petit producteur) des *prix des grains* de Londres et d'Amsterdam, de Berlin, de Cologne et de Paris. Le grand agriculteur, celui qui produit avec un grand capital pour pouvoir couvrir ses grands frais et ses déboursements, et pour pouvoir remplir ses propres grandes obligations, et le petit agriculteur, avec ses petits rapports et ses petites obligations qui n'en sont que plus écrasantes, ne produisent tous les deux que des *valeurs d'échange*, et la production pour le propre usage, ou la valeur d'usage proprement dite, tend également à disparaître de plus en plus dans les travaux agricoles.

Il résulte en outre que la loi de Ricardo : *le prix des produits est égal à leurs frais de production*[1], est absolument vraie pour le présent, mais ne l'était pas autant pour la production du moyen âge.

Dans l'organisation des corps de métiers du moyen âge, les prix dépendaient en grande partie de la détermination (résolution) des producteurs qui pouvaient s'en tenir à un *profit correspondant* à la position sociale, et avec le débit limité que chacun pouvait atteindre, vu la limitation de ses forces de travail, ils n'avaient aucun motif d'en démordre. Les fréquents maximum de prix qui furent décrétés prouvent qu'ils ne maintenaient que trop cet intérêt. Sous la domination nivellatrice de la *concurrence libre*, cela se modifie. Chacun offre à meilleur marché que l'autre, pour lui enlever son débit, ou bien il est forcé par celui-ci d'offrir à meilleur marché. Ainsi le prix de vente du produit

---

1. Cette loi du prix de coût, que J. B. Say n'a jamais su comprendre et contre laquelle il éclate en diatribes si ennuyeuses, tant dans ses remarques à Ricardo que dans sa correspondance avec celui-ci, a déjà été développée en détail avant Adam Smith, par l'ancien économiste écossais James Stewart (An inquiry into the principles of polit. econ., To. I, lib. II, c. 4, how the prices of goods are determined by trade), mais avec la grande différence que Stewart considère encore le profit du *capital* et la rente foncière comme des *éléments particuliers* des frais de production, tandis que chez *Ricardo* ils sont aussi résolus en quantum de travail.

doit, en effet, forcément baisser, à la longue, *aux frais de production*. Cela donne au consommateur un avantage réel : la *modicité des prix*. Or, cette modicité, cet amoindrissement de profit sur chaque pièce isolée, ou l'offre à prix toujours plus bas de la part des vendeurs, ne se rétablit que par l'agrandissement du débit ou l'augmentation de la *somme des produits* sur laquelle profite chaque vendeur, en sorte que la réduction de la quote-part de profit qui tombe sur la pièce isolée, est plus que compensée par la *quantité plus grande* de marchandises sur lesquelles il profite. Il en résulte naturellement que l'agrandissement du débit nécessite une production sur un *pied plus grand, une plus grande réunion de forces de travail* dans les mêmes mains, une fourniture de *plus grandes* masses de matières premières, bref un *grand déboursement* ou un *grand capital*.

En d'autres termes : sous le régime de la *concurrence libre*, tout capital a une attraction naturelle vers le *grand capital*, qui nécessairement *décapitalise*[1] le petit capital, l'attire à lui et l'engloutit.

En même temps, par cet agrandissement continuel du procès de production et de ses avantages, est trouvée la voie de la *force capitalisante de la production*. Le thaler acquis aujourd'hui dans la production engendre demain un autre thaler ; c'est un thaler *vivant, il pond !* Il se multiplie par lui-même en vertu de la loi moderne de l'échange.

Enfin, depuis que chaque branche de production et chaque producteur ont le besoin et la faculté d'agrandir indéfiniment leur fond de capital, il s'est

---

1. *Entkapitalisirt*, c'est-à-dire lui ôte graduellement toute sa puissance productive. (Note du traducteur.)

établi un *système de crédit extrêmement compliqué*, permettant à chacun de placer productivement son capital dans sa production et son excédant constant ou momentané dans la production d'autrui, sous différentes formes, prêts, lettres de change, commandites ou actions, etc., etc.

Voici d'abord dans leurs contours les plus serrés, — les seuls qui peuvent être exposés ici, — les linéaments essentiels de la production sous le régime de la *concurrence libre*.

Jusqu'ici, nous n'avons examiné le producteur que dans sa *forme simple concentrée*, que comme exclusivement producteur.

Pour mieux distinguer les traits dont la concurrence libre empreint la production sociale, observons-le dans sa *forme double réelle*, comme *entrepreneur* et comme *travailleur*.

Le sort des deux est naturellement déterminé par le *prix* que le produit trouve dans son aliénation et par le *contingent* que la *concurrence* libre donne à chacun des deux dans ce produit de production.

Il a été question plusieurs fois de cette loi du *prix*, et nous l'avons déjà exposée.

La valeur des produits apparaît d'abord dans le *phénomène* comme *prix de marché*, c'est-à-dire qu'elle dépend, dans chaque moment donné, isolé du rapport entre l'*offre* de ces produits et leur *demande*.

C'est la loi générale qui, intervenant dans le phénomène, détermine, sous la concurrence libre, tous les prix.

Mais, comme nous l'avons également déjà dit, cette loi se résout dans une autre, qu'elle a pour base et qui *détermine ce rapport ;* dans la loi que *le prix des produits devient à la longue égal à leurs frais nécessaires de production*. Car si l'offre de produits quelconques surpassait la demande, en tant que leur prix baisserait *au-dessous* de leurs frais de production, la production cesserait ou se ralentirait jusqu'à ce que le rapport normal soit rétabli.

Si, au contraire, en suite d'une forte demande d'un produit quelconque, le prix de marché était, pendant un temps assez long, assez élevé pour rapporter plus que le profit normal de production, les capitaux, en vertu de la concurrence libre, se jetteraient sur cette production et en augmenteraient l'offre jusqu'à ce que le prix retombât *nécessairement* au niveau des *frais de production*.

Les *frais de production* nécessaires d'un produit quelconque, en déterminant la fourniture du marché et le rapport de l'offre et de la demande en dernière instance, constituent ainsi, sous la concurrence libre, la véritable loi intrinsèque qui définit le prix des produits.

Les frais de production ne sont, comme nous l'avons déjà expliqué plusieurs fois, que l'*expression pratique* des quantum de temps de travail nécessaire à la production d'un produit. La réduction des frais de production en quantum de temps de travail est l'œuvre brillante et scientifique de *Ricardo*.

Les *quantum* de *temps de travail* nécessaire à un produit sont la vraie mesure de la valeur, la conscience de la production bourgeoise, bien que cette conscience, comme nous le disions plus haut, ne se manifeste que dans sa *lésion*, dans les oscillations des prix du marché, dans l'alternance du *trop* ou du *trop peu*.

Cette éternelle tromperie du marché (rappelez-vous ce que je vous ai dit au commencement sur ce *jeu de hasard* que présente toute la production

d'aujourd'hui) peut avoir des suites très désagréables
et ruineuses pour l'entrepreneur ou le capitaliste
isolé. L'entrepreneur ou le capitaliste isolé peut
être obligé de vendre sa marchandise au marché,
à tout prix, si le pendule oscille vers la baisse, et
il ne pourra plus être au marché si le pendule oscille vers la hausse. Mais cela n'atteint que l'entrepreneur ou le capitaliste isolé, jamais la classe des
entrepreneurs (Unternehmerstand) ou le *capital*,
qui au contraire, tandis que les petits entrepreneurs
et les petits capitalistes sont écrasés par le jeu de
ces oscillations du pendule et éloignés de la concurrence, manifeste *le jeu libre de ses forces* ou
l'*absorption* du petit capital par le *grand*.

Pour le *capital*, ces oscillations du pendule sont
aplanies en moyenne par la loi qui les détermine,
— le *temps de travail*.

Pas une heure de travail, pas une goutte de sueur
du travailleur n'est perdue pour *l'ensemble* des entrepreneurs, pour le capital, dans le prix des produits. Goutte par goutte, tout lui est finalement
payé par le consommateur.

Si telle est la situation des entrepreneurs vis-à-
vis des consommateurs, comment se détermine
dans la *répartition* du profit de production, qui a
lieu entre l'entrepreneur et le travailleur, la part
définitive de chacun, l'entrepreneur ayant entre ses
mains, dans la *forme individuelle* actuelle de *production*, le produit, et par conséquent le montant
de ce produit?

Je l'ai dit dans ma *Lettre ouverte* : la moyenne
du salaire de travail dans les conditions de production d'aujourd'hui est, par une inexorable nécessité, limitée à l'*entretien nécessaire en usage dans
le peuple*.

Vous et vos partisans, avez protesté contre cette

loi. Vous m'aviez objecté que ce n'était que le rapport de *l'offre et de la demande* qui déterminait les *prix des salaires de travail*.

C'est parfaitement vrai! Mais c'est justement la grande et repoussante hypocrisie de votre part et de la part de MM. Wirth, Faucher, Michaelis et de toute votre coterie, que de prendre l'air de vouloir dire *autre chose* que moi, tandis qu'en d'autres termes vous dites *exactement la même chose*. Pendant que vous déterminez le *salaire de travail* exclusivement par l'offre et la demande, vous le traitez — et cela de nos jours avec plein droit historique — comme une *marchandise*.

Comme le prix de toutes les autres *marchandises*, le *prix du travail* est déterminé par les rapports de l'offre et de la demande. C'est parfaitement vrai. Mais qui est-ce qui détermine, en tout temps, ce *prix du marché* de chaque marchandise, ou la moyenne du rapport de l'offre et de la demande d'un article quelconque? *Les frais nécessaires à sa production*, comme nous venons de le voir et comme d'ailleurs vous le dites vous-même parfois.

Le marché est quelque chose de singulier, insensible et qui n'a rien à voir avec l'esthétique, M. Schulze! Une livre de fil filé de la propre main de Mme la Duchesse — dit l'ancien économiste écossais sir James Stewart [1] — vaut au *marché* autant et pas plus qu'une livre de même fil filé par une pauvre servante qui ne consomme pas six pences par jour.

Le marché est tout à fait indifférent à l'essence des marchandises: peu lui importe que ce soit de la porcelaine de Chine, ou du coton d'Amérique, d'infectes peaux de veau marin, de l'assa fœtida, de jolies esclaves circassiennes, ou du travail, c'est-

---

1. Principl. of polit. econ. T. I, ib. I, c. XX, p. 183, éd. Bas.

à-dire, les bras des travailleurs européens. Il n'a qu'une mesure et qu'une conscience : la demande et l'offre, dont le rapport est déterminé, en dernière instance, par les *frais nécessaires de production.*

D'après cela, combien pourrait *coûter* au marché, en moyenne, un travailleur, M. Schulze?

Evidemment une somme égale à l'*entretien habituel* de tout autre travailleur et de sa famille! Donnez-lui de quoi satisfaire à cette nécessité et soyez sans souci, il produira assez d'autres travailleurs, bien que ce ne soit pas précisément pour favoriser l'entrepreneur! Il n'a pas même besoin, comme les autres fournisseurs du marché, d'être stimulé par l'appât du *profit* à la production de cet article!

Le salaire de travail réglé par la *concurrence libre* ou les frais de production du travail consistent donc précisément dans les frais de production du travailleur! [1]

Quand l'usage s'introduit de faire travailler les enfants dans les fabriques, le marché commence de nouveau à calculer. Il trouve que le travailleur-

1. L'économie bourgeoise le sait parfaitement et l'a développé assez clairement. « Qu'on diminue, dit Ricardo, (t. II, c. 30, p. 253, éd. Const.) les frais de fabrication des chapeaux et leur prix baissera au prix naturel (prix de coût), bien que la demande de chapeaux serait *double, triple* ou *quadruple.* Qu'on amoindrisse les frais d'*entretien des hommes*, en diminuant le prix naturel de la nourriture et des vêtements nécessaires à la vie, et l'*on verra les salaires de travail baisser, quand même la demande de bras augmenterait considérablement.* » Voyez J. B. Say et la longue suite de citations que renferment les endroits allégués (p. 2, N. 3). Déjà sir James Stewart, dans ses observations sur le principe de la population, l'a clairement vu. Voyez, par exemple, Principl. of pol. ec̃. T. I, lib. I, c. 4, 5, 12, 20, etc.

père n'a plus besoin de gagner dans ces branches de fabrication, l'entretien complet d'une *famille* moyenne, mais qu'il peut se contenter de moins, puisque les enfants contribuent à leur propre entretien [1].

Ainsi parle et agit le marché ! Et il ne *peut* pas parler autrement, sous la loi de la concurrence libre qui domine son langage et qui pour vous et votre clique est le cri de guerre, le service divin que vous voudriez introduire dans tous les rapports moraux et humains !

De tous ceux qui livrent au marché leurs marchandises, le travailleur qui livre sa marchandise, le *travail*, est placé le plus défavorablement dans la concurrence ; ceci ne demande même aucune explication. Où en arriveraient les vendeurs des marchandises, s'ils n'étaient pas en état de résister une, deux ou trois semaines en face d'une demande désavantageuse pour leur prix ?

Le vendeur de la marchandise *travail* n'est pas en état de le faire. Il *doit* rabattre, forcé qu'il est par la faim !

Cette marchandise, dans ses oscillations, hausse beaucoup plus difficilement et dans une proportion beaucoup moins considérable [2], et lors même qu'elle

1. Sir James Stewart ne connaissait pas encore le travail des enfants dans les fabriques, mais comparez son raisonnement : Comment un homme marié, qui a des enfants à nourrir, peut-il disputer cet avantage à celui qui n'a que le souci de soi-même ? Le célibataire force ainsi les autres à mourir de faim (the unmarried therefore force the others to starve) et la base de la pyramide s'est rétrécie (Principl. T. I, p. 93, éd. Bas).

2. Comp. Histoire des prix Tooke, éd. Asher. T. I, p. 209 ; « En suite de toutes les expériences, soit qu'elles résultent de nouvelles observations, ou de témoignages historiques, on peut admettre comme certain que, parmi tous les objets d'échange, le salaire de travail est le *dernier* qui hausse en suite d'un

hausse, elle ne sert quelquefois, par la forte impulsion qu'elle excerce sur l'augmentation ouvrière, qu'à aggraver leur situation et à la rendre plus triste qu'auparavant.

Il est également inutile, M. Schulze, de mentionner qu'il n'y a pas d'entrepreneurs, si *magnanimes* soient-ils, qui puissent changer ces rapports, et celui qui l'essayerait sentirait son bras arrêté par le voisin, et le poignard de la concurrence libre, avec laquelle il ne pourrait plus marquer le pas, lui traverserait la poitrine.

Sous le régime de la concurrence libre, l'entrepreneur regarde donc le travailleur comme une *marchandise!* Le travailleur, c'est le travail, et le travail c'est un *produit de la somme de frais* nécessaires à la production.

Voilà ce qui détermine sous la concurrence libre, la physionomie sociale de notre époque.

Les rapports antérieurs du *maître* et de *l'esclave* de l'antiquité, du *seigneur féodal* et du *serf* ou du *vassal*, étaient, malgré tout, des rapports *humains!*

Humains! M. Schulze, non pas dans le sens philanthropique du mot (c'est-à-dire dans le sens des relations plus ou moins bonnes), je n'en parle pas ici, quoique les travailleurs de notre temps soient loin d'avoir le même sort que les Grecs et les Romains , avec leur sens humanitaire, faisaient ordinairement à leurs esclaves. Mais *humains* relativement à l'idée fondamentale qui détermine le rapport même, et de laquelle découle tout le reste.

enchérissement ou d'une baisse de l'argent, comme d'autre part le salaire de travail est le *dernier* qui, en suite d'une surabondance de marchandises ou d'une hausse d'argent, baisse de nouveau. » Comp. mes *Impôts indirects et la situation de la classe travailleuse.*

Ces rapports étaient des rapports *humains*, dis-je, car c'étaient des rapports de *dominateurs* à *dominés*, ce qui est toujours un rapport absolument humain. C'étaient des rapports *humains*, parce que c'étaient des rapports de *tel* individu à *tel autre* individu. C'étaient des rapports humains, et même les *mauvais traitements* auxquels étaient exposés les esclaves et les serfs, le constatent. Car la *colère* et l'*amour* sont des relations humaines, et quand même je maltraite quelqu'un dans ma *fureur*, je le *reconnais* et le traite encore comme un *être humain*, sans quoi il ne pourrait exciter ma colère.

Le *rapport froid*, IMPERSONNEL, *de l'entrepreneur au travailleur considéré comme chose, chose qui comme toute autre marchandise* se produit au marché, d'après la loi des frais de production — voilà la *physionomie absolument caractéristique et tout à fait inhumaine* de la période *bourgeoise!*

De là, cette haine de notre bourgeoisie libérale contre l'Etat, non pas un Etat *défini*, mais *contre la notion de l'Etat en général*, qu'elle voudrait volontiers anéantir et voir se dissoudre dans la *société bourgeoise*, c'est-à-dire qu'elle voudrait le pénétrer de toutes parts de la *concurrence libre*. Car dans l'Etat les travailleurs sont encore considérés comme *hommes*, tandis que dans la société bourgeoise, où règne la loi de la *concurrence libre*, ils sont considérés comme *chose* seulement d'*après le prix des frais de production*, c'est-à-dire comme une marchandise.

De là surtout la *profonde* haine de la bourgeoisie contre tout *Etat fort*, quelle que soit son organisation et sa constitution ; ne pouvant *l'abolir complètement*, elle voudrait au moins, sur *tous les points possibles*, le résoudre dans l'individualisme de la concurrence libre, l'assimiler, *autant que possible*, à la société bourgeoise, et le mettre sous la domination inhumaine de cette loi impérieuse !

Voulez-vous vous élucider encore toute cette antithèse des périodes de civilisation par des exemples brefs et frappants ?

·Savez-vous ce que pensait de ses esclaves ce même Marcus Crassus, dont je vous ai dit qu'il était possesseur de 9,900,000 thalers et que pour cette raison vous saluez probablement chapeau bas ?

Plutarque nous en parle. Après avoir parlé de la légion d'esclaves que possédait Crassus, il dit[1] : « Il était présent quand ses esclaves prenaient leurs leçons, écoutant aussi bien qu'enseignant lui-même; en général il pensait que les premiers soins du maître étaient dus aux esclaves, comme organes vivants de l'économie. Et Crassus avait raison quand il disait : *Tout le reste* pouvait être dirigé *par les esclaves, mais les esclaves devaient être gouvernés par lui-même*[2] ».

Voyez seulement en passant, quelle saine conscience économique, quelle plénitude de connaissances économiques il a en comparaison de vous et de Bastiat cet antique Romain, qui vivait deux mille ans avant nous.

Il considère les esclaves comme les pourvoyeurs et les producteurs de ses biens et de ses richesses ; quant à lui, il se sent leur *souverain* politique et leur *éducateur*.

1. *Plut., vita Crassi., T. III. p.* 250, *ed. London.*
2. Et Plutarque dit vrai, quand il ajoute en manière d'explication : « L'économie (τὴν γὰρ οἰκονομικὴν, la science économique) qui, par rapport aux choses inanimées, s'appelle *science industrielle*, par rapport à l'homme devient (*science gouvernementale*) *politique.* »

Donnons vite un démenti à ce Marcus Crassus, qui croyait remplir un devoir gouvernemental en assistant aux leçons de ses esclaves et en les enseignant lui-même.

« Des fabricants suisses se sont *vantés* qu'ils pouvaient travailler à plus bas prix que les fabricants allemands, parce que la Suisse n'avait pas *l'instruction obligatoire.* » — Paroles du professeur libéral Roscher [1].

Combien coûte la production d'un travailleur au marché? C'est la principale question d'intérêt de la période bourgeoise [2].

---

1. Ansichten der Volkswirthschalt. Leipzig, 1863, p. 234.

2. Et l'on sera seulement conséquent en se faisant cette autre question : Est-il plus lucratif pour le marché de garder les *hommes*, ou trouverait-on son profit à *supprimer les hommes*, pour produire d'autres articles? Lorsque, dans la première moitié de ce siècle, on s'aperçut que dans certaines circonstances la tránsformation des champs de blé en pacages et en prés était plus *lucrative*, des populations entières de paysans furent expulsées, surtout par les grands propriétaires écossais, et jetées dans la misère, exposés à mourir de faim. Dans les seuls biens de la comtesse Sutherland, entre 1811 et 1820, on n'expulsa *pas moins de* 15,000 *habitants* ; leurs villages furent brûlés, leurs champs convertis en pâturages (V. Sismondi, Études sur l'écon. polit. Par., 1837. T. I, p. 210-225). Mais déjà, en 1820, 131,000 moutons furent la récompense de cette heureuse opération productive! Voilà *en quoi* s'étaient nécessairement transformés, sous la période de la concurrence libre et de la productivité du capital, sous la période *bourgeoise,* les vieux rapports des clans écossais avec leurs Sutherland, Argyles, Hamilton, etc. L'ancien économiste écossais sir James Stewart avait déjà prévu ces événements au milieu du siècle passé. Il les développe dans ses *Macchiavelliques* (Principl., T. I, p. 178), mais il ajoute qu'il ne croit personne capable d'une *pareille inhumanité* et il regarde l'accomplissement subit de cette transformation comme impossible. (Though no man is, I believe, capable to reason in so inhuman a style and though the revolution here proposed be an impossible supposition, if meant to be executed all at once). Cependant, lorsque dans une société économiste de Berlin,

Dominé encore sous le rapport *politique* comme autrefois, le travailleur, sous le rapport *social*, est passé à l'état de *chose* [1].

Arrivons aux conclusions !

Nous avons vu de nouveau, sans parler de nos démonstrations précédentes et d'une manière systématique, que *la moyenne de salaire de travail* est inévitablement réduite à l'entretien strictement nécessaire, puisque le prix du travail comme celui des bas est déterminé à la longue par les frais nécessaire de la production. C'est *la loi de la libre concurrence*, et c'est en faveur de cette loi que vous tâchez d'enthousiasmer les travailleurs et la leur représentez avec emphase comme *l'humanitarisme parfait* !

Si la moyenne du salaire de travail est toujours réduite à l'entretien strictement nécessaire, il en

on parla de cette expulsion, un certain député progressiste et économiste s'écria, m'a-t-on dit : « Qu'importe, messieurs, si la nation avait tant d'hommes de moins, elle avait tant de gras moutons de plus. » Je ne veux pas nommer l'individu, car le fait repose sur un rapport verbal. Mais dans la littérature on pourrait trouver beaucoup de faits semblables. Même Roscher, un jour, dans son cours, s'écrie transporté de colère et de frayeur : « C'est à croire que les hommes existent pour les produits et non les produits pour les hommes. » (Roscher avait en tout cas emprunté ces généreuses paroles à Sismondi et à Droz, N. du Tr.)

1. Il n'y a aucune voie purement économique pour changer cette situation. Les vains efforts de *la chose* qui s'efforce de paraître *homme* se manifestent dans les *strikes* (grèves) anglais dont le triste résultat est suffisamment connu. C'est pourquoi la seule issue possible pour les travailleurs se trouve dans la sphère dans laquelle ils sont encore reconnus pour des *hommes*, c'est-à-dire dans l'État, mais dans un État qui s'impose pour tâche leur affranchissement, ce qui est inévitable à la longue. De là cette haine instinctive mais illimitée de la bourgeoisie libérale contre l'idée même de l'État dans toutes ses manifestations.

résulte évidemment que tout l'*excédant* du revenu de la production, acquis par la vente des produits et qui surpasse l'entretien nécessaire des travailleurs pendant la durée de la production, reste entre les mains de *l'entrepreneur* qui, d'après de nouvelles lois que nous ne pouvons pas examiner ici, le partage entre lui et le capitaliste. (Intérêt et rente foncière au propriétaire du fond, sur les lois desquels nous pouvons encore moins nous arrêter ici.)

Tout l'excédant du produit de travail sur l'entretien nécessaire usuel chez le peuple revient au capital dans ses diverses formes : — C'est la prime du capital.

Vous connaissez, — pardon M. Schulze, si pour la forme je vous traite parfois en homme qui comprend quelque chose dans les choses économiques — vous connaissez l'intéressante catégorie économique des physiocrates, nommée *l'excédant du produit.* Les physiocrates appelaient *productif* seulement le travail qui rapportait un *plus grand revenu* que celui dont le travailleur avait besoin pendant la durée du travail pour son entretien nécessaire. Ils appelaient *stérile* tout travail qui ne procurait que cet entretien. De ce principe, les physiocrates tirèrent la fausse conséquence qu'il n'y avait que l'agriculture qui soit productive, et que tout travail industriel est stérile. Mais le principe lui-même est assez juste dans les circonstances actuelles. Si le travailleur doit toujours laisser entre les mains d'autrui cette partie du produit de son travail qui n'est pas absorbée par ses besoins d'existence, partie de produit qui va toujours en grossissant et dont le placement est toujours productif, tandis que lui, le travailleur déshérité, ne profite en rien de ce produit sans cesse croissant de son propre travail, et qu'il est réduit aux moyens d'existence indispensables : dans ces conditions, son travail est *improductif* pour lui. L'entretien, l'esclave aussi devait l'avoir, et l'esclave antique l'avait plus *abondamment* que nos travailleurs mal nourris. Et la contradiction est d'autant plus forte et d'autant plus intolérable que cet esclave moderne est juridiquement déclaré homme libre. C'est dans *l'improductivité du travail* qu'est *le secret de la productibilité du capital* et *vice versa*. Dans la *différence* des *quantum de travail* qui sont payés dans le prix des *produits* et des *salaires de travail*, — différence que vous omettez si naïvement plus haut (p. 160) se trouvent ces deux choses : le *profit* revenant toujours au capital, la prime du capital, la *force productive* du capital *se multipliant toujours par elle-même, étant perpétuellement génératrice*, c'est-à-dire sa productivité qui s'est enfin manifestée par la *concurrence libre*.

Pas une goutte de sueur d'un travailleur, avons-nous dit, qui ne soit payée au capital dans le prix des produits ; tandis que le travailleur lui-même est réduit aux moyens d'existence nécessaires en usage chez le peuple, comme nous l'avons déjà démontré. Il n'est pas un thaler, entre les mains de l'entrepreneur, qui ne doive procréer demain un autre thaler, par un nouveau placement dans la production. Ces deux propositions se résument maintenant en dernière analyse dans la proposition suivante : Aucun thaler, c'est-à-dire aucune goutte de sueur du travailleur qui ne doive engendrer demain une nouvelle goutte de sueur stérile pour le travailleur et un nouveau thaler au capital ! Cette productivité croissante du travail ne profite donc en rien au *travailleur*, et nous voyons que plus les denrées de consommation, et par conséquent les besoins d'existence du travailleur, sont à *bon marché*, plus s'accroit la force *capitalisante* de notre production. Reichenheim peut aujourd'hui ce que nul seigneur féodal ne pouvait. Il peut *capitaliser* chaque goutte de sueur d'un travailleur, c'est-à-dire la convertir en *source* d'une nouvelle goutte de sueur pour le travailleur et d'un nouveau thaler pour lui-même !

La différence des *salaires* de travail ou du prix de travail et des *quantum* de travail, qui sont payés au capital dans le *prix des choses*, amène nécessairement ce fait, que *les travailleurs, ceux de la pensée comme ceux des bras* qui ont contribué à la production d'un produit, *avec tous leurs salaires réunis ne peuvent plus acheter le produit de leur propre travail*, ce qui pour le moment n'est qu'une autre forme de la triste vérité que nous venons de développer. Ne me dites pas, monsieur Schulze, que ce sont les machines qui ont produit ce résultat par leur plus grande productivité.

Cette objection serait absurde. Les machines sont des produits de travail aussi, et en parlant des travailleurs j'entends *tous ceux* qui ont contribué à la production, les mécaniciens, les ouvriers en matières premières, les mineurs, etc. Oui, et cette conclusion est encore plus clairement exprimée en ces termes : *plus est productive* l'activité des travailleurs, *étant donné l'invariabilité de leurs frais d'entretien, — d'autant moins* ils peuvent racheter les produits de leur propre travail, d'autant plus grande devient la *différence* entre le revenu et le salaire de travail, d'autant *plus pauvres* — (riche et pauvre ne sont, du reste, que des notions relatives qui expriment un *rapport* relativement au revenu de production d'une certaine époque) —

*d'autant plus pauvres deviennent les travail-
leurs !*

Et n'essayez pas, M. Schulze, comme vous l'avez certes déjà essayé, de faire accroire aux travailleurs que le profit qui revient toujours au capital n'est que la rémunération du travail intellectuel de l'entrepreneur, le salaire pour la *gestion intellectuelle* des affaires. Ce n'est qu'une partie tout-à-fait insignifiante du revenu de l'entrepreneur qui peut être considérée comme telle, et cette toute petite partie n'est nullement comprise par moi dans ce que j'appelle *profit du capital* [1].

Que ce salaire pour le travail intellectuel de l'entrepreneur, ne forme qu'une partie insignifiante de son revenu d'entreprise, c'est d'ailleurs ce que la science sait depuis longtemps [2], et les économistes libéraux l'ont admis assez souvent [3]. Les économistes anglais, avec une franchise très louable, ont toujours considéré le profit d'entreprise comme prime *du capital* et ils ont complètement négligé, à cause de son peu d'importance, cette partie du profit d'entreprise, qu'on pourrait considérer comme *salaire de travail intellectuel.* Ce n'est que dans la tendance soi-disant humanitaire des économistes français, qu'a son origine ce mensonge qui veut

1. Comparez avec l'endroit cité dans la préface.
2. Siehe von *Thünen,* der naturgemässe Arbeitslohn, Rostock, 1850, 1. Abth., S. 80 ff; *Marlo* (Professor Winkelblech) System der Welt-Oekonomie, Th. I, c. 4. Th. II, c. 11, 12, 13; *Sismondi,* Nouveaux Principes, T. I, p. 359 e. b. d'a.
3. Parmi les économistes libéraux, voir surtout *Nebenius,* le Crédit public, chap. 2 ; *Herrmann* Staatsw. Unters; N. 204-214 ; *Storch,* Cours d'écon. pol. T. II, p., 87, ff, éd. St-Pétersbourg ; *Schön,* Nouvelles recherches sur l'écon. polit., v. 87 et 112-116 ; *Riedel,* Économie politique, § 466-477 et 785 ; *Rau,* Principes, etc., p. 311-323 et une foule d'autres.

présenter le profit d'entreprise, comme salaire du travail intellectuel [1].

En outre, voulez-vous faire ressortir, *en pratique*, la part absolument insignifiante du revenu de l'enpreneur que représente ce salaire pour la *gestion intellectuelle*? Vous n'avez qu'à regarder autour de vous. Combien y a-t-il de propriétaires fonciers, combien de gros fabricants et de négociants qui font gérer leurs biens et mener leurs affaires par des intendants, des gérants, des directeurs, etc., tandis qu'eux-mêmes voyagent en Italie, en Orient ou ailleurs, et ne s'occupent guère de la gestion de leurs affaires. Le *traitement* de ces gérants, si insignifiant comparativement au profit des entrepreneurs, indique la somme à laquelle ces messieurs peuvent évaluer leur *propre activité intellectuelle*, quand ils mènent leurs affaires euxmêmes.

Dans les grandes entreprises modernes par actions, telles que chemins de fers, banques, etc., cette division se manifeste même nécessairement. Le *capitaliste* ou *l'entrepreneur* composé d'une pluralité de personnes ne peut, précisément en raison de cette pluralité, mener ses affaires lui-même et il prend un directeur à gages. Si le profit de l'entreprise consistait dans la rémunération de *l'activité intellectuelle de la gestion des affaires*, d'où viendraient les 13 º/º de dividende que les actions du chemin de fer de Cologne-Minden rapportent à leurs entrepreneurs (actionnaires) qui ne se sou-

---

1. En cela, Say a devancé tous les autres. Il ne faut pas confondre avec cette tendance française *prétendue* humanitaire, la série des économistes humanitaires parmi les Français, tels que Vauban, Bois-Guilbert, Forbonnais, Necker, Sismondi, Eugène Buret qui font honneur à la France et qui lui donnent sur ce point un avantage sur l'Angleterre.

cient pas le moins du monde de la gestion des affaires ! D'où viendraient les 17 $_o/^o$ de dividende du chemin de Magdeburg-Leipzig ? D'où viendraient les 25 $_o/^o$ de dividende du chemin de Magdeburg-Halberstadt ?

Dans les entreprises de ce genre on paye souvent aux directeurs et pour des raisons particulières, des traitements tout à fait extravagants. Néanmoins pour avoir une idée de l'étonnante insignifiance relative de la rémunération pour la *gestion des affaires*, comprise dans le revenu d'entreprise, comparez seulement le traitement des directeurs de ces chemins de fer et celui des conseils d'administration avec la somme du *profit de capital* que rapportent ces chemins de fer [1].

1. Pour vous venir en aide dans votre ignorance des choses, voici un exemple pratique en chiffres. J'ai devant moi le compte rendu imprimé de la Direction de la société de Cologne-Minden pour 1862. D'après ce compte rendu, p. 243, le chemin de fer de Cologne-Minden a rapporté en 1862 un

dividende de. . . . . 1,641,250 thalers.
et en outre un intérêt des actions. . . 1,726,271   —

Total. . . . . 3,367,521 thalers.

En même temps, je fais abstraction de 521,290 thalers pris comme fonds de réserve, de 73,000 thalers d'amortissement, de 628,952 thalers d'extra-dividende, payables à l'État, qui forment ensemble la somme de 1,223,242 thalers et devraient être additionnés aux 3,367,521 thalers.

Au moins ces 3,367,521 thalers forment la *prime du capital* sur le revenu annuel de l'entreprise, prime revenant au *capital*.

Quelle serait d'après vous, M. Schulze, la rémunération payée par cette entreprise à l'administration supérieure ? Vous pouvez le voir p. 262-266.

Traitement du directeur du chemin. . . 3,475 thalers.
   —   des directeurs d'exploitation. . 3,200   —
   —   du contrôleur d'exploitation. . 1,900   —

Enfin, comme il résulte de notre développement précédent, tous ceux qui s'évertuent[1] à ramener le profit de l'entrepreneur sur la *personnalité* de l'entrepreneur, tombent dès l'abord dans une erreur ridicule.

La personnalité de l'entrepreneur, son zèle, sa paresse, son esprit d'entreprise ou sa bêtise, etc., tout cela, ce sont des qualités qui, assurément, ont beaucoup d'influence, s'il s'agit de savoir de combien l'entrepreneur *Pierre* l'emportera sur les entrepreneurs *Paul* et *Guillaume* dans le profit du capital annuel revenant à *l'ensemble des entrepreneurs.* En d'autres termes : c'est une question de concurrence *entre les entrepreneurs,* qui contribue à déterminer la part de chaque entrepreneur isolé, dans la *quote-part* du revenu annuel de production qui revient *aux entrepreneurs en général.* Mais, comme cela résulte du développement précédent, cette question n'a aucune *influence* sur la *quote-part* générale qui revient à *la classe des entrepreneurs* de la nation.

Traitement du directeur spécial   2,200   —
—   de son substitut . . . .   1.500   —

Les traitements payés aux architectes, aux dessinateurs, aux inspecteurs, aux comptables, aux vaguemestres et aux ouvriers, chaque entrepreneur isolé aurait dû les payer aussi.

Ainsi sur une prime de capital de 3,300,000 et même de 4,500,000 thalers que rapporte annuellement une entreprise avec cette *division* en *capitalistes-entrepreneurs* et en *gérants,* ces derniers reçoivent pour leur gestion un salaire de 12,000 thalers. Tant il est vrai, n'est-ce pas, M. Schulze, que le revenu d'entreprise prélevé sur la nation n'est qu'un *simple* salaire de travail *intellectuel?*

1. Par exemple J. B Say, Cours compl. Voyez Dunoyer, *de la liberté de travail,* lib. VII; Steinlein, Manuel de la science de l'Économie politique. T. I. p. 444; aussi Mangoldt, Études sur le profit d'entreprise, Leipzig, 1853, n'en est nullement affranchi.

La somme totale, la somme donnée de revenu de travail d'une année = A. La somme nécessaire de la moyenne de l'entretien de la classe travailleuse, la somme de tous les salaires de travail = Z. Que les entrepreneurs aient été tous paresseux ou appliqués, intelligents ou bêtes, A — Z *reviendra* toujours à *l'ensemble des entrepreneurs*, et il ne reste que la question, en combien de parts sera partagé A. — Z et dans quelle proportion, entre les entrepreneurs isolés, en égard à leurs qualités personnelles.

Par l'activité des entrepreneurs la *somme totale* du revenu annuel de production peut être augmentée ; ainsi de A elle peut être transformée en A + B, et cela a lieu si les entreprises n'ont pas été faites à l'étranger, parce que les *quantum de travail* donnés par la nation ont été multipliés. Quand même cette augmentation de *quantum* de travail aurait effectué une augmentation de la *somme totale des salaires de travail*, ce qui d'ailleurs n'est pas nécessaire, cela aurait pour cause ou pour conséquence une *augmentation* correspondante de la *population ouvrière*. (Et ceci est la raison intrinsèque de l'accroissement de la population européenne). La *somme totale* des salaires de travail dans la nation est augmentée, mais cette somme totale augmentée se répartit désormais (c'est dans la logique des faits) entre un *nombre de travailleurs considérablement augmenté*, parfois même plus que le total des salaires en proportion. Le *salaire* revenant à chaque *travailleur isolé*, n'a donc pas augmenté d'une façon permanente. Quand même le *quantum* des produits qui revient à *l'ensemble des travailleurs* a augmenté, si toutefois, comme c'est ordinairement le cas, la lucrativité de leur travail s'est encore élevée à un plus haut degré, la quote-part qu'ils reçoivent dans le salaire de leur *propre produit de travail* peut encore avoir *baissé !* L'Angleterre est le pays où le *paupérisme des travailleurs* est le *résultat* de cet incontestable esprit d'entreprise des entrepreneurs.

Pour la science économique il n'y a que la question suivante qui peut être l'objet de recherches : Quelle part du revenu de production touche la classe des entrepreneurs vis-à-vis du travailleur ? et relativement à celui-ci : Quel *quantum* de produits touche le travailleur *isolé* et quelle *quote-part* de son produit de travail touche toute *la classe des travailleurs* ?

La recherche des qualités personnelles par lesquelles un entrepreneur peut attirer vers lui, aux dépens d'un autre entrepreneur, une plus grande part de ce revenu de production qui revient à la classe des entrepreneurs en général, cette recherche est en partie du ressort des *écoles pratiques de commerce*, en partie du ressort des *secrets de bureaux* (comptoirs), et la *glorification* de ces qualités personnelles peut être faite dans les banquets des riches conseillers de commerce, mais ne doit pas entrer dans l'économie politique. C'est la confusion de l'économie politique et de l'économie privée qui, passant par toute votre économie bourgeoise, a produit ces erreurs et tant d'autres et conduit à de fausses conclusions, la question ayant été d'abord mal posée.

Vous aurez vu, monsieur Schulze, par ce long développement, combien est grande l'erreur commune des économistes bourgeois qui considèrent *le capital*, ainsi que toutes les autres catégories économiques, comme des catégories *logiques, éternelles.* Les catégories économiques ne sont point des catégories *logiques*, mais des catégories *historiques.*

La productivité du capital n'est pas une *loi de la nature*, mais un effet de conditions *historiques* définies, qui, dans d'*autres* conditions historiques, peut et doit disparaître [1].

En même temps, vous aurez peut-être une idée vague de la vérité que *Goethe* vous adresse dans ces vers :

> Que celui qui, de trois mille ans,
> Ne sait pas se rendre compte,
> Reste dans la nuit sombre
> Et vive au jour le jour.

Et vous voyez maintenant comme il est dangereux de faire l'*érudit*, quand on ne répond pas à cette condition préliminaire !

Mais pour rendre ce long développement instructif, en effet, un résumé concis est nécessaire.

Comparez le commencement et la fin du long procès historique que j'ai déroulé devant vos yeux.

Dans l'état primitif du travail *individuel, isolé*, dont nous sommes partis, l'instrument de travail — l'arc de l'Indien — n'était productif que *dans la main du travailleur* lui-même ; par conséquent, ce *n'était que le travail* qui était productif.

Par la *division du travail* — et n'oubliez pas

---

1. Ce qui vient d'être dit plus haut, ce qui sera tracé dans le développement suivant prouve que la catégorie économique, *capital*, et la catégorie juridique, *propriété*, ne sont également que des catégories de *l'esprit historique*, comme je l'ai développé relativement à toutes les *catégories juridiques* dans mon *Système des droits acquis* (Comp. Préf., p. XVI et p. 69, N. 1, p. 259, N. 1) et dans tout le second volume de cet écrit, dans le *Droit d'hérédité* (et *Droit de famille*).

que la *division* du travail, pour le distinguer du travail de l'Indien, s'appelle déjà *travail commun,* production *commune,* quoique les déboursements, et par conséquent la répartition du revenu de travail qui en résulte, soient encore *individuels* (c'est-à-dire soient encore dans les mains de *ceux* qui font ces déboursements) — par la division du travail, disions-nous, par son résultat, la transformation successive et nécessaire de la production en un système de *valeurs d'échange,* enfin par la *libre concurrence* qui doit amener, étant donné les déboursements individuels, cette production de valeurs d'échange, on aboutit nécessairement à un effet opposé au point de départ que : *l'instrument de travail,* dans sa *scission* d'avec le travailleur, est devenu *autonome,* et que, suçoir économique, il attire à lui toute la *productivité du travail,* et réduit le travail à une rémunération strictement nécessaire aux besoins de la vie pendant la durée du travail, et rend par conséquent le travail improductif.

Comme avant, *ce n'était que le travail;* à présent, *ce n'est que l'instrument du travail, séparé du travailleur, qui est productif.*

Cet instrument de travail devenu autonome, qui a changé de rôles avec le travailleur, réduisant le travailleur vivant à un instrument inerte de travail, et se développant, lui, l'instrument de travail inerte, en un organe générateur vivant, — c'est le capital [1].

1. Celui qui se sent blessé par cette définition devrait, pour donner une définition juste, propre à un abrégé, avoir recours à la suivante : Le capital est un *déboursement de travail précédent* fait sous *la division du travail,* sous un système de production consistant en *valeurs d'échange* et sous la *concurrence libre,* déboursement nécessaire à l'entretien des produc-

La *division du travail* est la source de toutes les richesses. La loi : que la production ne devient toujours plus abondante et plus à bon marché que par la division du travail — *cette loi qui repose sur la nature du travail* est la seule loi économique qui pourrait être désignée comme une *loi naturelle*. Cependant ce n'est pas une loi naturelle, car elle n'appartient pas au domaine de la *nature*, mais à celui de l'esprit ; mais elle est revêtue *de la même nécessité* que l'électricité, la gravitation, l'élasticité de la vapeur, etc. C'est *une loi sociale naturelle!*

Et parmi toutes les nations, une poignée d'individus sont venus et ont confisqué à *leur profit individuel* cette *loi sociale naturelle* qui n'existe que par la nature intellectuelle de tous, en ne laissant aux nations stupéfaites et indigentes, garrottées par des liens invisibles de leur produit de travail toujours croissant et s'accumulant toujours plus, que la même part que, dans des circonstances favorables,

teurs jusqu'à l'aliénation du produit entre les mains des consommateurs définitifs, et qui a pour résultat que l'excédant du revenu de production sur l'entretien des travailleurs se répartit entre celui ou ceux qui ont fait le déboursement.

On trouvera d'abord que dans cette définition la *fourniture des matières premières* fait défaut, car elles sont aussi nécessaires à la production.

Mais ce serait à tort ; car ces matières premières ont été produites également et dans les mêmes conditions par des travailleurs et avec le déboursement d'un producteur en matières premières, qui est remplacé ensuite par un producteur industriel qui complète la façon de ces produits. Tout ce que la série des capitalistes a déjà dépensé les uns après les autres, par la fabrication d'un produit, n'est rien autre que l'entretien de la série des travailleurs (ouvriers en matières premières, mineurs, etc.) qui ont concouru à la fabrication du produit. — Toute autre définition qui omet un des indices contenus ici est, comme le prouve notre analyse fausse et incomplète.

l'Indien gagnait déjà avant toute civilisation, c'est-à-dire l'équivalent strict des besoins matériels de la vie ! C'est comme si quelques individus avaient déclaré que la gravitation, l'élasticité de la vapeur, la chaleur du soleil, sont leur propriété ! Ils nourrissent le peuple comme ils chauffent et graissent leurs machines à vapeur, pour les entretenir dans un état *propre au travail ;* la nourriture du peuple n'est considérée que comme *frais de production* nécessaires !

Bastiat a recours à son dernier moyen en lançant contre Proudhon l'argument suivant [1] :

« Les capitaux sont des instruments de travail. Les instruments dé travail ont pour destination de faire concourir les forces gratuites de la nature. Par la machine à vapeur, on s'empare de l'élasticité du gaz ; par le ressort de montre, de l'élasticité de l'acier ; par des poids ou des chutes d'eau, de la gravitation ; par la pile de Volta, de la rapidité de l'étincelle électrique ; par le sol, des combinaisons chimiques et physiques qu'on appelle végétation, etc., etc. Or, confondant l'utilité avec la valeur, on suppose que ces agents naturels ont une valeur qui leur est propre, et que, par conséquent, ceux qui s'en emparent s'en font payer l'usage, — car valeur implique paiement. On s'imagine que les produits sont grevés d'un *item* pour les services de l'homme, ce qu'on admet comme juste, et d'un autre *item* pour les services de la nature, ce qu'on repousse comme inique. Pourquoi, dit-on, faire payer la gravitation, l'électricité, a vie végétale, l'élasticité, etc. ?

« La réponse se trouve dans la théorie de la valeur. Cette classe de socialistes qui prennent le nom

1. Harm. écon., p. 229.

d'égalitaires, confond la légitime valeur de l'instrument, celle d'un service humain, avec son résultat utile, toujours gratuit, sous déduction de cette
légitime valeur ou de l'intérêt y relatif. Quand je
rémunère un laboureur, un meunier, une compa-
gnie de chemin de fer, je ne donne rien, absolument
rien, pour le phénomène végétal, pour la gravitation,
pour l'élasticité de la vapeur. Je paie le travail humain
qu'il a fallu consacrer à faire les instruments au
moyen desquels ces forces sont contraintes à agir ;
ou ce qui vaut mieux pour moi, je paie l'intérêt de
ce travail. »

En face de Proudhon, qui fut autrefois un homme
d'esprit, mais nullement un économiste, cette passe
ridicule pouvait être bonne. Mais vous voyez, monsieur Schulze, que le fleuret impuissant de votre
maître Bastiat n'atteint que l'espace vide.

Oui, nous avons appris du grand économiste anglais que dans les *prix des produits*, *le travail
humain* seulement est payé par le consommateur,
et non pas les forces de la nature [1] ; nous l'avons
appris beaucoup mieux que Bastiat, qui l'ignore
complètement, comme nous l'avons vu !

Mais nous avons vu en même temps que ce
paiement du travail humain, par la différence des
salaires de travail et des *quantum* de travail qui
déterminent les prix, revient nécessairement et
toujours à ceux *qui ne le méritent pas* ; que si le
travail est payé, il ne l'est pas aux *travailleurs* ;
que le produit de ce travail est sucé par l'éponge du
capital, qui de toute la pluie abondante de notre
production ne laisse au peuple que l'humidité nécessaire à une existence nécessiteuse. Si le capita-

---

1. La forme analogue, et néanmoins *différente* que prend la
rente foncière ne peut pas être exposée ici.

liste n'a pas confisqué *l'utilité* de la valeur, de la gravitation, de l'électricité, il a, ce qui est tout aussi mal, confisqué à son profit exclusif *l'utilité* de la *division du travail* et de sa productivité toujours croissante — de cette grande loi-sociale naturelle. Dans le fond, c'est même bien pis, car si quelqu'un, par exemple, s'était emparé du soleil et se l'était approprié, il ne se serait approprié qu'une chose, qui selon les juristes romains, *res nullius*, n'est ni la propriété ni le produit de personne. Tandis qu'en s'emparant des avantages d'une loi *sociale* naturelle les capitalistes s'emparent directement des *produits du travail des autres*, ils s'approprient la force du *travail humain* et sa productivité toujours croissante !

Par la scission fondamentale entre le travail et la productivité échue à l'instrument de travail devenu autonome, est créé nécessairement un état social de propriété où chacun n'appelle *sien* que ce qui *n'est pas le produit de son travail !*

Ceci pourrait paraître d'abord concerner seulement le *capital* et le *travail*, les *capitalistes* et les *travailleurs* les uns vis-à-vis des autres. Mais ce serait une grande erreur et une impossibilité. Le *principe* sur lequel repose un état social de production, doit passer par toutes ses sections et se réaliser également dans la *classe des entrepreneurs et des capitalistes elle-même.*

Et c'est ici que vous devez vous souvenir de ce que je vous ai expliqué au commencement de ce livre sur les enchaînements *sociaux*, moyennant lesquels chacun est responsable de ce qu'il n'a pas fait ; exactement comme nous venons de voir la raison de cette fatalité dans ce fait que chacun appelle *sien*, ce qui *n'est pas le produit de son travail.*

Ce n'est qu'à ce moment que ce développement

de l'effet des *enchaînements sociaux* apparaît sous son vrai jour ; ce n'est *qu'ici* que, relu de nouveau, il gagne en clarté, et ce n'est *qu'à présent* qu'il aurait dû être fait. Mais vous comprenez que ce n'est pas ma faute, si, en commençant par la fin, vous m'avez obligé à vous suivre dans votre marche. D'ailleurs si vous avez suivi attentivement nos débats, vous verrez clairement par quelles voies (notamment la *valeur d'échange* et le *prix du marché*) cette iniquité sociale, en vertu de laquelle *chacun appelle sien ce qui n'est pas le résultat de son travail*, a produit ce fait que dans le *milieu entrepreneur* lui-même, *chacun est également responsable de ce qu'il n'a pas fait* ; qu'un état de production transformé en simple *jeu de hasard* joue au ballon avec les hommes et avec les capitaux, et le seul grand courant qui traverse impassiblement le tourbillon de ce hasard, c'est l'absorption du petit capital par le grand qui le décapitalise constamment.

Les soucis des entrepreneurs, leurs luttes constantes et impuissantes contre le grand capital, les modifications perpétuelles (qui atteignent même les petits rentiers vivant complètement retirés et en dehors de toutes affaires), modifications de leurs rapports de propriété par les rapports sociaux, qui sont tout à fait en dehors de leur action et de leur responsabilité, les *pertes* qui, dans bien des entreprises spéculatives, sont la *conséquence* de calculs justes, les *gains* qui souvent récompensent des calculs faux [1], ce continuel persiflage de l'*esprit* d'entreprise par les faits : telle est la *vengeance* conséquente qu'éprouve le capitaliste lui-même et la perpétuation d'un état de choses où il est établi,

1. Voir page 51.

comme premier principe, que chacun appelle *sien* ce qui *n'est pas* le résultat de son travail.

C'est le ricanement du chœur des démons en face du capital qui veut se démener dans la personne du capitaliste, comme individu autonome, dans un *état de choses* qui, *a priori*, repose sur la *désindividualisation* de toute propriété.

N'est-ce pas comique, monsieur *Schulze*, de voir MM. Bastiat, Thiers, Troplong, etc., bref, tous les économistes et les juristes qui entrent en campagne contre les socialistes, justifier toujours la propriété d'aujourd'hui en la désignant comme *les fruits du travail du possesseur*, tandis, au contraire, comme nous venons de le prouver fondamentalement et sans possibilité d'objection, que chacun appelle sa propriété ce qui n'est pas le produit de son travail.

N'est-il pas bien risible de voir ces messieurs recourir pour justifier cette propriété à l'idée qui lui est diamétralement opposée?

La *propriété* est devenue *l'appropriation du bien d'autrui*[1], c'est la thèse dans laquelle pourrait se résumer notre démonstration critique!

Chaque état social tend à développer des phénomènes dans lesquels ce qui forme sa base fondamentale s'exprime de la manière *la plus nette* et *la plus transparente*.

Le phénomène le plus clair de l'état actuel, c'est *l'agiotage et la bourse*, c'est le placement des richesses en *actions*, en *titres de crédit*, ou *sur l'État*.

Par un événement quelconque, en Turquie ou au Mexique, par la guerre ou la paix, et non seulement par la guerre et la paix, mais par un simple

---

1. « Das Eigenthum ist Fremdthum geworden. » Jeu de mots qu'on ne peut rendre littéralement. (N. du T.):

courant d'opinion publique qui se produit par chaque bavardage de journaliste et par chaque dépêche menteuse, par chaque emprunt à Paris ou à Londres, par les récoltes de grains au Mississipi et les mines d'or de la Polynésie, — en un mot par chaque évènement objectif et *toutes sortes de mouvements purement objectifs de la société comme telle,* dans le domaine politique, financier ou mercantile, etc., se déterminent journellement à la bourse *le mien* et *le tien* des individus. Mais ce qui devient évident ici, n'est pas quelque chose de *particulier* ou de *spécifique,* non, ce n'est qu'un tableau, plus transparent, de ce que nous avons vu au commencement dans les valeurs de biens-fonds et des établissements, dans la hausse et la baisse des prix de produits agricoles et industriels, etc., etc. Là aussi, par les *enchaînements sociaux* de tous genres et la *valeur* d'échange qu'ils déterminent, le mien et le tien dans la société varient à tout moment, et, d'après les mouvements objectifs de la société elle-même, toute propriété individuelle est toujours répartie de nouveau d'une manière tout à fait impersonnelle.

Comment définiriez-vous le socialisme, monsieur Schulze? Évidemment ainsi : Partage des propriétés par la société.

Eh bien, c'est *précisément aujourd'hui* que *cet état de choses* existe, comme je vous l'ai démontré.

C'est précisément aujourd'hui que, sous la simple *apparence* de la production individuelle, règne une répartition de propriété continue, toujours déterminée à nouveau par le hasard, par les mouvements *purement objectifs de la société,* une *répartition de la propriété de par la société.* C'est précisément aujourd'hui que règne un *socialisme anarchique!*

Ce socialisme anarchique, c'est *la propriété bourgeoise.*

Ainsi ce que veut le socialisme, ce n'est pas *abolir la propriété,* mais au contraire *introduire la propriété individuelle fondée sur le travail.*

Même en voulant faire abstraction de cette propriété de capital *une fois formée* (supposons, légalement et d'accord avec les conditions établies, aussi peu légales que celles-ci puissent être elles-mêmes), nous avons du moins le droit le plus incontestable de façonner en *propriété de travail* la *propriété de l'avenir non existante encore,* en donnant une autre forme à la *production.*

Il faut espérer que messieurs les bourgeois ne voudront pas soutenir l'opinion féodale : que les travailleurs sont leurs *glebæ adscripti,* leurs serfs, et que même, le secret de la production d'aujourd'hui étant dévoilé, le peuple *doive* continuer ce mode de production et rester l'esclave du capital.

Malheur à eux, s'ils soutenaient une pareille opinion, ou s'ils amenaient le peuple à la conviction qu'ils la soutiennent !

Mais — demanderez-vous peut-être — comment changer cet état de choses et faire que l'instrument de travail mort change de rôle avec le travailleur vivant, et que celui-ci attire à lui son produit de travail, puisque, comme nous l'avons développé nous-même, ce produit n'est que le résultat nécessaire de la *division du travail?*

C'est très simple ! Il ne s'agit nullement de rompre avec la division du travail, cette source de toute civilisation, mais seulement de *dégrader le capital,* d'en faire de nouveau un *instrument de travail mort.* Il ne s'agit pas de *supprimer la division du travail,* mais plutôt de la *développer le plus possible.*

La division du travail est déjà en elle-même un *travail commun*, un concours social pour la production. Ce qu'elle est en elle-même doit lui être *appliqué*. Ainsi dans la production générale il est nécessaire d'annuler *les avances individuelles de production* (en suite desquelles tout le produit de production et l'excédant sur l'entretien des travailleurs revient à l'entrepreneur), d'exercer le travail commun de la société sur la base de *déboursements communs* et de partager le produit de production entre tous ceux qui y ont contribué dans *la mesure de leurs services*.

Le moyen transitoire le plus modéré, le plus facile, ce sont les *associations productives des travailleurs avec le crédit de l'État*.

Et c'est pourquoi ces associations *doivent* se faire et elles se *feront*, monsieur Schulze, quand vous et tout le monde en devriez crever de dépit : car notre peuple *souffre la faim* et *s'abrutit!* Il est déjà *abruti* au point de vous prendre pour un champion de ses droits, et vous comprenez, monsieur, *cela* ne DOIT *pas être!*

C'est là le moyen transitoire le plus modéré ; mais ce n'est nullement encore, comme je l'ai fait ressortir dans mon *Manuel des travailleurs* (p. 41), la solution de la question sociale qui demande le concours de générations ; mais c'est le grain organique de senevé dont la vitalité irrésistible se développe d'elle-même [1].

---

1. C'est précisément parce que ce moyen transitoire est si *facile* et si *réalisable* en pratique, et qu'en outre il *renferme en soi le germe organique de tout développement ultérieur*, que ma proposition a soulevé dans tous les journaux les cris de rage de la bourgeoisie et a rendu possibles par là les grandes proportions que mon agitation a prises. Cela n'aurait pas eu lieu, si j'étais allé *plus loin* et si j'avais posé une réclamation

Que pourriez-vous objecter contre ce moyen?

Vous-même, sous la pression de mon agitation, vous vous êtes déjà déclaré, non seulement pour les *associations productives;* mais, dans une session

abstraite quelconque, que la bourgeoisie aurait accueillie tranquillement par un silence de mort comme une utopie non dangereuse. Une donnée *théorique* et une agitation *pratique,* telles que je les ai inaugurées dans ma *Réponse publique* et dans les discours qui ont suivi ont, sous certain rapport, une loi tout opposée. Plus une donnée théorique est complète et vaste dans ses conséquences logiques, plus elle est puissante. Une agitation *pratique,* au contraire, est d'autant plus puissante qu'elle est plus *concentrée* sur un *premier point* d'où découle tout le reste. Mais ce point doit renfermer *en lui* toutes les conséquences ultérieures, qui doivent se développer avec une nécessité organique ; sans quoi il n'est pas à la *hauteur théorique* voulue, c'est-à-dire qu'il n'est *a priori* qu'un palliatif impuissant, qu'une stupide ressource qui ne peut avoir ni des conséquences fécondes, ni se réaliser, ni réussir en rien ; telles sont, par exemple, toutes les réclamations du parti progressiste qui se fait un point d'honneur de *ne pas* être à la hauteur théorique et qui regarde cela comme une chose *pratique.*

En Allemagne on comprend encore très mal les conditions de l'agitation pratique. C'est pourquoi dans cet amas de critiques libéraux il y en avait aussi de bienveillants, qui me reprochaient de ne vouloir et de n'avoir levé que l'étendard d'un changement dans la *répartition du produit de production* au lieu de *l'augmentation de la production.*

En tout cas, de pareilles objections ne sont qu'une suite de *l'hypercritique* qui règne chez nous, en vertu de laquelle chacun, — après avoir entendu les paroles d'un autre et sans se donner la peine de les *examiner jusque dans leurs conséquences nécessaires,* — se croit mieux instruit. *L'augmentation de la production* est une *condition indispensable* de toute amélioration de notre état social, et elle est en même temps la suite inévitable de l'association productive que je demande et la *mesure pratique* qui produit cet effet à un haut degré. Cette conséquence n'a pu être développée dans ma *Réponse publique,* la concision la plus grande étant la première condition des écrits agitationistes.

Dans le *Manuel des Travailleurs* (p. 51) elle a déjà été mentionnée énergiquement. Mais ce n'est qu'ici seulement,

de la société ouvrière de Berlin du 21 juin 1863
(voir *Volckszeitung* du 23 juin 1863), vous avez fait
part de l'obtention de 100,000 thalers venant de
possédants, pour faire naître de pareilles associations. Il est vrai que, depuis, on n'en a plus entendu
parler, et on ignore quelles sont les associations
productives qui ont été fondées avec cet argent.
Mais, abstraction faite de cela, ne voyez-vous pas
que dans ce cas vous avez abandonné votre principe de *l'aide-toi*, dont vous avez reconnu la fausseté et l'impossibilité, et que vous m'avez accordé
par là tout ce que je pouvais désirer?

Ainsi, vous avez *reconnu* que l'état travailleur ne
peut progresser par le seul *aide-toi*, bien que vous
le donniez *continuellement*, dans votre *Catéchisme*,
comme une *condition absolue* [1]. Puisque vous

quand la donnée théorique se joint à l'agitation pratique, que
peut avoir lieu le développement de l'augmentation de production comme résultat de l'association. Je vais l'exposer brièvem-
ment dans ce qui suit; quant aux causes de cette augmentation qui se présentent d'elles-mêmes à l'esprit, telles qu'un
plus grand zèle et l'épargne des matériaux de la part des travailleurs, en suite de leur propre intérêt, etc., etc., elles
peuvent être facilement omises. Comme *bannière* d'agitation
doit servir la *réforme* de la *répartition* du produit de production et non pas *l'augmentation de la production;* premièrement parce que l'association productive est la mesure
matérielle et *pratiquement saisissable*, dont cette augmentation n'est que la conséquence — et non le contraire ; secondement, précisément parce que la *réforme* de la *répartition du
produit de production* est *un appel agitationiste matériel-
lement concevable*, il est susceptible de s'emparer des *masses*
et de les mettre en mouvement. L'augmentation de la production, au contraire, en comparaison de la réforme de répartition,
est déjà une réflexion savante, et quiconque nourrit de telles
réflexions doit avoir assez de force de pensée pour voir lui-
même qu'elle doit être la conséquence d'une association productive.

1. Voir, par exemple, *Catéchisme*, p. 81 : « Forts du senti-

convenez maintenant que *l'aide-toi* n'aide en rien, que le prolétariat doit chercher l'aide du capital ou du crédit en dehors de lui, il vaut mieux pour lui de le chercher plutôt auprès du *pouvoir législatif*, pour rester homme *libre*, que chez les hommes de Manchester, pour devenir le serviteur soumis et châtré de Monseigneur (le capitaliste).

Ne voyez-vous pas qu'avec une somme aussi mesquine que celle que vous avez réunie grâce à la générosité des conseillers de commerce libéraux, pour mieux fasciner les travailleurs, on pourrait peut-être venir en aide à une *poignée* de travailleurs, les transformer en bourgeois, en les transportant dans des conditions bourgeoises, mais jamais on ne pourrait améliorer la situation du *prolétariat* [1], jamais briser les chaînes du capital, analysées précédemment ?

Mais même cette poignée de travailleurs n'au-

ment de leur propre énergie, jamais, au prix d'un soutien dont ils n'ont pas besoin, ils ne se laisseront réduire à la dépendance qui atteint quiconque, dans l'importante question de l'existence, *s'appuie sur la bonne volonté des autres, sur les secours d'autrui.* » Et encore, p. 123 : « *Celui qui réclame le soutien d'un autre, fût-ce même celui de l'État,* accorde à celui-ci l'arbitrage, la surveillance de sa personne, et il renonce à son autonomie. Ce serait une renonciation à soi-même, un abandon de l'esprit des ancêtres, une trahison de la postérité, » etc., etc.

Dans ces mots : « ..... *d'un autre, fût-ce même celui de l'État* », vous admettez que l'appui d'un *autre* est *encore pis* que celui de l'État. Ainsi vous combattez, p. 78, le soutien qui émane des *classes riches de la société.* Comp. p. 128 et presque chaque page de votre livre. Après cela, vous commettez tout à coup vous-même la *trahison* en vous procurant de ces mêmes classes 100,000 thalers !

1. Partout où nous mettons *classe ouvrière* ou prolétariat, Lassalle avait mis *arbeiterstand* (état ouvrier), mot qui, en français, peut prêter à l'équivoque. (Note du traducteur.)

raient pu être secourus ; car, comprenez-le bien, dans chaque état social tout prend la direction du courant *principal* et en subit la loi. *Id quod plerumque fit* — vous en rappelez-vous encore ? — ce qui arrive généralement détermine chaque cas isolé. C'est pourquoi les questions économiques ne se laissent jamais résoudre en *détail*, elles exigent toujours des mesures générales. *Rien ne serait plus facile à la concurrence libre que d'écraser une poignée de travailleurs associés.*

Comme les gros bataillons sur le champ de bataille, ce sont toujours les *grandes* masses de travail, les *grands* capitaux qui, sur le champ économique, décident de la victoire. C'est pourquoi rien ne serait plus facile que de transformer la concurrence libre, qui étouffe aujourd'hui le travailleur, en un *instrument de sa délivrance.*

Mais il faudrait pour cela placer les *gros bataillons* du côté des *travailleurs*, du côté des *associations*, ce qui n'est au pouvoir que de *l'État*, lequel sur le champ *économique*, comme sur le champ de bataille, est le seul qui par le *crédit de l'État* puisse mettre en mouvement les *gros* bataillons de travail et par là déterminer la victoire.

De cette manière l'objection sur laquelle vous insistez et qui vous paraît de la *plus haute importance* se réfute d'elle-même. Comment l'État peut-il l'entreprendre à ses *risques* et *périls?* vous écriez-vous. Les risques et périls ne sont qu'une *illusion*, monsieur Schulze !

En effet, les entrepreneurs Pierre et Paul courent le risque de perdre leur capital dans la production : car il est possible que les entrepreneurs Christophe, Amédée et Jean attirent à eux leur débit.

Mais si le *producteur isolé* court ce danger, la production ne le court nullement. Elle est accom-

pagnée d'une croissance et d'un profit constants. Lisez
là-dessus le premier bon livre de statistique que
vous trouverez, et vous verrez dans quelle croissance annuelle constante se trouve le capital national engagé dans la production.

Il vous paraîtra clair que si l'Etat se décidait
à une pareille émancipation du travail *en gros*, il
se présenterait dans chaque ville, non pas des travailleurs séparés, mais *tous* les travailleurs du
métier en question, donc *toute la corporation*, ou
au moins tous ceux de ces travailleurs qui voudraient se réunir en associations productives.

Si vous avez le moindre doute à ce sujet, je me
permettrai de vous faire observer que déjà à Paris
en 1848, quand l'État, *après* la révolution de juin,
voulant faire semblant d'être juste envers les travailleurs victorieusement mitraillés, accorda, par le
décret du 5 juillet 1848, la ridicule *subvention* de
3,000,000 de francs aux associations ouvrières, ce
phénomène se manifesta dans toute sa force, grâce
à l'instinct des masses.

Ainsi à Paris 30,000 cordonniers se présentèrent
pour former une seule association de cordonniers [1].

Il va sans dire que le *conseil d'encouragement*
établi pour la répartition de cette concession, et qui
était un véritable *conseil de découragement*, re-
poussa la requête des cordonniers.

L'association fraternelle des tailleurs projetée
embrassait tous les tailleurs de Paris, au nombre
de plus de 20,000 et, le 28 mars 1848, ils avaient
même conclu un contrat avec la ville de Paris pour
une fourniture de 100,000 uniformes et ils avaient

---

1. *Études sur les associations ouvrières*, par M. le vicomte
Lemercier, p. 92.

élu domicile, pour l'accomplissement de ce contrat,
dans la prison de Clichy devenue disponible par la
suppression de la prison pour dettes. Mais sous le
prétexte que cette grande agglomération de travailleurs dans un seul endroit était dangereuse pour la
tranquillité publique, quelques mois après la bataille de juin, ils furent expulsés de la maison de
la rue de Clichy, et la ville, en leur payant une indemnité de 30,000 francs, rompit honteusement le
contrat conclu avec eux. Il ne fut même plus question d'une subvention [1].

De même *toute la corporation* des ferblantiers-
lampistes, depuis le 12 mars 1848, avait voulu former une association; mais l'appui de l'État leur fut
également refusé [2].

Vous voyez donc que le prolétariat lui-même tend
énergiquement à concentrer toujours dans une ville
toute la branche de production en une seule association. En outre, l'État seconderait cette tendance
en ne faisant dans chaque ville qu'à une association de chaque branche de métier le crédit nécessaire, et en en laissant naturellement l'entrée libre
à tous les ouvriers de ce métier.

Il ne viendrait certainement pas à l'esprit de
l'État de produire dans le monde travailleur les
mêmes phénomènes qui caractérisent la bourgeoisie
et de convertir les travailleurs groupés en petites
sociétés rivales, en *bourgeois concurrents*. Ce serait bien la peine! En un mot, les *associations
productives* (comme je l'ai suffisamment démontré

1. Voir Lemercier, *ibid.*, p. 136-145. J'insiste sur cette observation que le vicomte Lemercier, auquel je m'en rapporte
pour ce qui précède et d'autres faits suivants, est un *réactionnaire*, et qu'en somme il est défavorable aux associations des
travailleurs.

2. Lemercier, *ibid.*, p. 146-149.

dans ma *Réponse publique*), par l'union de crédit
et d'assurance des associations, c'est *l'association
productive* qui en chaque lieu se divise en différentes branches de production. Il y aurait donc bientôt dans chaque lieu une concentration de *toute
une branche de production en une seule association*, et dès lors toute *concurrence* entre les associations d'une ville serait *a priori* impossible ; et
par là, comme vous le voyez, le risque que court
l'entrepreneur *isolé* pour son capital, serait écarté
pour l'association, qui marcherait d'un pas assuré
vers l'épanouissement toujours croissant, propre à
la production.

En outre, comme je l'ai déjà dit, j'ai fait dans
ma *Lettre ouverte* l'observation que non seulement une *union de crédit* devait embrasser
toutes les associations ouvrières, mais qu'elles de-
vaient être englobées aussi dans une *union d'assurance*, soit toutes les associations en général,
soit *toutes les associations du même métier*, ce
qui serait peut-être plus pratique, pour égaliser
toutes les pertes éventuelles et les rendre nsensi-
bles. La communication réciproque des bilans et
des livres de commerce et leur examen dans le sein
des associations du même métier de tout le pays,
les mettraient à même de pouvoir transporter dans
des endroits plus avantageusement situés *les branches de travail* qui, pour des raisons particulières,
ne peuvent pas prospérer dans certaines villes.

Ainsi le risque du capital n'existe pas pour les
associations ouvrières, puisqu'il n'existe que pour
les producteurs isolés qui se font une concurrence
réciproque, ce qui n'a pas lieu pour la production
qui est représentée par l'association.

Vous voyez maintenant très clairement comment,
pièce par pièce, s'écroule tout l'échafaudage sur l

quel vous et l'école libérale voulez fonder le profit du capital.

Le *risque* serait la principale et légitime raison du profit du capital !! Quand même ce serait vrai, ne voyez-vous pas que cela ne concerne que le monde *actuel*, et qu'il y a un moyen de donner à la production une forme qui fera disparaître tout risque et en même temps toute légitimité du profit du capital ? En d'autres termes : le *risque* n''est qu'un phénomène purement *négatif*. Il n'est que, comme je vous l'ai expliqué plus haut, la revanche conséquente de ce fait que *le capital* s'est fait acquéreur à la place du *travail*. Supprimez ce mal, et la vengeance négative que vous et les économistes libéraux, avec votre manière d'envisager le monde, transformez en *raison légitime positive du mal*, tombera d'elle-même !

Pièce par pièce, vous dis-je, s'écroule tout votre échafaudage, et cela si pitoyablement, que les yeux les plus faibles peuvent le voir ; car il en est de même de la *rémunération pour le travail intellectuel* de la gestion des affaires qui, selon vous, constitue la nature du profit d'entreprise. Si véritablement messieurs les bourgeois ne tiennent qu'à leur *salaire de travail intellectuel* (qui en réalité n'est qu'une partie mesquine, tout à fait mesquine, du revenu d'entreprise d'aujourd'hui), ne voyez-vous pas, monsieur Schulze, qu'ils le trouveraient tout aussi bien et même plus abondant dans ces grandes associations ouvrières, et que par conséquent ils n'ont aucun motif de s'emporter contre cette mesure ? Car ces grandes associations auraient aussi besoin de gérants d'affaires, de directeurs industriels et de fabriques, de comptables, de caissiers, en un mot de tous les services intellectuels, et messieurs les bourgeois pourraient s'y rendre

très utiles et gagner *leur salaire de travail intellectuel*, tout aussi bien qu'ils le gagnent aujour-
d'hui en menant leurs propres affaires. Et même
ce salaire pour le travail intellectuel serait beaucoup plus abondant que celui qu'on paye aujour-
d'hui, ou que celui qui est réellement perçu sur le
revenu d'entreprise; car je vous ai déjà démontré
dans mon *Manuel des travailleurs* (p. 53), comment la hausse du payement de travail ordinaire,
non qualifié, doit amener aussi une hausse correspondante du payement de tous les travaux quali-
fiés et intellectuels.

Dois-je perdre encore un mot à propos de votre
magnifique argument, que les *finances nationales*
(Steuersaeckel) seraient bien surchargées par une
pareille mesure d'État? Ces *finances nationales*
n'auraient pas même besoin de rien débourser!
Tout capital est une avance de production, qui se
restitue d'elle-même dans la production par le
montant des produits et qui se divise en deux parties :

1) *Capital circulant*, qui se restitue dans la
production dans le courant d'une année ou même
de quelques mois ; dans la plupart des cas il n'est
payé par les entrepreneurs — qui à leur tour
jouissent du crédit chez leurs fournisseurs de matières premières — qu'*après* que cette restitution
a eu lieu. Mais ce *crédit*, les associations ouvrières garanties par l'État le trouveraient tout aussi
bien chez leurs fournisseurs de matières premières
que les plus riches entrepreneurs privés, et quant
aux autres besoins d'argent, ils pourraient être
plus que suffisamment satisfaits par une simple
garantie de la *Banque nationale*, qui escompte-
rait les lettres de change de ces associations ouvrières.

2) *Capital fixe.* Ordinairement dans notre production industrielle il s'amortit aussi dans le courant de quelques années. Et l'avance de ce capital, comme je vous l'ai démontré dans mon *Manuel des travailleurs* (p. 46), pourrait être facilement effectuée par une *Banque d'État*, en sorte qu'on n'aurait aucun besoin de recourir aux *finances nationales* pour cette régénération du genre humain.

Je vous ai montré comment l'association productive apporterait à la société l'avantage infini de lui éviter le *risque* du capital et les *pertes réelles de capitaux*. Voulez-vous observer rapidement plusieurs autres sources de l'immense enrichissement de *toute la société* que ferait jaillir ce mode de production ?

Nous avons vu que toutes les associations ouvrières du pays seraient réunies dans une *union de crédit* et, du moins au commencement, les associations de la même *branche de production* dans une *union d'assurance*.

Vous comprendrez que toutes ces associations tendraient bientôt à une *organisation unitaire* entre elles, ne fût-ce, au moins au commencement, que pour se *renseigner* mutuellement sur l'état et les conditions de la production commune. (Ici, vous et tout votre monde de petits bourgeois, habitués, pour de bonnes raisons, à cachotter votre trafic, vous vous arrachez les cheveux de rage et de désespoir !) Aussi ce besoin de *solidarité* de la production dans la classe ouvrière s'est-il manifesté de suite à Paris en 1848. A la fin de 1848, les associations ouvrières de Paris nommèrent cent délégués dans le but de centraliser dans de certaines limites toutes les associations entre elles; ces délégués se constituèrent en *Chambres de travail;*

mais le *pouvoir les empêcha bientôt de se réunir* [1].

Mais le besoin de solidarité était trop vivant dans la classe ouvrière pour reculer devant les premiers obstacles créés par la police. En octobre 1849, ce besoin amena de nouveau la naissance de l'*Union fraternelle des associations*. Mais le 29 mai 1850, les délégués au nombre de quarante-neuf, s'étant réunis rue Michel-Lecomte pour examiner le rapport sur les travaux de la commission, furent arrêtés pendant la session, incarcérés à Mazas, et, après un emprisonnement de cinq mois, ils furent condamnés par la cour d'assises sous prétexte qu'ils avaient formé une *société politique secrète* [2].

Vous voyez, monsieur Schulze, que toute votre *crapule* [3] bourgeoise n'existe encore que grâce à la protection de police que lui accorde l'Etat.

D'abord, dis-je, cette organisation unitaire de toutes les associations du pays entre elles leur servirait au moins pour leurs *renseignements* mutuels sur l'état et les conditions de la production commune. Les *livres de commerce* de ces associations réunies et des *commissions centrales* chargées de l'examen de ces livres, serviraient bientôt de base réelle pour une *statistique scientifique* des besoins de production, et ainsi serait donnée la possibilité d'éviter la *surproduction*. Et tant que cela ne serait pas encore tout à fait possible, les surproductions seraient de simples *productions anticipées :* car les associations avec leurs puissants moyens ne seraient pas exposées à la nécessité de la *vente de*

---

1. Lemercier, *Études sur les associations ouvrières*, p. 194.

2. Bonaparte régnant et Dufaure gouvernant. (Note du traducteur.)

3. *Crapule* est en toutes lettres, et en français, dans le texte allemand. (Note du traducteur.)

concurrence à tout prix. Comprenez-vous ce que cela veut dire? quelle source de prospérité et de richesse ce serait pour toute la société si on la délivrait de la surproduction et de ses crises?

Jetez les yeux sur un autre *enrichissement positif immense* pour toute la société qu'amènerait cette *production commune.*

Avez-vous entendu parler de *l'épargne des frais* qui a lieu dans la grande production? Je devrais écrire des in-folio si je voulais rappeler tout ce qui, depuis Arthur Young, a été démontré là-dessus! Ainsi je ne cite que quelques exemples qui, par hasard, me tombent sous la main. Le comte Rumford a démontré qu'un four qui, à son premier chauffage, exige 366 livres de bois, par un usage non interrompu, après le sixième chauffage n'en exige que 74 livres[1]. Et le conseiller intime Engel a démontré que le seul royaume de *Saxe,* par la concentration de la cuisson de pain dans les fabriques qui fonctionnent sans cesse, épargnerait annuellement au moins pour un million de thalers de combustible[2]. Le même conseiller intime Engel calcule, entre autres, qu'un thaler de fonds de capital dans les filatures de coton de Saxe est productif de la manière suivante:

Dans les filatures de coton :

Jusqu'à	1000 fus. par an,	17 Ngr.	0,9 pf.
De 1001 à 2000	»	28 »	4,8 »
De 5001 à 6000	»	31 »	4,7 »
De 12,000 et au-dessus		36 »	4,6 »

Avez-vous maintenant une idée — même abs-

---

1. *Kleine Schriften, I. Beilage. Nr.* 28.
2. *Statist. Revue,* 1857, v. 54.

traction faite de la répartition — de l'immense enrichissement positif de toute la société qui résulterait de ces épargnes de frais et de l'augmentation du profit de production amenée par ces grandes associations et par la concentration de la production ?

Vous voyez que non seulement la *distribution* serait réformée ; mais que, par la suppression de la production *émiettée* d'aujourd'hui, la production elle-même augmenterait à un degré inespéré [1].

Jetez ici un regard sur le marché universel !

Le *marché universel* appartiendra à la nation qui se résoudra la première à introduire cette transformation sociale en proportion grandiose. Il sera la récompense méritée de son énergie et de sa force de résolution. La nation qui, en cela, prendra l'initiative, occupera par le bon marché de la production concentrée, vis-à-vis des capitalistes des autres nations, une situation encore *bien plus supérieure* à celle que l'Angleterre .occupe depuis si longtemps vis-à-vis des nations continentales par la plus grande concentration de ses capitaux.

Je vous ai déjà montré trois grandes causes de l'augmentation de richesses de *toute la société*, comme résultat des associations productives.

Voyons en une quatrième, une cinquième et une. sixième.

Nous sommes bien aise de pouvoir noter ici que le plus moderne des économistes anglais, M. Henry Fawcett, se prononce très décidément pour les *asso-*

---

1. Voir, sur l'enrichissement que donnerait la *production concentrée* par la suppression des frais d'expédition et de transport, le livre de sir William Petty, où il développe les avantages des grandes villes pour l'industrie et le commerce. (Several. *Essays in Political Arithmetik*, 4ᵉ édit. Londres, 1754, p. 29.)

ciations agricoles, dont la possibilité a été mise particulièrement en doute[1].

Nous tâcherons de faire ressortir à la hâte les raisons qui font que les associations productives agricoles *ne* peuvent arriver à toute leur productivité *que* lorsque l'agriculture est exercée sur un grand pied. La plupart des améliorations du sol présentent un achat de rentes, une dépense de capital, qui se restitue pendant une longue suite d'années comme rente, mais qui ne peut plus être retirée tout d'un coup *comme capital*. Mais en vertu de l'obligation de restituer au créancier, après un certain nombre d'années, tout capital emprunté sur hypothèque et par l'amélioration du sol converti en rente, *comme capital*, le propriétaire foncier, s'il n'est pas un grand capitaliste lui-même (ce qui ne peut être qu'un cas exceptionnel), se trouve dans l'impossibilité de faire les améliorations du sol les plus importantes et les plus lucratives[2].

Ce n'est que l'association productive qui, avec ses grands moyens, serait en état de les exécuter.

Il ne peut être question ici qu'en ce peu de mots de la productivité et des revenus naturels toujours croissants de l'agriculture qui résulteraient de la grande culture.

Mais demandons-nous d'abord pourquoi M. Fawcett regarde l'association productive comme plus avantageuse encore pour l'agriculture que pour l'industrie.

Il dit : *The trade to which the cooperative principle is applied ought not to be of a speculative*

---

1. *Manual of Political Economy.* London, 1863, p. 292.
2. Comp. la brochure de Rodbertus, *la Crise commerciale et le besoin de crédit des propriétaires fonciers.*

nature : La branche industrielle à laquelle on applique le principe coopératif, ne devrait jamais être de nature mercantile (spéculative).

En y regardant de près, on trouve là une observation très juste, mais qui ne tourne qu'au plus grand avantage des associations productives.

En effet, la bourgeoisie est douée d'un talent tout à fait spécial : *celui de la spéculation.* Ce talent, dans son sens réel, se résout partout en cette question : Par quelles ruses puis-je attirer à moi la vente ou le profit de mon co-producteur ?

C'est ce talent, résultant de la concurrence libre, qui a pour suite non pas l'augmentation de toute la somme de production, mais sa *distribution*, son transfert des mains d'un individu dans celles d'un autre. *C'est le talent de la tromperie.* En cela il faut lui rendre justice, la période bourgeoise est incomparable ! Élevés dès leur jeunesse dans cette atmosphère de concurrence libre, messieurs les bourgeois voient dans cette concurrence leur élément naturel. De même que l'Indien dans les forêts reconnaît la trace du gibier à des indices absolument imperceptibles pour l'Européen, ainsi les bourgeois ont acquis un sens qui leur est propre pour dépister chaque probabilité de gain sur autrui !

Le travailleur est *productif*, il partage parfaitement le talent productif de la bourgeoisie ; mais ce talent *spéculatif*, il ne l'a pas et il faut espérer qu'il ne l'aura *jamais.*

Un motif de plus pour que de petites associations ouvrières, comme se les imagine M. Fawcett, ne puissent qu'être écrasées par la bourgeoisie.

Mais de même que les ruses et les intrigues du renard ne peuvent tenir longtemps contre le coup de griffe du lion, et les sens subtils de l'Indien contre le feu de peloton de l'Européen, de même

*les grands bataillons de l'association des diverses
branches de production* et le bon marché qui doit
en résulter, réduiront-ils vite à l'impuissance le
génie spéculatif de tromperie que possède la bourgeoisie. Et la destruction de ce *talent spéculatif*
serait un grand avantage sous le rapport *moral*,
comme sous le rapport *économique;* car il entraîne
à sa suite une masse de faux frais, d'annonces, de
réclames, de commis-voyageurs importuns, d'éti-
quettes trompeuses, de falsifications de la qualité
des marchandises, de payements aux rédacteurs de
journaux, de subornements, etc , etc.; en un mot,
de charlataneries de tout genre auxquelles chacun
est plus ou moins forcé de recourir aujourd'hui,
parce que son concurrent y recourt, ce qui fait que
si l'on gagne dans les cas isolés, par contre au
total ce système *renchérit singulièrement la
moyenne de la production.*

Le changement de *direction de la production*
qui serait le résultat des associations productives,
deviendrait la source d'une autre grande richesse
pour la société; nous ne pouvons que brièvement
le retracer ici. Ce sont les consommateurs qui di-
rigent, pour la plupart, la production des objets et
la déterminent par leur demande. Les consommateurs sans moyens de payer (et toute la classe
ouvrière d'aujourd'hui peut être mise dans cette catégorie pour tout ce qui dépasse les moyens d'existence indispensables) ne sont pas des consommateurs.

Tandis que par la distribution modifiée du produit de production les travailleurs seront convertis
en consommateurs solvables, et dès lors les objets
de production seront conformes aux besoins et aux
goûts des travailleurs; c'est-à-dire que la transformation suivante aura lieu : conformément aux

goûts des travailleurs on produira *l'utile* et *le beau*[1], et non pas, comme de nos jours, le *cher* parce qu'il est cher, et que, si peu utile et beau qu'il soit, il sert à faire *l'étalage* de la *richesse* de son propriétaire. Cette augmentation de richesse sociale produite par le changement de direction de la production ne doit nullement être considérée comme peu importante.

Ce n'est que par le lien intime de *l'État* avec la *production*, qui résulterait des associations productives, que serait donnée la possibilité de réaliser une masse d'entreprises qui auraient d'immenses suites pour la *prospérité* et la *richesse* du peuple, et qui actuellement *ne peuvent pas* avoir lieu. Abstraction faite de tout notre examen, l'idée généralement répandue que la concurrence libre est un moyen *d'avancer, de hâter la richesse de la société comme telle*, est tout à fait injuste en elle-même; ceci n'est vrai *qu'en tant* que la nouvelle richesse qu'on a fait surgir peut être toute *à la fois* ou en partie confisquée et exploitée par les entrepreneurs privés. Ce n'est *qu'à cette* condition que, sous la concurrence libre, un individu et un capital ont l'occasion ou la possibilité d'amener une augmentation de la richesse sociale. Mais de grandes entreprises, quand même elles auraient pour conséquence le plus grand enrichissement de la nation, ne peuvent pas être effectuées sous la concurrence libre, si elles ne répondent pas à cette

1. Huber fait ressortir, avec raison (Concordia, p. 20), que l'association des pionniers, à Rochdale, a fait ériger une fontaine publique qui, dans le domaine de l'industrie à vapeur, est presque la seule *œuvre d'art* remarquable.

Une nouvelle ère pour l'art sera le résultat de ce changement de la face du monde, bien que nous ne puissions pas le développer ici.

condition, c'est-à-dire si elles ne sont pas propres
à pouvoir verser tout ou une partie de leur profit
— pour un temps plus ou moins long — dans la
poche d'un individu. Quelques exemples pour expliquer notre pensée : Il y a déjà nombre d'années que notre célèbre physiologiste Burmeister a
démontré que rien ne serait plus facile comme d'utiliser pour l'alimentation de nos travailleurs européens, nourris de pommes de terre, les innombrables troupeaux de buffles qu'on voit au Texas et
dans l'Amérique méridionale et centrale paître tout
près de la côte et qui, tués par les indigènes pour
leur plaisir, sont abandonnés jusqu'à ce qu'il pour-
rissent, personne ne se souciant de leur viande sur
les lieux ; abattre et transformer même leur chair en
gélatine qui, tout en gardant sa faculté nutritive,
pourrait être réduite en très petits volumes, c'est ce
qu'il faudrait faire : car le transport de ces masses
étonnantes nécessiterait des frais très modiques.
Il y a plus de cent ans que le circumnavigateur
Cook a déclaré que celui qui avait planté un seul
arbre à pain avait fait autant et plus pour l'alimentation du genre humain qu'un travailleur européen
qui s'était tourmenté toute sa vie. La substance
alimentaire des fruits de l'arbre à pain pourrait
tout aussi bien, par des expéditions dans les îles
de la Réunion, être concentrée dans de très petits
volumes. Pendant la guerre de Crimée, on s'est parfaitement convaincu de la possibilité de fournir des
vivres comprimés pour les armées [1]. Notre pauvre
peuple qui souffre et *endure la faim*, les tisseurs

---

1. A l'exposition industrielle de Londres de 1862 il y avait
des modèles de pareille viande provenant de l'Uruguay, concentrée par le dessèchement et qui avait très bon goût. Voir
Lothar Bucher Bilder auf der Fremde, t. II, p. 178 et suiv.

silésiens, ceux des montagnes de la Saxe, l'ouvrier des fabriques du Rhin, pour lesquels la consommation malsaine des pommes de terre est souvent trop coûteuse, auraient presque pour rien du *pain* et de la *viande !*

Mais comment cela serait-il possible aujourd'hui? Quel capitaliste ferait les grandes avances de frais pour de pareilles expéditions et de telles expériences? En supposant même un succès brillant, ce serait une *affaire* peu lucrative, puisque d'autres capitalistes ou d'autres sociétés de capitalistes se jetteraient également sur cette branche de production, et par la concurrence libre ôteraient tout l'avantage de l'entreprise au premier entrepreneur qui aurait vaincu toutes les difficultés, la peine et les risques d'un coup d'essai, et n'aurait, en somme, travaillé qu'au profit de ses successeurs. Les capitaux ne se prêtent pas à ce rôle humanitaire, et l'œuvre sur laquelle l'individu ne peut pas mettre exclusivement la main au moins pour quelque temps, surtout si elle exige de grandes dépenses, reste nécessairement non entreprise.

Les exemples allégués doivent naturellement être considérés seulement comme des *exemples*. Mais il y a un millier d'autres exemples de ce genre. Tout le domaine de la science et son progrès ne sera véritablement fécond pour la nation que lorsque l'État, par les associations productives, se sera mis en rapport direct avec la production.

Et... mais on peut quelquefois pousser trop loin les preuves théoriques et augmenter ainsi par leur juste précision les difficultés pratiques qui s'y opposent et qui déjà ne sont que trop grandes.

CONCLUSION

J'ai parlé sérieusement et d'une manière positive, et il faudrait que je fusse un homme de plus mauvais goût que je ne suis réellement, si je voulais recommencer à examiner les innombrables absurdités de la suite de votre écrit.

Et d'ailleurs pourquoi?

Nous avons appris à connaître ce que *vous êtes* et ce que vous *savez*. Vous êtes, — pardonnez-moi cette noble comparaison, mais je ne veux pas me servir de celle qui vous convient réellement, — vous êtes éventré comme un cerf, et mon dogue à mes côtés tient dans sa bouche vos entrailles encore fumantes.

Fouiller plus profondément votre personne ne pourait qu'exciter la satiété et le dégoût.

Ce n'est plus de *vos* torts que je veux parler, mais vous faire mes excuses de *l'injustice* que j'ai commise envers *vous!*

Cette injustice provenait, comme je l'ai dit dans ma préface, de ce que je ne vous connaissais nullement en réalité et que ce n'est qu'à Tarasp que j'appris à vous connaître par la lecture de votre *Catéchisme*.

Jusqu'alors, je m'abusais totalement sur votre compte.

Je savais que vous n'étiez pas un savant, encore moins un homme de science, comme vous aimez à le faire croire.

Je vous tenais toutefois pour un homme passablement instruit.

Je savais que vous flâniez autour des travailleurs avec des propositions de petit bourgeois, propositions qui ne pouvaient mener à rien. Mais je pensais que ce n'était que par suite de votre faiblesse intellectuelle, qui n'excluait pourtant pas une bienveillance chaleureuse pour les classes ouvrières. Je ne savais pas encore (car je n'avais pas lu votre *Catéchisme*) que vous les endoctriniez et les maniiez comme un instrument de la bourgeoisie dans l'intérêt de la bourgeoisie et du capital !

De là la manière convenable avec laquelle je vous traitai dans ma *Lettre ouverte*. De là aussi la reconnaissance sincère que j'y exprimai pour votre bon vouloir, tout en exposant la déplorable impuissance de vos propositions.

Et même, quand après ma *Lettre ouverte* toute la meute de vos feuilles fondit sur moi et que, pendant des mois entiers, cent cloaques charrièrent journellement contre ma personne les mensonges, les imbécillités et les bassesses les plus inouïes, je ne changeai pas encore mon attitude à votre égard. Je croyais par sentiment de justice exagérée devoir distinguer entre le *parti* et son *chef*. Je voyais bien que vous étiez assez peu honnête pour laisser faire votre parti et tirer le plus grand profit possible de chacune de ses ignorances et de chacun de ses mensonges.

Mais je ne vous croyais pas ignorant et malhonnête *au point* d'y participer *vous-même* et *directement*. Je croyais que vous laissiez ce noble métier aux gens de votre parti.

Comme je l'ai dit, je ne connaissais pas encore le *Catéchisme*. Le premier grand argument avec lequel votre parti voulut m'abattre, ce fut de dire que je cherchais à *ressusciter* les *ateliers nationaux* de Louis Blanc, en 1848. Toutes les feuilles de votre parti retentissaient alors journellement contre moi de ce reproche triomphant! Je saisis la *Volkszeitung* qui se distinguait surtout par sa rage contre moi, et dans une réponse qui parut dans la *Deutsche Allgemeine Zeitung*, le 24 avril 1863, je la clouai au pilori de son ignorance.

Mais comme je ne trouvai rien dans les journaux qui pût faire supposer que par vos discours vous fussiez le fauteur d'une si colossale ignorance, je me fis toujours, par ce même sentiment de justice exagéré, un devoir de le *constater*.

C'est pourquoi dans mon discours de Francfort, lorsque j'en fis mention, je dis expressément[1] : Monsieur Schulze ne l'a *pas* dit; *il* parlait des associations subventionnées qui se sont formées à Paris après la ruine des ateliers nationaux, etc. Maintenant, au contraire, je trouve dans votre *Catéchisme* que vous l'avez dit *expressément*. Vous dites là contre moi (p. 82) : Nous rappelons surtout les propositions de *Louis Blanc* et les *ateliers nationaux* de 1848, en France. D'après ces propositions l'État, dans le but de supprimer la funeste *concurrence* et la prépondérance pernicieuse du capital privé, doit successivement attirer

---

1. *Manuel des travailleurs*, p. 48.

à lui *toutes les entreprises industrielles* et les *exer-cer pour le compte du public.*

Ainsi vous vous êtes rendu coupable de la même ignorance que M. Bernstein, le rédacteur de la *Volkszeitung.* Mais votre cas est bien plus grave.

Quand vous fîtes imprimer votre *Catéchisme,* mon écrit qui dévoile le véritable état de choses sur ces *ateliers nationaux* avait déjà paru ; car il porte la date du 24 avril 1863, et votre préface est datée de Berlin, mai 1863.

Par conséquent vous deviez déjà connaître cet écrit.

Qu'on juge du front d'airain qu'il faut avoir, ou plutôt (car cette image est encore trop noble) de l'âme menteuse de petit bourgeois visant au gain, pour répéter cette même observation, *après* que l'écrit en question avait déjà paru, et que pour cette raison, je joins à cette œuvre, comme pièce addition-nelle *A !*

C'est ma première excuse ! Allons à la seconde !

Dans ma *Lettre ouverte,* j'avais développé *la loi d'airain* du *travail,* et j'avais dit (p. 16) : Dans toute l'école libérale il n'y a pas un seul éco-nomiste digne d'être nommé, qui le nie. Adam Smith aussi bien que Say, Ricardo que Malthus, Bastiat que John Stuart Mill, sont d'accord pour le reconnaître. Il règne sur ce point une entente commune de tous les hommes de la science.

Un cri de rage inexprimable partit des entrailles de la bourgeoisie, parce que j'avais dévoilé devant *le peuple* ces mystères de Cérès !

Il était urgent de mentir effrontément.

Avant tout, ce fut M. Max Wirth qui reçut de ses patrons les ordres en conséquence. Il fit le pre-mier pas, et dans des articles qui, du *Journal du Rhin* de Düsseldorf à la *Réforme* de Berlin et au *Journal allemand du Sud,* se répercutèrent éga-

lement dans le Wurtemberg, la Bavière et Bade,
M. Wirth déclara, après les tours et les détours les
plus délicieux, et en déterminant le salaire de travail par le rapport de la *prospérité industrielle*
avec *le capital national*, que la loi en question
était une *loi pourrie de Ricardo*.

Du temps des épigones dans la période de Bastiat, grâce aux écrivains salariés de l'économie politique, on en était arrivé à traiter de cette façon
méprisable le grand maître de l'économie bourgeoise *Ricardo*, parce qu'il leur était devenu gê-
nant, par la franchise avec laquelle il énonce ses
résultats scientifiques.

Rien ne pouvait égaler mon étonnement, lorsque, après avoir vu cette loi unanimement reconnue
par toutes les autorités de l'économie bourgeoise,
je la vis soudain aussi unanimement rejetée.

C'est pourquoi dans ma *Lettre ouverte*, j'ai
tant insisté sur ce point, qui me paraît incontestable et qui est le seul sur lequel règne dans la
science de l'économie libérale *l'accord le plus rare*.

Je ne connaissais pas assez l'habitude du mensonge et surtout l'impudence incomparable de la
bourgeoisie.

Dans mon discours de Francfort j'en fis justice.

Je prouvai avant tout (*Manuel des travailleurs*,
p. 5 et 6) que l'observation que m'avaient opposée
MM. Wirth et ses collègues, que le salaire de travail était réglé par le rapport de la *prospérité industrielle* avec le *capital national*, ou par *la demande* et *l'offre*, voulait dire *exactement la même
chose* que la loi que j'avais développée, et qu'on
avait seulement masqué le tout sous des phrases
hypocrites, trompeuses, incompréhensibles pour le
peuple, et M. Max Wirth lui-même, depuis, n'a rien
pu répondre à cette preuve.

Je démontrai plus loin, par une suite de citations, que toutes les autorités économistes, et non seulement les autorités, mais M. Max Wirth lui-même, avaient toujours ouvertement reconnu cette loi.

En rendant justice à M. Max Wirth et ses collègues, je croyais toujours être juste même jusqu'à l'exagération !

Je n'avais pas lu dans les rapports des journaux sur vos discours que *vous* aviez poussé l'audace jusqu'à démentir cette loi. J'avais encore de vous l'opinion que vous préféreriez laisser cette sale besogne à vos complices.

C'est pourquoi je me fis un devoir de le constater.

Pour démentir cette loi, dis-je dans mon discours de Francfort (*Manuel des travailleurs*, p. 32), M. Schulze-Delitzch n'avait pas la dose de fausseté nécessaire pour cela ; il ne l'a *pas* fait. C'était un régal de M. Max Wirth, etc., etc.

J'étais de nouveau dans une grande erreur, monsieur Schulze, comme me l'apprend votre *Catéchisme*. Vous y démentez cette loi d'une manière *très définie* et en forme *drastique !*

Encore une observation avant d'examiner les termes par lesquels vous exprimez cette contradiction.

Il ne s'agit plus de vous prouver la *vérité* de cette loi. Je l'ai fait dans mon *Manuel des travailleurs*, et en outre encore une fois plus haut en connexion systématique et d'une manière raisonnée (p. 229 et suiv.).

Ici je ne veux que vous démontrer que *vous connaissez* parfaitement vous-même la vérité de cette loi, que vous niez.

Cette preuve se trouve au fond d'une phrase de votre *Catéchisme* (p. 97) :

« Il s'ensuit — dites-vous — que de l'accroissement des capitaux dépend l'augmentation du travail et du salaire des travailleurs, et que le salaire et le travail augmentent à moins que l'accroissement des travailleurs *n'ait lieu en proportion encore plus grande que celle des capitaux.* »

Vraiment! *à moins que!* à moins que l'accroissement des travailleurs n'ait pas lieu en proportion encore plus grande, le salaire *monte.* Mais *si* le nombre des travailleurs s'est agrandi en proportion encore plus grande, le salaire de travail ne monte *pas,* au contraire il *baisse,* bien qu'il ait peut-être haussé provisoirement.

Tout l'intérêt se concentre sur le point de savoir, si le *à moins que* a lieu; c'est-à-dire, si avec l'accroissement des capitaux et la hausse des salaires, n'a pas lieu en effet un accroissement encore plus grand des travailleurs qui fait que le salaire de travail baisse et retombe encore plus bas.

Quand ma *Lettre ouverte* eut paru, le professeur Rau de Heidelberg fut engagé à s'opposer à ma loi du salaire de travail. On sentait que MM. Schulze, Faucher, Wirth, Michaëlis ne pouvaient y suffire; et on voulut m'opposer une autorité professorale.

M. le professeur Rau se décida réellement, par une déclaration dans le *Journal allemand du Sud* et dans la *Vossische Zeitung,* à me réfuter *en apparence.* Il le fit par le même *à moins que!* Ma loi du salaire de travail était injuste, *à moins qu'un trop grand accroissement de population n'ait pas eu lieu.*

Ce trop grand accroissement doit-il avoir lieu ou non?

Je répondis à M. le professeur Rau par une réplique du 10 mai 1863, dans la *Vossische Zeitung,* que je joins à cet écrit comme pièce additionnelle *B*.

J'y démontrai à M. le professeur Rau, par ses propres écrits, que cet accroissement *devait*, et pourquoi il *devait avoir lieu*, et que, précisément, ce *à moins que* prouve qu'il connaît exactement la vérité de cette loi, qu'il combat *en apparence* avec des tours de phrases trompeurs. Je lui montrai en même temps comme il était peu *honnête* et peu *honorable* de duper ainsi le peuple par des phrases trompeuses et combien il devait *rougir* de son objection.

M. le professeur Rau, malgré la rudesse des reproches qui rendaient sa réponse *indispensable*, si toutefois une réponse était *possible*, n'objecta pas un mot.

Après cette leçon, il se retira tranquillement du combat. M. le professeur Rau avait encore du moins une *conscience* qu'on pouvait frapper, qu'on pouvait atteindre.

Mais où pourrait-on *vous* frapper, vous?

Mon article contre le professeur Rau, *ci-joint* comme pièce additionnelle *B*, vous prouve en même temps que par ce *à moins que* vous découvrez que vous connaissez parfaitement cette loi. Quiconque fait l'observation que le salaire de travail monte avec l'accroissement des capitaux, *à moins que* l'accroissement de la population ouvrière n'ait lieu dans une proportion plus considérable, *sait* (et *montre* par cela même qu'il sait) que le salaire *ne* peut pas monter pour longtemps; mais, selon la circonstance, il ne monte pas du tout ou retombe bientôt aussi bas qu'auparavant (si ce n'est plus bas encore comme il arrive quelquefois) parce que l'augmentation des capitaux occasionne un accroissement encore plus considérable de la classe ouvrière.

Il le sait, car les économistes traitent toujours ces deux questions en même temps et ce *à moins que* prouve qu'il les connaît *toutes les deux*.

Après nous être persuadé d'avance que vous *connaissez vous-même* la vérité de cette loi que vous *démentez* devant les travailleurs avec une impudence sans pareille, nous allons observer encore la forme définie dans laquelle vous revêtez cette contradiction.

Vous dites en examinant ma *Lettre ouverte* dans votre *Catéchisme* (p. 150) :

« Suivant cette loi, dans les conditions actuelles, *la moyenne du salaire de travail est toujours nécessairement réduite à l'entretien usuel indispensable chez le peuple pour la conservation de la vie et la reproduction.* Comme gens vivant dans ces conditions, vous devez sentir vous-mêmes *toute la fausseté* de cette proposition, si vous jetez un coup d'œil dans vos rangs, et il faut avoir *toute l'audace, tout le demi-savoir de M. Lassalle pour* vous *faire* de pareils discours et affirmer en même temps que toutes les autorités de la science économique sont pour lui [1]. »

1. Quant aux autorités, outre Ricardo, j'ai cité dans mon *Manuel des travailleurs* des passages d'Adam Smith, de J.-B. Say, de John Stuart Mill, du professeur Rocher, du professeur Rau, du professeur Zachariae, qui tous *littéralement* disent la même chose. Une autre série de noms figure encore dans mes *Impôts indirects* (Tooke, Mallehus, Sismondi, etc.), et leur nombre pourrait non seulement être doublé, mais triplé. Mais, selon M. Max Wirth, j'aurais commis *une* falsification ! Dans un endroit de ma *Lettre*, où je parle de l'unanimité avec laquelle cette loi de salaire a été reconnue par tous les économistes, entre autres je mentionne aussi *Bastiat* comme reconnaissant cette loi. Et voilà que M. Max Wirth, quoique forcé d'en convenir aussi, vient cependant affirmer que *Bastiat*, le grand Bastiat, l'inappréciable Bastiat, ne l'a jamais fait ! Bastiat n'a jamais été assez téméraire ni assez stupide pour avancer de pareilles sornettes, dit M. Wirth. C'est pourquoi,

En alléguant le *demi-savoir* qui selon vous me caractérise, monsieur Schulze, vous me forcez de toucher à ce sujet; eh bien, je n'ai pas à rougir de mes études! J'ai élaboré de *grandes* œuvres de

dans un article de son *Arbeitgeber*, M. Wirth m'accuse de falsification; selon lui, je m'appuie avec une impudence sans pareille sur Bastiat, pour avoir de mon côté *un aussi grand nom que celui de M. Bastiat.* Dans l'œuvre présente, j'ai suffisamment réduit ce *grand Bastiat* à sa nullité, et naturellement je suis plus qu'indifférent à ce que Bastiat accepte ou démente une chose.

Mais voici toutefois, monsieur Schulze, l'endroit de Bastiat que j'avais en vue, quand je faisais observer que même Bastiat, le plus menteur des économistes avant vous, ne niait pas cette loi. En résumant ce qu'on avance contre la concurrence libre (*Harm. écon.*, p. 392), il *fait mention* de cette loi du *salaire de travail* et en juge de la manière suivante : « Il en résulte que le salaire *tend à se mettre au niveau de ce qui est rigoureusement nécessaire pour vivre*, et, dans cet état de choses, l'intervention du moindre surcroît de concurrence entre les travailleurs, est une véritable calamité, car il ne s'agit pas pour eux d'un bien être diminué, mais de la vie rendue impossible. — Certes, *il y a beaucoup de vrai, beaucoup trop de vrai en fait dans cette allégation.* Nier les souffrances et l'abaissement de cette classe d'hommes, qui accomplit la partie matérielle dans l'œuvre de la production, ce serait fermer les yeux à la lumière. A vrai dire, c'est à cette situation déplorable d'un grand nombre de nos frères que se rapporte ce qu'on a nommé avec raison le *problème social.* »

Il continue bientôt après : « Et comme c'est ce qui constitue *principalement* le nœud du problème social, le lecteur comprendra que je ne puis entreprendre de le résoudre ici.

« Plût à Dieu que la solution ressortit de tout le livre, mais assurément elle ne peut pas ressortir d'un chapitre. »

Mais Dieu n'a pas voulu que la solution du problème social ressortit du livre de Bastiat, car elle ressort aussi peu de tout le livre que de ce seul chapitre, et ces mots de Bastiat ne sont qu'une manière d'éluder la solution du problème indissoluble pour lui. Mais que l'on compare seulement ce que dit Bastiat de cette loi du salaire de travail et ce qu'en dit M. Schulze, et on verra en combien le disciple surpasse le maître. *Beaucoup de vrai, beaucoup trop de vrai en fait,* dit Bastiat, et il pense

l'application et du savoir humains, et je puis m'en
rapporter au témoignage de Humboldt, Boeckh,
Savigny et de beaucoup d'autres!

Mais pensiez-vous, rien de tout cela ne pourra
pénétrer dans le milieu ouvrier! En même temps
vous aviez l'appui d'une centaine de journaux, trop
stupides pour voir la différence entre vous et moi,
et trop menteurs pour s'en occuper quand même
ils la voyaient!

Quant à mon *demi-savoir* dans la spécialité économique, je venais justement de publier mes *Impôts indirects*, une œuvre que j'avais écrite, comme
la présente, au milieu de l'agitation, des discours,
des commentaires des journaux et des procès crimi-
nels, sans le moindre loisir théorique, dans le sim·
ple but de défense, et où, néanmoins, je mis au
jour comme simple essai ajouté à mes extraits éco·
nomiques, la connaissance intime de séries entières d'œuvres économiques dont vous n'avez jamais
lu seulement *les titres*, dont *vous n'avez pas même
entendu les noms d'auteurs!*

Mais qu'importait tout cela? Vous aviez cent
journaux décidés à vous défendre, à répéter journellement tout ce que vous disiez; décidés à se taire
obstinément sur toute autre chose, et à renoncer à

que ce serait fermer les yeux à la lumière que de nier la triste
situation des travailleurs.

« C'est *complètement faux*, » et « cela ne peut être expliqué que par *mon demi-savoir* et *mon audace* dans les discours, » dit M. Schulze, et tous ses complices, MM. Bernstein,
Wirth, Michaelis, Faucher et une centaine d'autres, l'ont fidèlement répété sur tous les tons, et pour démontrer cette fausseté, M. Schulze ose engager les travailleurs à *jeter un coup
d'œil dans leurs propres rangs.*

On voit que, de *l'habitude du mensonge* chez M. Bastiat à
la bassesse de M. Schulze et de ses complices qui déshonorent
l'Allemagne, il y a encore une distance énorme.

toute honte, avec une impudence sans exemple!
Moi je n'avais pas de journal, j'étais seul, et vous
ne doutiez plus, vous et votre crapule (car vous
connaissiez si peu *la puissance* d'un *homme*), vous
étiez sûr que vous réussiriez à me tuer!

Alors pour me perdre plus sûrement, vous réso-
lûtes de prendre envers moi, devant les travailleurs,
l'attitude superbe d'un homme de la science qui
daigne s'occuper d'un demi-savant [1] !!

Que le ciel me préserve qu'il soit donné à un
adversaire *comme vous* d'exciter mon *orgueil !*

C'est pourquoi je veux être très modéré et très
modeste, monsieur Schulze. Mais avec la plus complète modération, je puis vous dire une chose :
interrogez sur moi amis et ennemis, et si parmi
les ennemis vous trouvez des hommes instruits qui
ont étudié quelque peu, amis et ennemis seront
d'accord pour vous dire que chaque ligne que
j'écris, je l'écris *armé de tout le savoir de mon
siècle!*

Et un homme qui, pour parler comme Schelling,
n'a que l'instruction d'un barbier, ose me reprocher
le demi-savoir et l'effronterie !

---

1. Pour le temps où la *Volkszeitung* aura rempli sa destination et cessé d'exister, je veux pour l'édification de la postérité immortaliser un endroit de cette feuille de honte (Schand-
blatt), donner une idée de l'impudence cynique de nos
journalistes d'aujourd'hui. Dans le premier numéro de son ténia
(Bandwurm), composé de treize articles dont elle m'enveloppe,
la *Volkszeitung* dit *littéralement* en parlant de moi (n° 94
du 23 avril 1863): « Aimant l'effronterie, comme tous les esprits
à moitié mûrs, M. Lassalle a heureusement le caprice de vouloir paraître savant, devant un public étranger au savoir, et il
se mêle de si grandes doses de demi-savoir à ses ouvrages
destinés au peuple, qu'il reste incompréhensible et sans danger pour lui. »

POST-FACE

MÉDITATION MÉLANCOLIQUE

Voilà donc *le roi du monde social*, ainsi que l'ont qualifié à Cologne dans un discours solennel MM. Georges Jung, Henri Bürgers et Hellwitz!

Voilà le chef et le meneur reconnu du parti progressiste! Voilà le *grand homme* de nos journaux libéraux de toutes nuances, depuis la *Volkszeitung* jusqu'au *Journal du Rhin* et la *Réforme de Berlin!*

Voilà en un mot *l'intelligence incarnée, l'intelligence faite homme de notre bourgeoisie!*

Si mon but n'avait été que de vous précipiter de votre piédestal, monsieur Schulze, quelle œuvre utile j'aurais faite et comme j'aurais peu de raison pour être mélancolique!

Au moment où je mets cette œuvre sous presse vous pouvez vous considérer comme *mort*, et au moment où elle aura trouvé quelques milliers de lecteurs vous pourrez vous regarder comme *enterré!*

La vanité des hommes m'en répond, bien que ce soit l'intérêt vital de votre parti de vous défendre. Il arrivera de nouveau ce qui est arrivé lors de la publication de mon *Julien*, quand le rédacteur en chef du *Journal national*, M. le Dr Zabel, disait à qui voulait l'entendre : « *Je l'ai dit*, je l'ai *toujours* dit, » tandis qu'au contraire il prodiguait dans sa feuille les éloges les plus exagérés au *Julien* en question par la plume de M. Titus Ulrich !

Les choses se passeront de nouveau ainsi, dis-je. Avec votre ignorance et votre incapacité de penser, sans exemple, que j'ai démontrée, personne ne voudra paraître *si peu instruit* et *si incapable*, personne ne voudra se trouver à votre niveau, chacun voudra vous être supérieur. Peu à peu on deviendra toujours plus froid à votre égard, jusqu'à ce qu'on arrive au fameux *je l'ai toujours dit*.

D'abord on vous soutiendra ; puis, dans la suite, entre quatre yeux, dans un cercle d'amis, on dira toujours plus haut qu'assurément vous êtes un représentant *très incapable*, un véritable *enfant terrible*. Vous finirez par devenir un individu compromettant, dont personne ne veut plus et dont chacun évite le contact, pour ne pas devenir *ridicule !*

Tout cela ne tardera pas d'arriver ; c'est comme si vous étiez déjà *mort* et *enterré*.

Mais qu'y gagnera-t-on ?

Nos bons compères sacreront roi de nouveau un *autre* imbécile !

On peut alléguer ici avec un léger changement ces vers de Goëthe :

> On s'est débarrassé d'*un* imbécile
> Et *les* imbéciles sont restés.

En effet, M. Schulze n'est malheureusement pas

un *individu;* c'est un *type;* c'est l'expression de notre *bourgeoisie.*

Quand l'autre jour à la chambre M. de Blankenburg opposa les Quitzows [1] du passé aux Schulze et aux Müller du présent, M. Schulze put déclarer, aux applaudissements du parti progressiste, qu'il voyait la bourgeoisie symbolisée dans son nom, et non pas sans quelque rapport avec sa personne.

Ce que la chambre dans sa bruyante joie ne comprit pas, c'est que ces mots de M. Schulze furent *la sentence de mort la plus formelle qui ait été jamais prononcée de la bourgeoisie!* Mais ces paroles sont absolument *vraies.*

Partout, partout où nous portons nos regards, le même phénomène de classe!

Dans la littérature ils s'appellent *Julien,* dans la chambre *parti progressiste,* dans la presse *Zabel* et *Bernstein,* dans l'économie *Schulze!*

De là leurs grands succès dans les combats pratiques et politiques!

Comme elle s'étonne, cette plèbe bornée, que la *monarchie* et la vieille *aristocratie,* habituée à gouverner, ne veulent pas s'incliner devant elle! Cela nous offrirait un spectacle singulier.

Comme elle s'étonne, d'autre part, de ce que l'abîme ne veuille absolument pas s'ouvrir en sa faveur, pour engloutir tout ce qui lui résiste! Avec quelle surprise elle contemple les Assemblées nationales françaises du siècle passé, sans pouvoir comprendre pourquoi ce qui était possible à ces Assemblées est impossible pour *elle.*

Mais comprenez donc, messieurs! Les assemblées

---

1. Ancienne famille noble de l'ancien marquisat de Brandenbourg.

nationales françaises du siècle passé réunissaient en elles tout *le génie* et toute *l'intelligence* de la France ; pendant ce temps *il n'y avait pas une seule idée en France qui dépassât les buts poursuivis par ces assemblées!* Dans *la littérature* et dans *la philosophie de cette période, il n'y a pas une seule idée* qui n'agitât et ne fît battre le pouls de ces assemblées et ne fût l'objet de leurs tentatives de réalisation! *Elles* étaient donc *au sommet de la plus sublime hauteur théorique de leur temps!*

Elles étaient devenues l'esprit *vivant* de leur temps et de leur pays. De là le *pouvoir* avec lequel elles en disposaient, *l'enthousiasme* entraînant dont elles remplissaient le monde !

Mais vous, messieurs, comme je vous l'ai déjà dit, vous placez votre honneur précisément à *ne pas* vouloir être à la *hauteur théorique;* vous croyez être *pratiques,* en n'aspirant à rien de ce qui est au-dessus de l'intelligence du dernier épicier du pays!

Le *rabaissement* intellectuel, c'est le niveau que vous, habitants natifs des marais, ne dépassez pas par principe, en vertu des principes élémentaires de la vie !

Tandis que le cours des pensées de notre siècle est entraîné dans un mouvement irrésistible, et que sous le rapport politique, national et social, il a atteint une hauteur de laquelle toute la Constitution prussienne, le duché légitime d'Augustenburg et l'intégrité de la Constitution fédérale apparaissent comme la pétrification d'une période de civilisation depuis longtemps passée, vous vous occupez de questions qui, il y a 40 ou 50 ans, auraient pu présenter un intérêt secondaire, et vous essayez de les résoudre avec des moyens qui n'auraient pas même été de mise à l'époque des Etats généraux, du temps des « féaux » et fidèles sujets.

Mais pensez donc, hommes d'Etat éclairés, que par cela même vous vous rendez semblables aux *chiens morts* dont parle Schelling.

Comprenez-le bien : pour avoir *à sa suite* le pays, il faut le dépasser de toute la hauteur de la tête !

Mais il est impossible de faire pénétrer ces idées dans l'esprit de notre bourgeoisie actuelle !

Une haine instinctive contre *les idées* s'est emparée d'elle, et tandis qu'il n'y a de *pratique* que ce qui fait circuler l'air vital de la théorie dans les poumons, en principe elle tient pour pratique ce qui *théoriquement depuis longtemps est mort et putréfié.*

Et cet abrutissement intellectuel absolu de la bourgeoisie dans le pays de Lessing et de Kant, de Schiller et de Gœthe, de Fichte, de Schelling et de Hegel !

'Et ces héros de la pensée n'ont-ils réellement fait que passer par-dessus nos têtes, comme une nuée d'oiseaux ?

De tout l'immense travail intellectuel, de toute la révolution intérieure accomplie par eux, rien, absolument rien n'a donc rejailli sur la nation, et la pensée allemande s'est-elle réellement concentrée dans une série *d'individus isolés,* qui, acceptant chacun fidèlement sa part de l'héritage laissé par ses prédécesseurs, continuent dans un amer mépris du monde contemporain leur travail solitaire et infructueux pour la nation ?

Quelle malédiction pèse donc sur la bourgeoisie et l'a déshéritée au point que de tous les puissants travaux de civilisation qui se sont faits dans son milieu, que de toute cette vivante atmosphère de science, pas une goutte de rosée fécondante n'est tombée sur son cerveau, qui va en se desséchant toujours de plus en plus ?

Hélas ! c'est une vieille loi historique ! Les *classes* périssent en vertu des mêmes forces qui les ont amenées au pouvoir. C'est le développement de *la division du travail* qui a nécessité l'avènement de la bourgeoisie européenne, et il y a cent ans que l'Écossais Ferguson a donné en deux mots la raison qui, par cette même division du travail, devait causer le dépérissement de la bourgeoisie européenne, j'entends son dépérissement *intellectuel*, qui est la cause et l'avant-coureur de son dépérissement social. *And thikingitself, in this age of separation may become a peculiar craft*[1]. Et la pensée elle-même dans ce siècle de la division du travail, deviendra un métier particulier !

Et elle est devenue un métier particulier, cette pensée de la bourgeoisie, et elle est tombée dans les mains *les plus misérables*, dans celles de nos gazetiers.

Ce n'est pas des journaux eux-mêmes que je veux parler ici, je les ai suffisamment dépeints ailleurs [2], mais seulement de l'attitude du public vis-à-vis d'eux.

Goethe dit :

> « Quel autre ton prendront
> Les gazettes de toutes nuances
> Pour se jouer des Philistins (bourgeois)
> Comme s'ils étaient des pantins. »

1. Ad. Ferguson, *An essay on the History of Civil Society*, p. 278.
2. Voir mon discours : *Die Feste, die Presse und der Frankfurter Abgeordnetentag.* Dusseldorf, 1863.

Mais le Koran et la Bible ne furent pas invoqués en témoignage avec plus de foi au temps de leur domination, que ne le sont de nos jours les journaux ! La pensée nationale, en tant qu'elle est représentée par la bourgeoisie, est actuellement fabriquée par les *journaux !*

Quiconque lit un journal n'a plus besoin de penser, ni d'étudier, ni de faire des recherches. Il est au courant de tout et il sait tout. Il y a soixante ans que Fichte[1], avec un don prophétique presque effrayant, puisqu'il descend jusqu'aux moindres détails, a dépeint le *vrai lecteur* qui ne lira jamais plus aucun livre, mais seulement des comptes rendus de livres dans les journaux, et qui dans cette lecture narcotique perdra sa raison, sa volonté, sa pensée et toute l'élasticité de son esprit. Mais s'il perd tout cela, il gagne en revanche le plus grand *contentement de soi-même* et l'assurance de son opinion !

Du temps de Fichte tout cela était encore en *germe* et ne s'étendait qu'aux questions littéraires.

Aujourd'hui le mal est en plein développement, et il s'étend à toutes les questions sociales et politiques qui déterminent le bonheur ou le malheur de la nation !

L'automne dernier, j'ai eu l'occasion de m'en convaincre, en traversant une grande partie de l'Allemagne.

Partout où j'arrivai, la conversation tombait d'elle-même sur la grande question du jour, sur ce qu'on appelait le combat entre moi et M. Schulze. Les opinions et les jugements volaient de tous côtés ! Jugements bienveillants ou malveillants,

---

1. *Œuvres complètes*, t. VII, p. 78-91.

violents et énergiques ou calmes ; blâmes ou approbations, partout on entendait apprécier, et *juger* avec la plus grande assurance !

Alors entre moi et ces messieurs s'engageait toujours le dialogue suivant : « Vous avez donc lu mes écrits, que vous jugez ? » — « Non. » — «Mais vous avez lu au moins l'écrit de M. Schulze ? » — « Encore moins. » — « Et sur quoi fondez-vous les jugements que vous prononcez avec tant d'assurance ? » — « Et les journaux, donc ! »

C'est cela, les journaux ! Les journaux sont devenus le cerveau fonctionnant de la bourgeoisie !

Le *bourgeois* ne pense plus, quand même il est vieux, doué et plus capable de pensée que ceux auxquels il emprunte les idées toutes faites. Penser soi-même est incommode ; cela exige de l'étude, du travail, de la lecture et des recherches personnelles. Il est bien plus commode de tirer de la fabrique les idées toutes faites !

Le bourgeois s'adresse encore moins aux négociants en gros de la pensée dont l'Allemagne s'enorgueillit, à nos grands penseurs et à nos philosophes.

Pour cela faire, il est trop dépourvu de goût, de temps et de connaissances préliminaires.

Comme ceux qui, manquant de moyens pour acheter leurs provisions en masse chez des marchands en gros, doivent les prendre mauvaises et falsifiées chez le petit épicier, il tire tous les jours les *pensées* toutes fabriquées des mains de misérarables gâte-métier, des mains de nos journalistes libéraux !

Aussi est-il arrivé que les grands et les meilleurs de notre nation, nos penseurs et nos poètes, ont passé comme une volée d'oiseaux au-dessus de la tête de cette bourgeoisie, en ne laissant derrière eux que le vide retentissement de grands noms !

Le bourgeois fait des banquets en l'honneur de nos penseurs, parce qu'il n'a *jamais* lu leurs œuvres ! S'il les lisait, il les *brûlerait*. Car ces œuvres sont remplies du plus amer dédain pour cette bourgeoisie !

Il s'enthousiasme pour nos poètes parce qu'il peut citer quelques-unes de leurs poésies, et qu'il connaît tel ou tel morceau ; mais il ne connaît pas, et ne s'est *jamais* donné la peine de connaître leur *manière d'envisager le monde !*

Telle est la physionomie *intellectuelle* de notre bourgeoisie ; j'ai dévoilé dans le quatrième chapitre sa physionomie *économique et morale*, et dans les deux cas j'ai démontré que la première résulte de la seconde.

Mais le culte des journaux ne peut pas être ouvertement reconnu. Ce serait trop honteux pour une nation si elle avouait ouvertement qu'elle dépend, dans sa pensée et dans sa croyance, d'une poignée de littérateurs démoralisés, trop mauvais même pour un métier bourgeois, incapables de pensée indépendante, et bons seulement (tellement les antithèses sont brusques) à déterminer par des écrits anonymes le procédé de pensée d'une nation.

C'est pourquoi le culte des journaux a besoin, comme tout autre culte, de sa déesse mystique !

Cette déesse mystique c'est l'*opinion publique*.

Quelle est cette *opinion publique* devant l'autel de laquelle la bourgeoisie danse comme David devant l'arche d'alliance, et exige que nous l'imitions en cela ?.

De tous nos penseurs, c'est *Hegel* qui l'a jugée avec le plus justesse et d'indulgence : « C'est pourquoi l'opinion publique, dit-il [1], mérite autant de *respect* que de *mépris;* de mépris, à cause de sa conscience et de sa manifestation concrète, de respect à cause de sa base essentielle qui, plus ou moins troublée, n'est qu'apparente. »

C'est-à-dire, en traduisant du hégélien dans un langage plus distinct : « La *base proprement dite* de l'opinion publique, c'est toujours *le juste.* Mais elle est *l'égarement constant de l'esprit* qui ne se comprend pas lui-même et qui, pour cette raison, dit toujours le *contraire* de ce qu'elle *veut* dire. »

« Comme elle n'a en elle — continue Hegel, en expliquant lui-même — ni la faculté de distinguer, ni la *capacité* d'élever le côté essentiel à un savoir déterminé, il en résulte que *la première condition formelle pour atteindre le grand et le raisonnable dans la réalité comme dans la science, c'est d'être indépendant d'elle.* »

Mais nos penseurs — et ils sont unanimement d'accord sur ce point — ont beau crier ce qu'ils veulent, Zabel [2] et Bernstein [3] ne sont pas de cet avis, et *l'indépendance de l'opinion publique,* cette première condition, selon Hegel, de tout ce qui est grand et raisonnable dans la réalité et dans la science, est aux yeux de notre bourgeoisie *le plus grand crime civique* devant lequel tous les autres crimes ne sont que des jeux et n'ont qu'une importance secondaire.

Hegel conclut : « Cette chose. — le grand et raisonnable — peut être sûre que dans la suite elle finira par plaire au public, qui la reconnaîtra et en fera un de ses *préjugés.* »

<hr>

1. *Philosophie du droit,* p. 403.
2. Le rédacteur en chef du *Journal national.*
3. Le rédacteur en chef du *Journal du Peuple.*

On ne peut pas être plus épigrammatique! Au temps où ce raisonnement sera reconnu par *l'opinion publique*, il commencera à devenir *faux*, grâce à *l'emploi* qu'en fera l'opinion publique, et de *jugement* raisonnable, il deviendra *préjugé*.

Par son indépendance de l'opinion publique, la classe ouvrière — et j'ai *démontré* pratiquement cette indépendance qui résulte *a priori* des conditions de sa situation de classe et qui m'a permis à moi, homme isolé, de détacher de si grands cercles ouvriers de leur dépendance de la presse libérale — par son indépendance, dis-je, de l'opinion publique la classe ouvrière montre sa supériorité intellectuelle absolue sur la bourgeoisie et sa mission de la transformer.

Encore plus énergiquement que Hegel, Goethe a couronné l'opinion publique :

> Que personne ne se plaigne
> De la *bassesse*,
> Car, quoi qu'on en dise,
> C'est la *puissance*.
>
> Elle emploie le mal
> A de gros bénéfices,
> Et dispose du bien
> Selon son caprice.
>
> Passant! contre pareille force
> Voudrais-tu résister?
> Laisse-les tournoyer et soulever
> La poussière et la boue!

Au temps de Hegel et de Goethe, cette idole de la bourgeoisie, *l'opinion publique*, n'avait pas encore atteint tout son développement organique. Elle était encore loin d'avoir la forme fixe et pétrifiée d'aujourd'hui.

En effet, l'opinion publique d'aujourd'hui, qu'est-elle, qui est son père, qui est sa mère, quel sein l'a allaitée ?

Zabel dépendant des intérêts de la plus mauvaise clique des petits bourgeois, —voilà sa mère ; les petits bourgeois dépendant des intérêts et de l'intelligence d'un *Zabel*, — voilà son père !

Si ce n'était que cela ! Si triste que fût la situation, on pourrait encore songer à un moyen de salut ! L'intérêt actif et passif et l'absence d'intelligence *d'un* Zabel peuvent avoir une limite quelque part ! Mais *tous* ceux qui dans le pays jouent ce rôle de père et de mère sont des *Zabel* — et devant les eaux de ce déluge intellectuel où est le moyen de salut ?

Ainsi s'accomplit la prédiction de Schelling faite en 1803 [1] : L'élévation de l'intelligence vulgaire en arbitre dans les choses de la raison amène nécessairement l'ochlocratie dans le règne des sciences et en même temps, tôt ou tard, l'élévation générale de la plèbe. Des bavards insipides ou hypocrites qui croient remplacer le *règne des idées* par un certain mélange doucereux de soi-disant principes moraux prouvent seulement combien ils savent peu eux-mêmes ce que c'est que la moralité. Il n'y a point de morale sans *idées*, et toute application de la moralité n'est que l'expression des idées. »

Ne dirait-on pas que Schelling a connu M. Bernstein ?

Cette ochlocratie dans la science et cette élévation générale de la plèbe a commencé. MM. *Bastiat, Schulze* et tant d'autres sont les représentants du

---

1. *Cours sur la méthode des études académiques*, t. V, p. 259.

règne intellectuel de notre plèbe journaliste ; *l'o-pinion publique* représente l'autre.

Toute résistance paraît d'autant plus impossible, que cette stupide tyrannie s'exerce au nom de la *liberté* et de la *moralité* contre un peuple indignement trompé, et au nom duquel on distribue des couronnes de fausse popularité !

S'opposer fièrement et impérieusement à cette grande prostituée de Babylone et briser ses faux autels — est l'acte viril et honorable que nous devons accomplir !

Le « *Laisse-les tournoyer et soulever la boue* » de Gœthe, serait peut-être facile, si on pouvait, de nos jours, comme du temps de Gœthe, se renfermer dans le perfectionnement de sa propre individualité et faire abstraction de l'état de la nation !

Mais plus que partout ailleurs, c'est surtout en *Allemagne* que cette lutte contre la bourgeoisie et son expression intellectuelle est nécessaire, urgente et impérieuse !

Le procédé de pourriture de la bourgeoisie européenne suit partout un cours rapide.

En France, la bourgeoisie a abdiqué sa souveraineté ; elle s'est laissé violemment abattre par un usurpateur. Par un procédé lent, mais graduel et constant, elle a noyé en Angleterre sa souveraineté dans le charlatanisme d'une clique sans égale.

Mais ces deux nations s'appuient encore sur l'héritage d'un grand passé historique, la France sur son épée, l'Angleterre sur son or ; elles ont encore de quoi vivre et de quoi se nourrir.

En Allemagne, la bourgeoisie, favorisée par les *petites villes* et les *petits États*, a pris les allures les plus repoussantes, et enfin *notre existence nationale* est encore à conquérir, elle est encore dans l'avenir.

Ce qui nous unissait et nous soutenait mutuellement est tombé en ruine depuis des siècles, et il faut *un retour énergique de pensée* pour reconquérir cette existence nationale ! Schelling l'a prévu, aussi : « En Allemagne, puisqu'un lien extérieur est impuissant à le faire, ce n'est qu'un lien intérieur, une *religion dominante* ou une *philosophie* qui peut provoquer l'ancien caractère national, caractère dont l'unité est déchue et qui se perd toujours de plus en plus [1].

C'est pourquoi il est *impossible* que ce soit *jamais* la bourgeoisie qui fraye une voie à une *existence nationale*. Car précisément cette bourgeoisie c'est l'*individualisme* même, ou plutôt, pour donner une dénomination plus juste de ce qui est sous-entendu par là, elle représente la *tendance particulariste* qui a ruiné notre existence comme nation, et dont les *petites villes* et les *petits États* ne sont que l'expression la plus conséquente et la plus pédante. Une profonde communion intérieure existe entre les deux ; tous les deux ne sont que l'expressions *intérieure* et *extérieure* de la même pensée, et c'est là le secret qui fait que, malgré tout notre ardent désir, il nous est impossible de reconquérir sous le règne de la bourgeoisie notre renaissance nationale comme *Allemands*. Petits États et bourgeoisie ne seront jamais vaincus qu'*ensemble !* [2]

Ainsi cette victoire de classe est devenue pour nous aussi une condition de notre *existence nationale.*

Le temps avance toujours ! Il frappe de son doigt

---

1. *Cours sur la méthode des études académiques*, p. 260.
2. L'existence nationale a été conquise par le fer et le feu avec le concours de la bourgeoisie allemande, qui n'en est pas plus intelligente ni plus véritablement progressive. L'unité nationale n'a fait aucun miracle. (Note du trad.)

d'airain en nous avertissant. Ce qui est aujourd'hui une question de *renaissance nationale*, deviendra même bientôt une question d'*existence nationale*. Nous perdrons même *celle-ci*, si nous ne conquérons pas *celle-là*.

Serait-ce là la destinée de l'esprit allemand? Serions-nous réellement un peuple destiné, selon de lugubres prophéties, à donner des penseurs isolés aux nations et puis à nous fondre en eux, et devenir les Juifs des peuples d'Europe?

Mais, loin de moi ces pensées mélancoliques! Déjà j'entends dans le lointain les sourds bruits de la marche des innombrables bataillons ouvriers! Sauvez-vous, prolétaires, débarrassez-vous des liens d'un état de production qui vous a convertis en *marchandise*; — sauvez— sauvez aussi l'esprit allemand d'une ruine intellectuelle imminente, sauvez en même temps la nation du démembrement!

Déjà on voit briller dans les airs l'éclair du *suffrage universel direct!* Son jour est proche [1]. Depuis que son nom a été *prononcé*, il est devenu nécessité! Armez-vous alors de cet éclair, ô prolétaires, et sauvez-vous et sauvez l'Allemagne!

Et vous qui comme moi êtes bourgeois de naissance, et qui avez sucé de nos penseurs et de nos poètes le lait de la liberté, si vous voulez vous élever au-dessus des conditions d'existence d'une classe qui a apporté au peuple la misère, à l'esprit allemand la décadence, à la nation le démembrement et l'impuissance, — suivez-moi et entonnez mon : « *Alea jacta est.* »

Voilà notre bannière et votre honneur!

---

1. Il était proche, en effet; il fut donné par Bismark en 1866, pendant il faisait partie des préparatifs de guerre contre l'Autriche et la vieille confédération allemande.

LES

ATELIERS NATIONAUX FRANCAIS

DE 1848

COUP D'ŒIL RÉTROSPECTIF HISTORIQUE

PAR

FERDINAND LASSALLE

Le mensonge est une puissance européenne !

A peine ma *Lettre ouverte* au comité des travailleurs de Leipzig avait-elle paru, que le savant M. Faucher déclara, dans une assemblée de Leipzig, que je proposais de ressusciter les ateliers nationaux français de Louis Blanc, suffisamment jugés par leur pitoyable résultat en 1848.

Le talmudiste encore plus savant de la *Volkszeitung* dit textuellement dans son premier Berlin du n° 95 :

« Lorsque, dans les quarante dernières années, ces idées (notamment l'idée d'établir au nom et aux frais de l'État des ateliers ouvriers qui devaient assurer le travail, régler le salaire et satisfaire les réclamations des ouvriers), lorsque ces idées avaient franchi la frontière française, la révolution de Paris en février 1848 fournit l'occasion d'en faire l'épreuve. Louis Blanc, au-

teur de grand talent, pour qui ces idées avaient été
l'objet d'une agitation politique, fut à même d'en faire
l'épreuve, comme membre du gouvernement provisoire.
L'essai échoua complètement, et les causes de cet insuccès sont depuis longtemps reconnues par la science.
Il échoua même si complètement que déjà, sous la
République, le suffrage direct et universel a pu être
détruit (!), quoiqu'il fut introduit comme unique moyen
du salut de l'État par la forte majorité des classes non
possédantes. L'essai échoua même si complètement que,
bien que le suffrage direct et universel ait été rétabli
avec le coup d'État, la fantaisie de Louis Blanc resta
une fantaisie morte, et jusqu'à présent, ni en France ni
à l'étranger, aucun penseur n'a jamais songé à la faire
revivre. ».

La même chose a aussi été dite, je crois, par
M. Wirth ; je n'en suis pas certain, car je dois lire
tous les jours tant d'attaques dirigées contre moi
que mes souvenirs se confondent, et que je ne sais
plus au juste ce qu'il faut mettre sur le compte
d'un tel ou d'un tel, et je crains d'être obligé de
faire une salade de harengs dans laquelle je devrai
traiter tous mes savants adversaires *solidairement*
et leur faire expier leurs péchés en commun : tous
pour un et un pour tous, m'en rapportant à eux
— comme le font les États quand ils chargent les
communes d'impôts — sur le mode de répartition
entre les intéressés.

En tous cas j'ai lu le même thème sur tous les
tons, au moins dans une vingtaine de journaux ;
du Nord et du Sud, de l'Orient et de l'Occident on
écrit : « Mais ce sont les ateliers nationaux de Louis
Blanc de 1848 ! L'année 1848 les a déjà jugés ! »

C'est à croire qu'il n'y a pas un homme en Allemagne qui sache l'histoire des ateliers nationaux
français de 1848 !

Mais cet argument doit paraître très amusant à tous ceux qui connaissent les choses sous leur vrai jour et savent que les ateliers nationaux 1° ne furent pas fondés par Louis Blanc, mais par ses ennemis, les adversaires les plus acharnés du socialisme dans le gouvernement provisoire, par le ministre des travaux publics Marie et d'autres qui formaient la majorité dans le gouvernement provisoire ; 2° qu'ils furent fondés expressément *contre* Louis Blanc, pour pouvoir opposer à son parti composé des travailleurs socialistes, pendant les élections et dans d'autres occasions encore plus décisives, une armés de travailleurs payés appartenant au parti de la majorité du gouvernement ; 3° que, ne voulant pas faire concurrence à l'industrie privée, on ne faisait accomplir dans ces ateliers nationaux que des travaux improductifs et qui, en général, ne devaient servir qu'à faire avoir aux travailleurs sans pain l'aumône des deniers publics, et les soustraire aux dangers de l'oisiveté en leur faisant exécuter des travaux inféconds.

Combien cet argument victorieux, qui a retenti dans toute l'Allemagne, ne doit-il pas paraître amusant, disions-nous, à tous ceux qui connaissent les faits ! Amusant, oui, mais aussi triste et décourageant ! Car il montre en même temps qu'avec l'opinion publique, le mensonge et la calomnie publiques sont aussi devenus une puissance en Europe. En 1848, au temps de la lutte la plus violente des partis, des feuilles françaises lancèrent contre Louis Blanc l'accusation calomnieuse d'avoir organisé d'après ses principes les ateliers nationaux ! En vain Louis Blanc se récria du haut de la tribune de l'Assemblée nationale et se confondit en protestations contre cette calomnie ! On ne le crut pas alors !

Depuis, ont paru les œuvres historiques des ennemis de Louis Blanc et les actes parlementaires des commissions d'enquêtes auxquelles donnèrent lieu les révoltes de 1848.

La vérité s'est fait jour, par la bouche même des violents ennemis de Louis Blanc. En France cette calomnie est déjà jugée. Mais pour l'Allemagne elle dure encore et sert aux argumentations les plus onctueuses faites avec l'assurance la plus impudente.

Certes, mes savants adversaires ne se doutent pas qu'ils mentent. Ils ont lu cela autrefois dans les journaux français ou dans les journaux allemands qui l'ont reproduit, — et qui, de ces savants adversaires, aurait eu le temps et l'envie de lire les œuvres historiques et les actes parlementaires des enquêtes publiés depuis?

Je n'ai aucune raison de m'identifier avec Louis Blanc. Dans ma *Lettre ouverte* je n'ai pas réclamé l'organisation du travail par l'État. Je n'ai réclamé qu'une opération de crédit de la part de l'État, qui faciliterait aux travailleurs les associations libres émanant d'eux-mêmes.

En outre, je crois qu'il doit exister entre mes opinions en économie politique et celles de Louis Blanc une divergence très considérable.

Mais en vue de cette calomnie d'un nom connu dans toute l'Europe, et de l'usage qu'on a voulu en faire dans toute l'Allemagne, c'est pour les journaux autant un devoir qu'un acte utile de rétablir la vérité historique sur ces faits.

Je donnerai ici simplement les citations des ennemis de Louis Blanc, et j'abrégerai le plus possible, pour me conformer au cadre des journaux.

M. François Arago, membre du gouvernement provisoire (le seul qui parmi tous les personnages allégués, quoique adversaire politique de Louis

Blanc, était son ami personnel), le plus grand savant de France, l'ami de Humbolt, dit, le 5 juillet 1848 devant la commission d'enquête (Rapport de la commission d'enquête, p. 288) : C'est M. Marie qui s'est occupé de l'organisation des ateliers nationaux. (Marie était connu comme l'ennemi le plus acharné de Louis Blanc, et en général de toute la minorité socialiste dans le gouvernement provisoire.)

M. Emile Thomas, nommé par M. Marie directeur des ateliers nationaux, fut, comme nous l'entendrons de lui-même, un instrument tout dévoué à celui-ci, et absolument hostile à Louis Blanc.

Ce directeur des ateliers nationaux dit dans sa déposition faite sous serment, devant la commission d'enquête, le 5 juillet 1848 (Rapport de la commission d'enquête, p. 352, 358) : « Jamais je n'ai parlé à M. Louis Blanc ; je ne le connais pas. » Et : « Pendant que j'ai été aux ateliers, j'ai vu M. Marie tous les jours, souvent deux fois par jour ; MM. Recurt, Buchez et Marrast (ennemis des socialistes) presque tous les jours ; j'ai vu une seule fois M. de Lamartine, jamais M. Ledru-Rollin, jamais M. Louis Blanc, jamais M. Flocon, jamais M. Albert. »

(Les trois derniers formaient la minorité socialiste du gouvernement ; Ledru-Rollin représentait l'opinion moyenne.)

Et dans sa déposition du 28 juin 1848, le même directeur des ateliers nationaux dit (Rapport de la commission d'enquête, p. 353) : « J'ai toujours marché avec la Mairie de Paris contre l'influence de MM. Ledru-Rollin, Flocon et autres. J'étais en hostilité ouverte avec le Luxembourg. Je combattais ouvertement l'influence de M. Louis Blanc. »

Les décrets du 27 février et du 6 mars 1848 par

lesquels les ateliers nationaux furent organisés, ne portent que (on n'a qu'à voir le *Moniteur*) la signature de M. Marie.

Le directeur des ateliers nationaux, M. Emile Thomas, a écrit une œuvre : l'*Histoire des ateliers nationaux*, où il fait (p. 200) l'aveu suivant :

M. Marie me fit mander à l'Hôtel de Ville. Après la séance du gouvernement, je m'y rendis, et reçus la nouvelle qu'un crédit de cinq millions était ouvert aux ateliers nationaux, et que le service des finances s'accomplirait dès lors avec plus de facilité. M. Marie me prit ensuite à part, et me demanda fort bas si je pouvais compter sur les ouvriers. — Je le pense, répondis-je ; cependant le nombre s'en accroît tellement, qu'il me devient bien difficile de posséder sur eux une action aussi directe que je le souhaiterais. — Ne vous inquiétez pas du nombre, me dit le ministre. Si vous les tenez, il ne sera jamais trop grand ; mais trouvez un moyen de vous les attacher sincèrement. Ne ménagez pas l'argent, au besoin même on vous accorderait des fonds secrets. — Je ne pense pas en avoir besoin ; ce serait peut-être ensuite une source de difficultés assez graves ; mais dans quel but autre que celui de la tranquillité publique me faites vous ces recommandations ? — Dans le but du salut public. Croyez-vous parvenir à commander entièrement à vos hommes ? Le jour n'est peut-être pas loin où il faudrait les faire descendre dans la rue. »

Écoutons à présent l'ennemi des socialistes, M. de Lamartine (*Histoire de la Révolution de Février*, p. 2) : Il dit en parlant des ateliers nationaux :

« Quelques socialistes modérés alors, et ensuite excités et possédés de l'esprit de faction, réclamaient

dans ce sens l'initiative du gouvernement. Une
grande campagne dans l'intérieur du pays, avec
des outils au lieu d'armes, comme ces campagnes
des Romains et des Egyptiens dans le but de creu-
ser des canaux, dessécher les marais Pontins, leur
parut le moyen le plus recommandable pour une
république parvenue à la paix, et qui, tout en voulant défendre et secourir le prolétaire, voulait aussi
sauver la propriété. C'était l'idée des États généraux. Un grand ministère de travaux publics devait
inaugurer l'ère d'une situation conforme à la politique. Ce fut une des grandes fautes du gouvernement d'avoir tardé à réaliser ces idées. Tandis
qu'il tardait, les ateliers nationaux, grossis par la
misère et l'oisiveté, devenaient de jour en jour
plus indolents, plus stériles et menaçants pour la
tranquillité publique. En ce moment ils ne l'étaient
pas encore. Ils n'étaient qu'un expédient pour le
maintien de l'ordre public, et une première ébau-
che d'assistance publique, imposée après la révolution par la nécessité du jour de nourrir le peuple,
— mais non pas le peuple oisif, — autant que
pour éviter les désordres que l'oisiveté entraîne à
sa suite. M. Marie les organisa avec intelligence,
mais sans utilité pour le travail productif. Il les
partagea en brigades, leur donna des chefs, y in-
troduisit un esprit d'ordre et de discipline et en
fit, pendant quatre mois, au lieu d'une force entre
les mains des socialistes, en cas de révolte, une
armée prétorienne, mais oisive dans les mains du
pouvoir. Commandés, dirigés et entretenus par des
chefs influencés par les idées secrètes du parti
anti-socialiste du gouvernement, les ateliers nationaux, jusqu'à l'avènement de l'Assemblée nationale, contre-balançaient l'influence des ouvriers
sectaires du Luxembourg (partisans de Louis

Blanc) et des travailleurs turbulents des clubs. Par leur masse et l'inutilité de leurs travaux, ils scandalisaient les yeux de Paris ; mais ils le défendirent et le sauvèrent plusieurs fois à son insu. Bien loin d'être à la solde de Louis Blanc, comme on l'a dit, ils étaient inspirés par l'esprit de ses adversaires. »

Veut-on connaître exactement tous les buts auxquels devaient servir les ateliers nationaux? Leur directeur, M. Emile Thomas, en convient ouvertement (*Histoire des ateliers nationaux*, p. 142) :

« M. Marie me dit que la ferme intention du gouvernement est de laisser s'accomplir cette expérience, *la commission du gouvernement pour les travailleurs;* qu'en elle-même elle ne pourrait avoir que de bons résultats, car elle montrerait aux travailleurs tout le vide et toute la fausseté de ces théories impraticables et leurs tristes suites pour eux. Désormais, désabusés pour l'avenir, leur idolâtrie pour Louis Blanc disparaîtrait d'elle-même; il perdrait sa considération, son autorité, et cesserait à jamais d'être un danger. »

Tel fut le but qu'on poursuivait, en organisant les *ateliers nationaux de Louis Blanc.* Et afin d'atteindre plus sûrement ce but, afin *d'accomplir* cette *expérience* plus sûrement, on ne fit exécuter aux travailleurs que des travaux improductifs. Ces travaux sont spécifiés dans une lettre de leur directeur au ministre Marie.

« Réparation des chemins de ronde et rues non pavées de Paris. — Terrassement sur les rampes d'Iéna, la pelouse des Champs-Élysées et l'abattoir Montmartre. — Extraction de cailloux sur les communes de Clichy et de Gennevilliers. — Création du chemin de halage de Neuilly. » (Garnier-Pagès, *Histoire de la Révolution de* 1848, VIII, 154.)

Comme ces travaux, en général, n'étaient entrepris que pour ne pas laisser dans une oisiveté complète des gens qu'on devait *nourrir*, ils ne travaillaient qu'à tour de rôle, deux ou trois jours par semaine. (Garnier-Pagès, *ibid.*)

De cette manière, on ne pouvait qu'atteindre le but de cette calomnie préméditée. Et il le fut si bien que, comme l'on voit encore aujourd'hui, après quinze ans, on jure dans toute l'Allemagne que Louis Blanc a organisé les ateliers nationaux selon les principes socialistes, destinés au travail productif; mais qu'il a fait un fiasco honteux.

On le voit, la calomnie est devenue une grande puissance, une force européenne! Cette calomnie fut portée alors par les journaux dans toute l'Europe, obligeamment accréditée, répétée, et quoique Louis Blanc l'eût cent fois réfutée, à l'heure qu'il est, elle règne encore tranquillement en Allemagne.

Telle est la vérité historique sur les *ateliers nationaux de Louis Blanc en* 1848! Par quoi terminerons-nous cet article?

Eh bien, pour nous débarasser de tristes réflexions par une fin amusante, retournons au commencement, *semblable au serpent qui se mord la queue.* Maintenant qu'on a entendu les preuves historiques, et que la nature de ces ateliers nationaux est connue, qu'on lise encore une fois l'endroit cité au début de l'article extrait de la *Volkszeitung!* Il causera dans ce moment au lecteur un tout autre plaisir. Mais il faut qu'il soit complet. Qu'on prenne une physionomie bouffie de sagesse, qu'on lève le bras droit, qu'on étende le pouce, qu'on le courbe en arrière, et en accentuant énergiquement dans les endroits convenables et de la voix, et du pouce levé en l'air, qu'on lise d'un ton traînant :

« Lorsque, dans les quarante dernières années, ces idées avaient franchi la frontière française, la révolution de Paris en février 1848 fournit l'occasion d'en faire l'épreuve (!!!). Louis Blanc, auteur d'un grand talent, pour qui ces idées avaient été l'objet d'une agitation politique, fut à même d'en faire l'épreuve (!!!) comme membre du gouvernement provisoire. L'essai échoua complètement (!!!), et les causes de cet insuccès sont depuis longtemps reconnues par la science (notamment par la science du rabbi ben Tzchoppe) (!!!). Il échoua même si complètement que déjà, sous la République, le suffrage direct et universel a pu être détruit, etc. L'essai échoua même si complètement que, bien que le suffrage direct et universel fût rétabli avec le coup d'État, la fantaisie de Louis Blanc resta une fantaisie morte, et jusqu'à présent, ni en France ni à l'étranger, aucun penseur n'a jamais songé à la faire revivre. »

Bien! Je ferai prochainement mes excuses à M. Julien Schmidt.

En effet, au lieu de m'occuper de lui, j'aurais pu m'occuper de gens qui font de bien plus grands ravages dans l'esprit du peuple.

F. LASSALLE.

Berlin, 16 janvier 1864.

RÉPONSE

A M. LE PROFESSEUR RAU

A la rédaction de la *Vossische Zeitung.*

Comme vous faites paraître dans votre feuille d'hier une déclaration du professeur Rau d'Heidelberg, où il semble vouloir contredire la loi de la moyenne du salaire de travail que j'ai posée dans ma brochure, vous aurez, j'espère, également la loyauté d'accorder une place à ma réponse.

Si M. le professeur Rau avait réellement voulu se déclarer contre moi, il aurait dû avant tout se déclarer contre *lui-même.*

Il dit textuellement dans ses *Principes d'écono-mie populaire,* 5ᵉ édition, § 199, p. 236 :

« Les frais attribués au travailleur comme salaire dans les entreprises d'ordre simple ne se composent que *des besoins d'entretien;* mais dans les travaux plus compliqués, on y joint encore les dépenses faites pour l'obtention de l'habileté nécessaire.

« Le besoin d'entretien ne doit pas se rapporter seulement à la durée du travail, mais aussi aux années d'enfance et de jeunesse, quand le futur travailleur ne peut pas encore gagner sa vie, et, en général, le salaire des travailleurs doit suffire à l'entretien de leurs familles. Si le salaire n'y suffisait pas, la classe travailleuse deviendrait moins nombreuse, et on commencerait à manquer de travailleurs, jusqu'à ce que l'offre de travail diminuée ait produit une hausse de salaires. Ceci est applicable, au moins, au travail salarié ordinaire qui est très insuffisamment rémunéré, et à une famille moyenne. Dans les branches de travail plus compliquées, il peut arriver que, suivant le genre de vie habituel, le salaire ne soit suffisant que pour le travailleur seul, sans famille, et que néanmoins le nombre des travailleurs, par l'affluence des classes inférieures, ne diminue pas. »

Ainsi M. le professeur Rau dans son écrit dit précisément la même chose que maintenant il *fait semblant* de combattre.

La combat-il *réellement?* Dieu l'en préserve! Ce ne sont que des finesses de style qui, moyennant le *si* et le *mais*, doivent produire le faux semblant d'une opposition.

Dans ma brochure (p. 15), j'ai expliqué aux travailleurs que l'entretien nécessaire usuel et conforme aux habitudes du peuple n'était nullement un *point fixe* du salaire de travail ; mais que ce dernier était compris dans une gravitation constante autour de ce point central ; qu'il peut très bien monter pour un temps par suite de la hausse de la demande, mais que par *l'accroissement des mariages et du nombre des travailleurs*, il retombe toujours à ce point central de l'entretien nécessaire en usage chez le peuple, ou bien, comme il arrive quelquefois, encore plus bas ; que, par conséquent, le salaire ne peut jamais le dépasser pendant *longtemps*, hors dans un cas tout à fait exceptionnel (page 18 de ma brochure).

J'ai montré plus loin que cette même augmentation des mariages et du nombre des travailleurs devait, à la longue, occasionner une baisse si, avec le même salaire, les denrées ont également baissé de prix.

M. le professeur Rau le *contredit-il?* Il faudrait presque supposer qu'il ne connaît ma brochure que par les ouï-dire, au lieu de l'avoir lue! Il dit dans sa déclaration : « Si Lasalle avait raison, la quantité de travail offerte devrait surpasser de tant la quantité demandée, que les travailleurs seraient réduits aux conditions les plus défavorables. Mais ceci n'est à craindre que dans des cas d'accroissement trop considérable de population, et pour les travaux manuels les plus ordinaires. » Bon! Mais cet accroissement *a-t-il lieu* avec l'augmentation des capitaux et la hausse de salaires, *oui* ou *non?* Qu'il ait lieu et qu'il y ramène la baisse du salaire à son point antérieur, c'est précisément ce que j'ai soutenu. Pourquoi M. le professeur ne s'explique-t-il pas là-dessus?

Je vais répondre à cette question tout à l'heure par *ses propres paroles;* mais nous examinerons avant la réponse également évasive qu'il donne sur le second point que j'ai soutenu : que le salaire baisse ordinairement à la longue avec les moyens d'existence ; ceci n'est nullement — dit le professeur Rau — une conséquence nécessaire, car *cela n'a lieu que lorsqu'un* entretien plus modique, par l'augmentation des mariages, des naissances et par l'immigration, a produit un accroissement de forces de travail plus grand en proportion de la demande.

C'est exactement et *littéralement* la même chose que j'ai dite, et M. le professeur laisse seulement irrésolue la question, si cet accroissement du nombre des ouvriers doit ordinairement avoir lieu bientôt et il laisse supposer que ce n'est pas le cas.

Mais ce n'est que le *journaliste* Rau qui fait semblant de l'ignorer ; le *professeur* Rau le sait très bien : car voici sa réponse *textuelle* sur les deux points tirée de son livre, § 196, p. 251 :

« Un salaire plus abondant donne à chaque travailleur les moyens d'améliorer sa vie ou de se marier, et de fonder une nouvelle famille qui sert à l'accroissement de la population. Les agréments de la vie domestique sont si attrayants, qu'en suite d'un salaire élevé, la plupart des travailleurs sont portés à se marier plus tôt qu'à l'ordinaire. Cette circonstance et les immigrations produisent ordinairement un accroissement si considérable de population que l'offre de travail s'agrandit, et si l'accroissement des capitaux n'a pas lieu avec la même vitesse, le salaire retombe *inévitablement* de sa hauteur. En effet, ordinairement les occasions pour l'accumulation de nouveaux capitaux ne sont pas tellement favorables, et les motifs qui poussent à l'épargne pas assez puissants pour que la totalité des capitaux soit *capable* d'un accroissement si *rapide que celui de la population*. Les capitaux restant en arrière sont un obstacle à l'accroissement ultérieur de la population, et *c'est pourquoi ordinairement l'offre de travail manuel ordinaire relativement à la demande est telle, que le salaire ne donne que l'entretien indispensable ou un peu plus au delà.* »

Le professeur Rau dit donc *littéralement la même chose* que moi, oui, dans les livres, dans les *œuvres savantes !* Quant au peuple — il n'en doit rien savoir ! Devant le peuple, il fait semblant de

m'opposer toutes sortes de circonlocutions, il fait
semblant de dire le contraire, de me démentir et
même d'expliquer mon observation comme *utilisation passagère*. — Cela peut être prudent — mais
est-ce *honnête*, est-ce *honorable*? Ne serait-ce pas
donner au peuple une raison de mésestimer les savants ? Et ne doit-on pas *rougir* quand on compare
avec sa déclaration les endroits de ses écrits, auxquels je pourrais ajouter encore quelques-uns?

Ce n'est pas sans raison que j'ai dit aux travailleurs (p. 16, *Lettre ouverte*) que tout homme
qui, en connaissance de cause, ne reconnaissait pas
cette loi du salaire de travail que je leur ai développée, *cherchait à les tromper !*

Quant à savoir si j'ai développé aux travailleurs
une loi vraie, non seulement dans son ensemble,
mais en même temps avec toutes ses restrictions
éventuelles et ses modalités, il me suffira vis-à-vis
du public, non économiste, de m'en rapporter aux
paroles que Rodbertus adresse aux travailleurs
dans sa lettre publique :

« Lassalle vous a développé cette loi, et *les moindres
modalités sur lesquelles elle est valable*, si suffisamment
qu'il n'y a plus à perdre *un mot là-dessus*. Elle est,
comme on l'a dit, *une loi naturelle que tous les grands
économistes nationaux de tous les peuples civilisés ont
ouvertement reconnue.* »

Et plus loin :

« Suivez donc le conseil que Lassalle vous a donné.
Demandez à chacun qui se dit votre ami, s'il reconnaît cette loi de salaire soi-disant naturelle. »

Mais cela se comprend ! M. le professeur prend
lui-même le soin de nous dévoiler pourquoi ce

qu'il enseigne à son auditoire habituel doit être *faux devant le peuple !* Il nous dit lui-même que l'intention *d'entraîner les travailleurs salariés dans les combats politiques est absolument à rejeter.*

Selon M. le professeur, il n'y a que les professeurs qui peuvent s'occuper de controverses politiques, mais que les travailleurs doivent bien s'en garder !

F. Lassalle.

Berlin, 10 mai 1863.

TABLE DES MATIÈRES

24030. — Paris, Typ. A. Lahure, 9, rue de Fleurus.